Ralf Gréus

MIT DEM WOHNMOBIL IN DIE PROVENCE

UND AN DIE CÔTE D'AZUR

Teil 1: Der Westen

Die Anleitung für einen Erlebnisurlaub

DER WOHNMOBIL-VERLAG

D-98634 Mittelsdorf/Rhön

Die Deutsche Bibliothek – CIP-Einheitsaufnahme

Gréus, Ralf:
Mit dem Wohnmobil in die Provence und an die Côte d'Azur :
die Anleitung für einen Erlebnisurlaub ; Tipps, Tricks, Touren,
tolle Plätze / Ralf Gréus. – 1. Aufl. – Mittelsdorf/Rhön : WOMO
– der Wohnmobil-Verlag. Teil 1: Der Westen. 2002.
  (WOMO-Reihe ; Bd. 37)
  ISBN 3-928840-37-1

Titelbild:
Blick auf Maubec (Tour 6)

1. Auflage 2002
(auf Basis der 2. Auflage von "Mit dem Wohnmobil in die Provence")

Karten und Fotos:
Karten vom Autor, Foto S. 64 von Gisela Gréus, S. 181 von Reinhard Korn,
alle anderen vom Autor.

Druck:
Fuldaer Verlagsagentur, 36037 Fulda

Vertrieb:
GeoCenter ILH, 70565 Stuttgart

Herausgeber:
WOMO-Verlag, 98634 Mittelsdorf/Rhön
Position: N 50° 36' 38,2"; E 10° 07' 56,0".

Fon: 0049 (0) 36946-20691
Fax: 0049 (0) 36946-20692
eMail: verlag@womo.de
Internet: www.womo.de

Autoren-eMail: Greus@womo.de

ISBN 3-928840-37-1

EINLADUNG

Freuen Sie sich auf

- zauberhafte Landschaften
- geschichtsträchtigen Boden und antike Bauwerke
- Rotwein, Käse und Pastis
- Restaurants und Cafés
- das Land im Licht, in dem die Kunst des Pétanque
  bisweilen mehr zählt als die Bildung
- die Sonne, den Wind und manchmal auch
  auf den Regen
- Wanderungen mit phantastischen Fernblicken
- ausgesuchte Campingplätze
- die schönsten freien Stellplätze?

Dann folgen Sie Ralf Gréus kreuz und quer durch eine der faszinierendsten Kulturlandschaften Südeuropas, auch wenn er nicht selten die ausgetretenen Wege verlässt.

Das Buch erscheint nun schon in der 3. Auflage, und die Tipps von Ralf Gréus wurden so umfangreich, dass wir ihn überreden konnten, sie Ihnen in zwei Bänden zu verraten. Sie werden somit auch noch einen weiteren Teil der Côte d'Azur und deren reizvolles Hinterland kennenlernen – im Teil 2 (der Osten) und ab Frühjahr 2003.

Ihre

Waltraud Roth – Schulz

Sehr geehrter Leser, lieber WOMO-Freund!

Reiseführer sind für einen gelungenen Urlaub unverzichtbar – das beweisen Sie mit dem Kauf dieses Büchleins. Aber aktuelle Informationen altern schnell und ein veralteter Reiseführer macht wenig Freude.

Sie können helfen, Aktualität und Qualität dieses Buches zu verbessern, indem Sie uns nach Ihrer Reise mitteilen, welchen unserer Empfehlungen Sie gefolgt sind (freie Stellplätze, Campingplätze, Wanderungen, Gaststätten usw.) und uns darüber berichten (auch wenn sich gegenüber unseren Beschreibungen nichts geändert hat).

Bitte füllen Sie schon während Ihrer Reise das Info-Blatt auf Seite 237 aus!

Als Dank für Ihre Mühe wird Sie unser Verlag stets über alle Neuerscheinungen informieren.

Außerdem gewähren wir Ihnen bei Bestellungen direkt beim Verlag (mit beigefügtem, ausgefülltem Info-Blatt) einen Info-Bonus von 10%.

Inhaltsverzeichnis

Zeichenerklärungen für die Tourenkarten

Touren / abseits der Touren

═══════	Autobahn
═══════	4-spurige Straße
═══════	Hauptstraße
─────────	Nebenstraße
─────────	Schotterstraße
·············	Wanderweg

S WOMO-Stellplatz
<u>geeignet</u> für freie Übernachtungen

W P B Wander-, Picknick-, Badeplatz
<u>geeignet</u> für freie Übernachtungen

W B Wander-, Badeplatz
<u>nicht</u> für freie Übernachtungen

† † Kirche, Kloster

🏰 🏰 Burg, Schloss, Ruine

▲ Berggipfel
1493 m

•• Ausgrabungsstätte

✳ Sehenswürdigkeit

→✳ Aussicht, Rundsicht

⌐|ᶬ| Trinkwasser/Dusche

⟨E⟩ Ver-/Entsorgung

[WC] Toilette

△ Campingplatz
C

Gebrauchsanweisung

Die Provence ist seit Jahrzehnten ein klassisches Urlaubsziel der Mitteleuropäer. Wie kaum woanders in so greifbarer Entfernung kann man hier den Bildungs- mit dem Erholungsurlaub verbinden. Dazu gibt es unter südlicher Sonne ideale Bedingungen für die Campingreise jedweder Couleur. Entsprechend umfangreich ist auch die Reiseliteratur, deren Vielfalt in den letzten Jahren nochmals kräftig zugenommen hat. Umso erfreulicher ist es, dass die beiden seit 1993 gedruckten Auflagen meines WOMO-Führers so positiv aufgenommen wurde, und dass die von mir publizierten Tipps, insbesondere die Stellplätze, dennoch nicht platt gewalzt wurden. Ich konnte also mit ruhigem Gewissen zulegen:

Zuerst habe ich den Gebieten westlich der Rhône in Band 22 der WOMO-Reihe, *Mit dem Wohnmobil ins Languedoc und Roussillon*, ein Eigenleben gegönnt, um uns danach wieder mehrfach der Provence zuzuwenden. Dabei habe ich soviel entdeckt, dass ich schweren Herzens die Provence auf zwei Bände verteilen muss. So werden Sie in Teil 2, der den Osten der Provence behandelt und im Frühjahr 2003 erscheinen soll, zusätzlich an Teile der Côte d'Azur und deren Hinterland geführt. Leider muss ich in vorliegendem Band gegenüber der Vorauflage abspecken, also einige Touren in den Ostteil verschieben. Dafür wurde, was im Westteil beschrieben wird, umso detaillierter. Jedes der drei Südfrankreich-Bücher kann ohne die anderen beiden sinnvoll benutzt werden. Der Verlag und ich als Autor sind Ihnen aber nicht böse, wenn Sie sich mit dem vollen Programm eindecken, auch wenn sich in den allgemeinen Bereichen einiges wiederholt.

Das Grundprinzip ist geblieben. Ich werde Ihnen von unseren eigenen Fahrten erzählen, und Sie werden demnach einen Reiseführer lesen, in dem das Subjektive mindestens so viel Raum einnimmt wie die üblichen Ortsbeschreibungen. Neben rein praktischen Ratschlägen möchte ich Ihnen in allererster Linie eine Gebrauchsanweisung in die Hand geben, mit welcher sich Ihr Urlaub nicht nur im Abklappern von Sehenswürdigkeiten oder dem faulen Herumliegen am Strand erschöpft.

Unsere Urlaube verliefen in den Oster-, Pfingst- und Sommerferien in etwa auf den Routen, in die ich die einzelnen Reisebeschreibungen aufgeteilt habe. Ich könnte mir vorstellen, dass so ähnlich auch Ihre Fahrten ausfallen. Sie werden schnell merken, dass ich gelegentlich etwas mogeln musste, denn nicht immer haben wir die Touren so in einem Stück durchgezogen, wie ich diese literarisch aufbereitet habe. Und vor allem werden Sie merken, dass ich immer noch nicht die Provence vollständig bereist und beschrieben habe. Trotzdem tauchen fast alle bekannten Ziele des Westens in unserem Buch auf, daneben auch eine nicht kleine Zahl weniger berühmter, jedoch umso liebenswerterer Orte.

Dabei kommen natürlich die **Bau- und Kunstdenkmäler** nicht zu kurz, wobei Sie aber bitte daran denken, dass ich einen Wohnmobilführer geschrieben habe und nicht mit den Kunstreiseliteraten wetteifern möchte. Die angegebenen **Öffnungszeiten** und noch mehr die **Preise** haben ein sehr kurzes Verfallsdatum, sie dienen hauptsächlich einer groben Orientierung.

Die kulinarische Zufriedenheit spielt gerade im Urlaub eine große Rolle, und bei vielen von Ihnen hat sicher das sprichwörtlich hohe Niveau der französischen Küche bei der Auswahl des Reiseziels mitgespielt. Ich nenne Ihnen daher gute **Restaurants**, und zwar vorwiegend solche, die wir auch selbst erprobt haben; schlichte und noblere, billige und teure. Meistens informieren wir Sie über das Preisgefüge und zumeist auch über die (mitunter von Jahr zu Jahr wechselnden) Ruhetage.

Wandern wird immer beliebter, auch in der Provence, die mit idealen Revieren aufwartet. Folglich nehme ich Sie mit auf ein paar Rundwanderungen unterschiedlicher Länge. Ich nenne Ihnen die erforderliche Wanderkarte (meistens geht es auch ohne, weil die Markierungen erstaunlich zugenommen haben) und die von uns benötigten Gehzeiten. Damit ich im Text die gehfaulen Leser nicht quäle, und damit diese leichter weiterlesen können, sind längere Beschreibungen von Wanderstrecken grün unterlegt.

Aber deswegen haben Sie diesen Reiseführer nicht gekauft. Sie planen eine Provence-Reise mit dem Wohnmobil und erwarten nun von uns Vorschläge für **Stellplätze**. Sie sind es leid auf tristen Campingplätzen zu schlafen oder endlos auf der Stellplatzsuche herumzukurven. Letzteres haben wir für Sie erledigt und beschreiben Ihnen einsame Übernachtungsplätze, aber auch solche in der Nähe von Häusern, auf denen Sie ruhig schlafen können, selbst wenn Sie zu den ängstlicheren Naturen gehören. Wir helfen Ihnen beim Auffinden solcher Plätze, und manchmal haben wir diese auch fotografiert.

Die auffallendste Veränderung ist Ihnen sofort ins Auge gestochen. Wie alle neueren Bücher der WOMO-Reihe erscheint das Buch in Farbe! Das hat es erleichtert, die Stellplätze farbig hervorzuheben. Damit Sie hinterm Steuer nicht lange blättern müssen (und Ihre Beifahrerin weniger nerven): Blau sind die Badeplätze, grün die Wanderparkplätze, rot die Picknickplätze, an denen zumindest Bänke und Tisch für Sie installiert sind, und gelb ist der große Rest, auf dem Sie, wie auf allen vorgenannten, übernachten können. Weitere Plätze sind im Text erwähnt, und für alle gilt, dass sie nicht unbedingt für Wohnmobile im Lastwagenformat in Frage kommen, wenngleich ich meistens auch auf die möglichen WOMO-Größen eingehe (wobei es sehr schwierig ist, sich nur in der Vorstellung in ein Wohnmobil größerer Dimensionen zu versetzen - Maßangaben sind daher nicht mehr als eine grobe Schätzung). Manche unserer Tipps sind Fahrzeugen mit einem Gesamtgewicht über 3,5 to nicht zugänglich, weil einige von uns genannten Strecken für LKW verboten sind (zumeist um Lastwagen aus Wohngebieten fern zu halten). Bitte beachten Sie auch, dass sich nicht alle Plätze für jede Jahreszeit gleichermaßen eignen. Bei meinen Reisen habe ich mich beispielsweise an Ostern für Stellen begeistert, die mir aus verschiedenen Gründen im Sommer zuvor kaum aufgefallen waren (und umgekehrt). Außerdem vermittle ich Ihnen, wenn die Plätze einsam liegen, und den Übervorsichtigen sage ich meistens, welche Plätze „offiziell", also von der jeweiligen Gemeinde, eingerichtet oder frei gegeben worden sind.

Mit anderen Autoren des Verlages habe ich intensive Diskussionen über die Behandlung der **Campingplätze** geführt. Die einen sind der - zutreffenden - Überzeugung, dass Sie diesbezüglich bei dem dicken Wälzer des ADAC besser aufgehoben sind. Durchgesetzt hat sich die Auffassung, dass ein Campingplatz, besonders in einem Urlaub mit Kindern oder wenn Sie für ein paar Tage völlig zur Ruhe kommen möchten, eine Facette des Wohnmobil-Urlaubs ist. Zu einem Wohnmobil-Reiseführer gehört nach unserer Meinung demnach auch die Erwähnung der besten Zeltplätze (zumal wir wissen, dass das Gros unserer Leser häufiger auf Campingplätzen als frei nächtigt). Die Entscheidung, wo Sie Ihr Haupt betten, ob frei oder gegen - in Frankreich maßvolles - Entgelt, soll Ihnen überlassen bleiben. Aber ich bewerte kaum die sanitäre Ausstattung, denn die meisten von Ihnen ziehen den Sanitärraum des Wohnmobils einer angeschmutzten Campingplatz-Dusche vor. Mein Augenmerk liegt auch nicht in der detailgenauen Differenzierung der Campingplatzführer, sondern bei den landschaftlichen und atmosphärischen Reizen. Und ich bitte Sie, nicht zu vergessen, dass sich die WOMO-Führer dem freien Übernachten verschrieben haben. Aber auch die Campingplätze sind nun - ähnlich einem Stellplatz - in grüner Farbe aus dem übrigen Text hervor gehoben.

Von einem Wohnmobil-Führer erwarten Sie natürlich Angaben über **Entsorgungsstationen** und über **Wasserstel-**

len. Davon erwähne ich viele bei den Stellplätzen, einige sind aber auch nur auf den Touren-Karten eingezeichnet.

Jeder unserer Touren stellen wir eine Übersicht voran, in der wir Ihnen Besichtigungsvorschläge machen, eine oder mehrere Gaststätten empfehlen, in der wir Ihnen Übernachtungsplätze nennen und Sie oft auch auf Wander- und Ausflugsrouten hinweisen. Die den Touren vorangestellten Angaben sind dann im folgenden Text näher beschrieben. Die Übersicht sagt Ihnen auch, wo Sie die zugehörige Tourenkarte finden.

Die den Touren vorangestellte **Tourenkarte** soll Ihnen die Orientierung ermöglichen, sie kann aber keinesfalls die professionelle Straßenkarte (Michelin im Maßstab 1: 200.000 setze ich voraus) ersetzen. Unsere Karte soll vor allem denjenigen helfen, die Probleme mit den Himmelsrichtungen haben, da diese bei unseren Beschreibungen eine große Rolle spielen. Weil Sie nicht sklavisch den Tourenbeschreibungen hinterherfahren, ist es mit den Aufforderungen ‚rechts' oder ‚links' nicht getan, weshalb Sie sich für das Verständnis dieses Buches leider doch etwas mit den Himmelsrichtungen anfreunden müssen. Wobei ich an dieser Stelle nicht das Vorurteil aufwärmen möchte, dass sich damit die Frauen besonders schwer tun. Deshalb sei hier den Herren der Schöpfung noch einmal gesagt, dass auf Ihrer Landkarte oben Norden und rechts Osten sind. Machen Sie sich bitte mit der Zeichengebung vertraut.

In der hinteren Umschlagseite finden Sie eine **Übersichtskarte** der Provence, die Ihnen ein erstes Verständnis darüber verschafft, in welchen Teilen des Reisegebietes die einzelnen Touren verlaufen.

Bei den einzelnen Reisebeschreibungen würde sich vieles wiederholen, was man genauso gut zusammenfassen kann. Wir haben daher den Touren einen weiteren, sozusagen allgemeinen Teil hinzugefügt. Wenn Sie also mit diesem Büchlein verreisen wollen, lesen Sie bitte zunächst die allgemeinen **Tipps** im hinteren Abschnitt des Buches vollständig, und folgen Sie erst dann den einzelnen Touren. Diese bauen nämlich auf dem allgemeinen Teil auf.

Sie wissen schon, dass weder der Verlag noch ich als Autor dafür einstehen können, dass das Übernachten auf den von mir erwähnten Plätzen behördlich erlaubt ist. Genauso wenig übernehmen wir die Gewähr dafür, dass alle sonstigen Angaben richtig sind. Wie alle Reiseführer enthält auch dieses Buch Fehler, und es wird unaktuell. Eine Restaurant-Empfehlung, erst recht ein Geheim-Tipp, ist kurzlebig, was noch gar nichts gegen das möglicherweise kurze Leben eines Stellplatz-Tipps ist. Sie helfen uns also wirklich sehr, wenn Sie uns schreiben und uns dabei auch Orte nennen, die in diesem Buch (noch) nicht vorkommen (einige Leser werden Ihre Hinweise in dieser Auflage wieder entdecken). Gehen Sie bitte nicht davon aus, dass uns von Ihren Erfahrungen schon ein anderer Leser berichtet hat. **Wir sind auf die Mithilfe unserer Kunden angewiesen.** Sie unterstützen uns genauso, wenn Sie berichten, dass alles noch so ist, wie ich es beschrieben habe (nichts ist öder als für die Neuauflage einen halben Tag bereits empfohlene Stellplätze abzuklappern, um dann festzustellen, dass sich nichts verändert hat). Wir bitten Sie daher <u>dringend</u> um Ihre Zuschrift an den Verlag oder an

Dr. Ralf Gréus
Bahnhofanlage 18
D 68723 Schwetzingen
Fax: 0049/6221/980531,
e-mail: greus@womo.de

denn ein Wohnmobil-Reiseführer lebt besonders von den Tipps seiner Leser. Um Ihnen das Feedback zu erleichtern, befindet sich am Ende des Buches eine vorbereitete **Antwortkarte** (weitere schicken Ihnen gerne Verlag oder Autor).

Wie in allen meinen Büchern bitte ich Sie am Ende der Vorrede ganz besonders darum, die empfohlenen Stellplätze nicht zu übervölkern und sie nicht mit Müll, Abwasser oder gar dem Inhalt Ihrer Toilette zu verunreinigen.

Ein ständig überbelegter Übernachtungsplatz wird auf Dauer gesperrt !! Das ist schlimmer als wenn Sie sich um ein paar Ecken eine Ausweichlösung suchen.

Tragen Sie bitte dazu bei, dass den Stellplätzen noch eine lange Zukunft beschieden ist. Schließlich möchte auch ich dort gerne selbst mal wieder Urlaub machen.

In diesem Sinne wollen wir uns nun der Anreise und den Touren zuwenden, bei denen ich Ihnen viel Freude und den richtigen Draht zu einer wundervollen Kulturlandschaft und deren Bewohner wünsche.

Anreise

Im Grunde gibt es nur zwei Hauptwege, die Rhônetal-Strecke und die (abgewandelte) Route-Napoléon.

Es kommt natürlich darauf an, welcher südfranzösische Ort als Erstes angesteuert werden soll, und wo Sie zu Hause sind. Da fast alle Ziele von Teil 1 im größeren Umkreis von Avignon liegen, und da die wenigsten von Ihnen aus Südostdeutschland anreisen werden, ist die **Rhônetal-Strecke** im Normalfall der eindeutig schnellste Anreiseweg - solange Sie von Staus verschont bleiben. Wir wohnen in Nordbaden, und ich habe schon viele Alternativen getestet. Keine Strecke ist schneller. Und keine ist teurer. Der klassische Routenverlauf: Auf der französischen A 36 über Mulhouse und Besançon zur A 39, der neuen Parallel-Autobahn zur A 6. Fahren Sie auf dem Hinweg ab Dôle erst Richtung Lyon und später Richtung Marseille. Heimwärts folgt man südlich von Lyon zunächst dem Wegweiser nach Paris und dann dem nach Bourg e.B. und Strasbourg. Das ist etwas verwirrend, weil am Autobahnkreuz südlich von Lyon ein Wegweiser nach Bourg e.B. fehlt und man deshalb die Großrichtung Paris wählen muss. Man wird auf dieser Route weitläufig um Lyon geleitet und gegen sie spricht nur ihre Eintönigkeit. Ich fahre daher immer mal wieder durch Burgund, also über Beaune (Näheres dazu weiter unten), auch wenn der Verkehr auf der A 6 dichter ist.

Alle, die in Nordbaden oder weiter oben wohnen, werden sich fragen, wie sie am besten zu der französischen A 36 bei Mulhouse gelangen. Bei wem fruchten schon die jährlichen Appelle der Automobilclubs, den Urlaub sonntags oder montags zu beginnen?. Ehrlich gesagt: Auf diesem Ohr sind auch wir taub, zu sehr fiebern wir jedes Mal der Reise entgegen. Nicht ungern fahre ich sogar (freitags-) nachmittags los, um dann nach drei oder vier Stunden den ersten Urlaubsabend zu genießen. Die Ferien beginnen dann nicht gleich zu Anfang mit einer ganztägigen Reise. Nun möchte ich allerdings von diesen drei Anreisestunden nicht deren zwei im Stau bei Karlsruhe stehen. Ich meide daher seit Jahren bei fast allen Fahrten in den Süden die A 5, Frankfurt-Basel. Ein paar Kilometer westlich zur deutschen Autobahn verläuft im Elsass eine Straße, die inzwischen ebenfalls durchgehend vierspurig ausgebaut ist. Wir fahren über Speyer (wer mehr von Westen kommt, wählt die Autobahn über Landau), Germersheim, Straßburg und Colmar. Außer etwas Zähflüssigkeit bei Straßburg gibt es hier sogar am Freitagabend bei Ferienbeginn keine Staus. Inzwischen wird die A 35 um Colmar herumgeführt, dann ist es das Beste, Sie benutzen diese weiter, um später bei Mulhouse auf die A 36 zu stoßen. Für die schönere Strecke allerdings verlassen Sie die Autobahn bei Colmar, um dann über Guebwiller auf der N 83, die ebenfalls vierspurig ist, zur A 36 zu fahren, die Sie dann bei Burnhaupt erreichen.

Im **Elsass** genießen wir meistens die erste Nacht und oft auch noch einen ganzen Tag, ehe wir von dort sonntags morgens nach Südfrankreich weiterfahren. Das Elsass glänzt mit idealen Wohnmobilbedingungen - wir unterbrechen für die Werbung, von denen ich Ihnen in Band 6 der WOMO-Reihe, *Mit dem Wohnmobil ins Elsass,* berichte (ist im Frühjahr 2002 neu erschienen). Haben Sie diese Alternative erst einmal kennen gelernt, werden auch Sie nicht mehr bei Bruchsal, oder Baden-Baden im Autobahnstau dahinkriechen und vielleicht Ihren nächsten Urlaub sogar ganz im Elsass verbringen.

Im Südelsass stoßen Sie auf die A 36, die häufig gähnend leer ist. Dieser Zustand änderts ich erst, wenn Sie südlich von Lyon auf die A 6, die *Autoroute du Soleil*, treffen, wobei der Verkehr nach Süden hin immer mehr zunimmt. Bei Orange oder Avignon, vielleicht auch schon nördlich davon, werden Sie Ihr erstes Provence-Ziel ansteuern und überrascht sein, wie schnell Sie angekommen sind. Bei zügiger Fahrweise schaffen Sie es von Karlsruhe nach Avignon in weniger als 11 Stunden.

Das geht allerdings ins Geld. Rund 50 Euro müssen Sie für die einfache Strecke schon einplanen. Wenigstens ist inzwischen das WOMO nicht mehr teurer als ein Wohnwagengespann.

Das Geld können Sie sparen, wenn Sie den Weg nach Süden auf den **Nationalstraßen** suchen, welche stärker als in Deutschland auf den Fernverkehr eingerichtet sind, wo Sie aber doch recht häufig immer wieder kilometerlang hinter Lastzügen auf eine Überholmöglichkeit lauern müssen. Sie brauchen bis Avignon mindestens drei Stunden länger. Für diese Strecke, auf der Sie ab Besançon die **N 83** über Lons und Bourg (ab da auf der Autobahn) nach Lyon wählen, habe ich Ihnen in Band 22, *Mit dem Wohnmobil ins Languedoc und Roussillon*, einen schönen Übernachtungstipp gegeben. Damit Sie auch ohne weitere Geldausgabe für dieses Buch in dem von mir geschätzten französischen Jura nicht weit von der Autobahn ein Schlafplätzchen finden, hier eine Zugabe: Verlassen Sie die A 36 bei **Baume-les-Dames** und folgen Sie unten in dieser Kleinstadt nach links dem Wegweiser zum Stellplatz für *Camping-Cars* (Richtung Pont-les-Moulins). Nach einer Brücke biegen Sie rechts ab, um in der Nähe einiger Hausboote stimmungsvoll an einem Kanal zu nächtigen. Oder

Sie fahren noch 5 km weiter, nach Pont-les-Moulins, wo Sie in einem lieblichen Wiesental einen netten **Campingplatz** antreffen und in der *Auberge des Moulins* einen guten Koch, dessen Produkte nicht überteuert sind; und dessen Frau uns zur Nacht auf dem hauseigenen Parkplatz eingeladen hat.

Gerne übernachten wir auch in **Beaune**, auf dem Campingplatz, weil der nur 8 Fußminuten von der schönsten Innenstadt des Burgund entfernt liegt (relativ früh anreisen, da abends oft belegt!). Dort bekommen wir auch schon mal Lust auf die Nationalstraße (zuerst die D 973) über Volnay (freier Stellplatz vor der Kirche mit weitem Blick), Mersault (sehr schöner Campingplatz) und durch die Weinfelder bis Macon.

So Sie zu den Liebhabern der Landstraße gehören, werden Sie ohnehin die einzige echte Alternative zur Rhônetal-Strecke bevorzugen, die **Route-Napoléon**, oder deren westliche Schwester. Sie wählen damit den landschaftlich schönsten Anreiseweg: Auf der Autobahn zunächst durch die Schweiz über Basel (oder Zürich), Bern und Genf (Genève) und dann in Frankreich über Annecy nach Grenoble. Südlich dieser ehemaligen Stadt olympischer Winterspiele endet dann die Autobahn (ab 2004 wird ein weiteres Stück fertig). Hier beginnen zweie Landstraßenalternativen, die östliche Route-Napoléon und die westlichere Route d'Hiver. In Sisteron treffen die beiden fast gleich langen Strecken wieder zusammen, von denen ich nicht sagen könnte, dass die eine empfehlenswerter wäre als die andere. Ich nehme immer die westliche (die im Bau befindliche und schon teilweise fertige Autobahn folgt eher der Route-Napoléon).

In Sisteron ist man dann schon in der Provence, und trifft spätestens dort auf die Autobahn nach Aix-en-Provence. Die Route-Napoléon führt weiter über Digne, Castellane - sehr kurvenreich - ans Meer bei Nice (Nizza). Wer als erstes Urlaubsziel den östlichen Teil der Provence, zum Beispiel den Verdon, ansteuert, wird sich meist für diesen Weg entscheiden, die Schweizer Autobahnvignette (ca. 25 €) ist aber hier unverzichtbar. Ich kam auf der Landstraße zwischen Grenoble und Sisteron immer recht zügig voran. Wegen des kurzen französischen Autobahnstücks ist dieser Weg auch eindeutig der billigste. Dennoch braucht man wegen der etwas verwinkelten Routenführung in der Schweiz und dem langen Landstraßenstück in Frankreich mehr Zeit als man vorher schätzt (Karlsruhe - Verdon rund 13 Stunden).

Und nun sind Sie hoffentlich voller Tatendrang. Den brauchen Sie nämlich, wenn Sie uns auf einigen der 12 Touren folgen möchten.

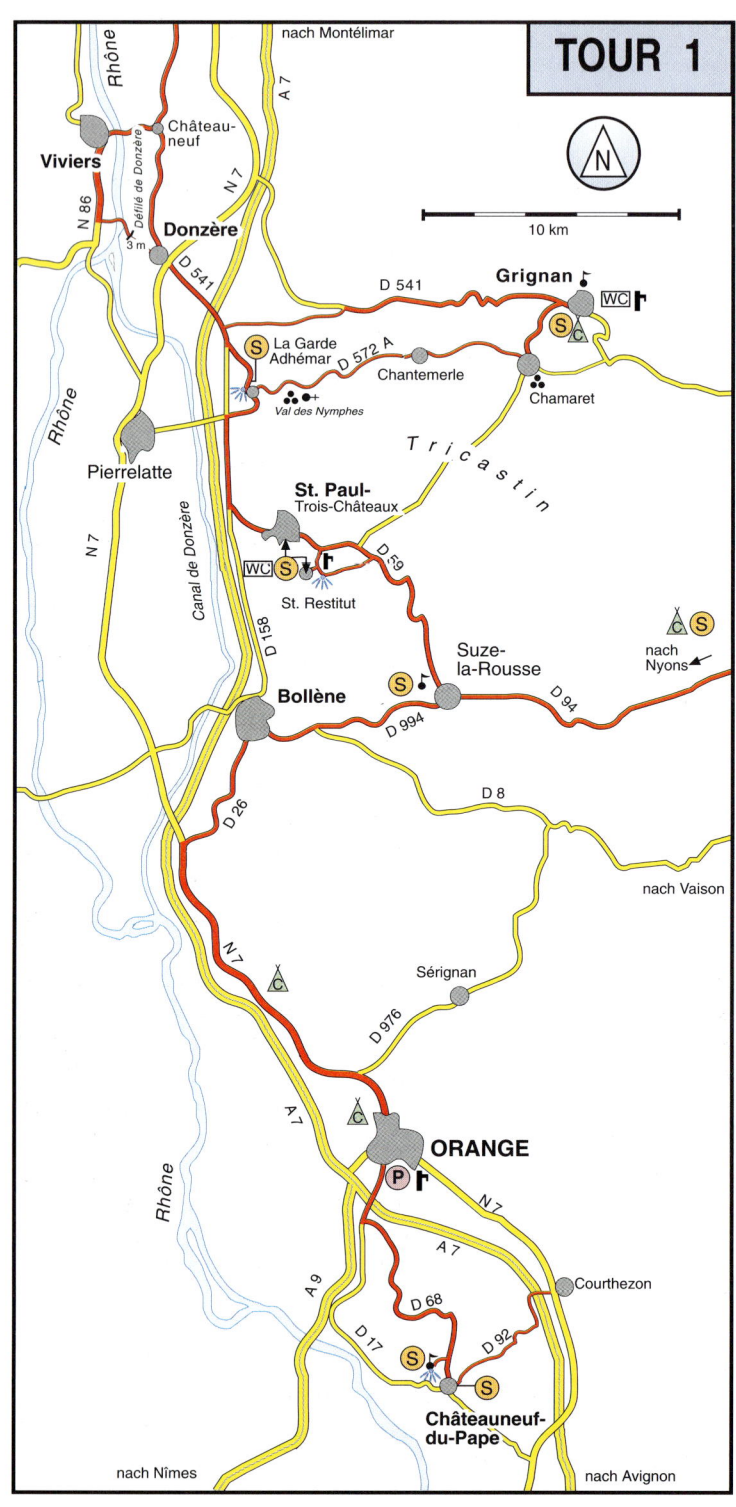

DIE TOUREN

Tour 1: Tore zum Süden

Grignan - La Garde-Adhémar - St. Paul-Trois-Châteaux
Suze-la-Rousse - Orange - Châteauneuf-du-Pape

Stellplätze:	in Grignan, in La Garde-Adhémar, in St. Paul-Trois-Châteaux, in St. Restitut, bei Suze-la-Rousse, in Nyons, in Orange, in Châteauneuf-du-Pape
Campingplätze:	in Grignan
Besichtigen:	Défilé de Donzère, Schloss von Grignan, La Garde-Adhémar, Kirchen von St. Paul-Trois-Châteaux und St. Restitut, Schloss und Weinuniversität von Suze-la-Rousse; in Orange: röm. Stadtgründungstor, röm. Theater, Museum, Altstadt
Essen:	Restaurants *L' Eau à la Bouche* und *La Roseraie* in Grignan; Restaurants *Logis de l'Escalin* bei La Garde-Adhémar, *La Garbure* in Châteauneuf-du-Pape und *Porte des Princes* in Courthezon

Die Fahrt in die Provence ist auch nicht mehr, was sie einmal war. Denn die Straßenbauer haben uns einen Stau genommen, das Gefühl, sich die Ferien im „Land des Lichts" erkämpft zu haben, das unvermeidliche Stop and go in **Lyon**. Es war schon viel Wahres dran, wenn man überall las, Lyon sei das „Tor zum Süden". Unaufhaltsam zwängte sich eine nie endende Autoschlange fast mitten durch die Stadt. Wer einem stinkenden Tunnel entkommen war, atmete südlich davon erst einmal tief durch und war froh, Frankreichs drittgrößter Stadt den Rücken gekehrt zu haben. Aber irgendwie kribbelte es stets, wenn wir die Rhône erreicht hatten und neben ihrem meist grauen Wasser dem Zug nach Süden folgen durften. Noch fehlten blühende Gärten oder Zypressenreihen, und auf südfranzösisches *laissez-faire* deutete allenfalls die ständige Rechtsüberholerei PS-starker Einheimischer. Doch in Lyon erlebte man schon einen Hauch von Süden, das Klima wendete sich dort meist zum Warmen.

Zugegeben, Südfrankreich beginnt hier noch nicht, aber eine Ahnung vom Süden hat mich hier dennoch stets beschlichen. Bei jeder Fahrt in den Süden nehme ich nördlich von Lyon auf dieser Hauptroute den Fuß vom Gas. Soll ich einmal wieder mitten durch die Stadt? Und in Erinnerungen schwelgen? An meinen allerersten Urlaub ohne Eltern, im Sommer 1968. Ich war 17, mit einer Jugendgruppe unterwegs, und der Busfahrer musste in Lyon eine Ruhepause einlegen, während der ich den Hauch des Südens und den unverwechselbaren Geruch einer französischen Stadt einatmete. Ab diesem Moment lag für mich das Paradies der Erde in Südfrankreich und in der Provence, dem damaligen Reiseziel. Wie oft habe ich später, als ich den Führerschein besaß, davon geträumt, mit meiner *Zündapp-Bella*, einem uralten Motorroller, in das Midi zu reisen. Von Weißbrot, Käse und Rotwein zu leben, mit meiner ersten Spiegelreflexkamera, einem russischen Modell, römische Altertümer zu fotografieren und bei den Boules-Spielern zu kiebitzen. Mein Roller gab jedoch infolge eines Kurbelwellenschadens den Geist auf, noch ehe ich einen Mitfahrer gefunden hatte. Und ein Jahr später musste ich den Zündverteiler meines Käfers zweimal zerlegen, bevor ich mir am Strand von Saintes-Maries einen kräftigen Sonnenbrand einfing. Zu diesem Zeitpunkt waren die „alten Ruinen" längst out, und als ich nach zwei Wochen im Zelt am Strand von Saintes-Maries mein Auto zehnmal freigegraben hatte, konnte ich keinen Sand mehr sehen. Danach war dann auch Südfrankreich zu nahe, die damals noch bruchstückhafte Autobahn war nur noch lästiger Zweck, um nach Spanien und Marokko zu gelangen. Ich reiste später nach Griechenland oder in die Türkei, und wenn mir jemand berichtete, er werde seinen Urlaub in Südfrankreich verbringen, tat er mir fast Leid. Aber alte Liebe rostet bekanntlich nicht, was der „geneigte Leser" schon an der Existenz dieses Büchleins sieht.

Auch dieses Mal kreisen die Gedanken wieder in der Vergangenheit, um den heißen Sommer des Jahres 1968 (nur die Leser an der Schwelle zum Großelterndasein werden mich verstehen!) so intensiv, dass ich mich, wie auch auf den letzten Fahrten, vom Autobahntempo weiter einlullen lassen möchte, dass ich es gerne annehme, wenn heutzutage die Autobahn einen großen Bogen um Lyon macht und erst ein gutes Stück weiter im Süden auf die Rhône trifft. Während ich mich insgeheim frage, ob ich nun im Wohnmobil, mit Klappstühlen und einem großen Wasservorrat, wirklich glücklicher bin als mit Hundehüttenzelt und Luftmatratze im Sand von Saintes-Maries, und während ich über die Zeiten sinniere, in denen meine beiden Töchter (die in dem Buch noch öfters vorkommen) noch gerne im WOMO mitgefahren sind, bin ich bei Valence angekommen, wo ich die Autobahn verlasse. Bis hierhin reichte einst die römische Provincia, so dass sich diese Stadt, historisch gesehen, mit Recht als „Tor zur Provence" bezeichnen darf.

Unverkennbar sind wir nun im Süden Frankreichs, denn Obstplantagen und dazugehörige Großmärkte säumen unseren Landstraßenweg, auf dem wir überraschend zügig vorankommen. **Montélimar** weist sich auf dem Ortsschild als *Porte de Provence* (*Tor der Provence*) aus, zudem als Stadt des Nougats, dessen weiße, süßliche mit Mandeln durchsetzte Masse wenig mit der uns bekannten Schokolade gemeinsam hat und uns nicht hinter dem Lenkrad hervorlocken kann. Wir wollen uns nicht gleich am Anfang des Urlaubs die Zahn-Plomben ausbeißen.

Nach wenigen Kilometern erreichen wir dann die geologische Öffnung zum Midi, den **Défilé de Donzère**. Die Rhône, zweitlängster und zugleich wasserreichster Fluss Frankreichs, hat sich hier durch einen gebirgigen Engpass gearbeitet. Ein paar Kilometer weiter im Norden hat man den parallel zur Rhône gegrabenen Kanal in den 30er Jahren des 20. Jahrhunderts an einem gewaltigen Wasserkraftwerk gestaut, wodurch der Fluss nicht nur schiffbar wurde, sondern auch zur Energiegewinnung beitragen konnte. Ein Tropfen auf dem heißen Stein, wie man an mehreren gigantischen Atomkraftwerken sehen kann.

Um den *Engpass von Donzère* zu betrachten, sollten Sie in dem kleinen Städtchen Châteauneuf-du-Rhône auf der D 73 in Richtung Viviers abbiegen, 3 km auf der N 86 nach Süden fahren, um danach wieder den Fluss auf einer Hängebrücke zu überqueren. Ihr WOMO darf dazu aber nicht höher als 3 m sein, sonst bleibt es an einer Bahnunterführung stecken. Bis zu dieser kann man aber auch aus entgegengesetzter Richtung, von Donzère aus, fahren, um die letzten 300 m zu Fuß zur Brücke zu bewältigen.

Bei Bollène zweigt in westlicher Richtung die Straße zur Ardèche-Schlucht ab, wohin wir erst in den Sommermonaten abbiegen werden (siehe meine Tour 16 in Band 22 der WOMO-Reihe, *Mit dem Wohnmobil ins Languedoc*). Jetzt, in der Vorsaison, lockt uns mehr der **Tricastin**, ein lieblicher und von Touristen sorgsam gemiedener Landstrich östlich der Rhône. Schon wenige Kilometer südlich von Donzère verlassen wir deshalb die Hauptstraße:

Über die D 541 biegen wir nach Osten ab, zum Städtchen **Grignan**, wo wir unsere erste südfranzösische Nacht verbringen werden. Auf den letzten Kilometern können wir das Ziel nicht mehr verfehlen, denn Grignan ist vor allem ein imposantes Schloss, das sich hoch über die kleine, verwinkelte Stadt erhebt. Dabei war der Felsklotz, auf den es gebaut ist, sogar zu schmal, weshalb die ausladende Schlossterrasse der Kirche aufs Dach gesetzt werden musste. So konnten die Erbau

Grignan

er in voller Absicht ihre Macht über die religiöse Welt demonstrieren. Die heutige Anlage wurde so ähnlich im 16. Jahrhundert errichtet, dann aber in der französischen Revolution zerstört und im 18. Jahrhundert notdürftig repariert. Das derzeitige *Château* (Schloss) ist das Ergebnis eines originalgetreuen Wiederaufbaus, aus der Zeit kurz vor dem 1. Weltkrieg. Berühmt sind nicht nur das Bauwerk, das zu den schönsten seiner Art in Südfrankreich zählt, sondern auch eine Dame, die hierher über 1.000 Briefe adressiert hat. Es war die Marquise de Sévigné (1626 - 1696), eine Witwe, die am Hofe von Versailles mit dieser Unzahl an Episteln vermutlich Hunderte von Briefboten beschäftigt hat. Ihre Tochter war mit dem Grafen von Adhémar-Grignan verheiratet und wurde von der Mama über den Alltag des höfischen Lebens im Schloss von Versailles, besonders über die dortigen Intrigen, auf dem Laufenden gehalten. Die Tochter hat die Briefe gut aufbewahrt, so dass derzeit noch eine stattliche Sammlung vorhanden ist, die zudem durch die Korrespondenz der Mutter mit anderen Persönlichkeiten ihrer Zeit angereichert worden ist. Die Briefkollektion ist heute ein unschätzbares Zeugnis des aristokratischen Lebens im Frankreich des 17. Jahrhunderts (*einstündige Führungen; Juli/Aug. tägl. 9,30-11,30 und 14-18 Uhr, restl. Jahr dienstags geschl. und bis 17,30 Uhr; 4,50 €*).

Vor dem ersten kulturellen Erlebnis unseres Pfingsturlaubs dürfen wir uns aber zunächst, am Fuße des Schlosses, eine ruhige Nacht in angenehmer Umgebung gönnen:

WOMO-Stellplatz: Grignan

WOMO-Zahl: >5; **Ausstattung**: Toilette, Wasser, Mülleimer, Gaststätten, Bademöglichkeit in der Nähe;
Zufahrt: wenn Sie von Westen auf der D 541 kommen, fahren Sie auf den Ort zu, um bei den ersten Häusern nach rechts zum Friedhof abzubiegen. In dessen Nähe finden Sie entlang einer Mauer und auf einem kleinen Platz hervorragende Stellflächen, die auch den Vorteil naher Häuser bieten; eine **weitere Möglichkeit** siehe im folgenden Text

Wasser entdecken Sie im Friedhof, vorne rechts; und einen weiteren Wasserhahn, an den Sie sogar einen Schlauch schrauben können, finden Sie unter den Platanen, ein paar Meter in Richtung Schloss. Dort können Sie unterhalb eines runden Brunnens, der aussieht wie ein kleines Tempelchen, ebenfalls frei nächtigen (mit öffentlicher Toilette). Wenn ich es richtig in Erinnerung habe, wird dort allerdings an Dienstagen ein Markt aufgebaut. Die idealen Stellplatzbedingungen werden nicht nur von der Kulisse des erhabenen Schlosses stimmungsvoll vervollkommnet, sondern auch von der Arbeit eines ehrgeizigen Stadtgärtners, der nämlich ganz Grignan und dabei auch unsere nähere Stellplatzumwelt mit prächtigen Rosenstöcken geschmückt hat. Die stehen jetzt, Anfang Juni, in voller Blüte, und es ist kaum übertrieben, wenn ich Ihnen allein deswegen, zumindest in dieser Jahreszeit, die Fahrt nach Grignan empfehle.

Auch im Hochsommer kann man es in Grignan dank des kleinen, aber nie überfüllten, **öffentlichen Schwimmbades** (*das aber am 1.9. schließt – fast alle französischen Bäder stellen derart früh den Betrieb ein*) gut ein paar Tage aushalten. Ich kenne Leute, die sogar eine ganze Woche dem Charme des Landstädtchens und dem des Campingplatzes erlegen sind, weil der niedliche Zeltplatz am Fuß des Schlosses nicht irgendwo in der Pampa, sondern direkt beim Ort liegt und trotzdem ruhige und beschauliche Tage ermöglicht – wenn nicht erlebnishungrige Kinder dem Pool schon nichts mehr abgewinnen können:

Campingplatz: Grignan (*Municipal*)

Ortszentrum: 0,2 km; **Zeiten**: 1.4.-15.10.; **Ausstattung**: Schwimmbad; **Zufahrt**: direkt neben dem Schwimmbad, unterhalb des Schlosses

Wegen der allen Übernachtungswünschen gerecht werdenden Bedingungen in Verbindung mit der hervorragenden Sehenswürdigkeit wird Grignan die Ehre zuteil, die ich in meinen neueren Büchern – sparsam - verleihe, der eines **WOMO-Lieblingsortes**. Dazu gehört, dass der Leser auch in kulinarischer Hinsicht zufrieden ins WOMO-Bett steigt, besonders nach anstrengender Fahrt. Die **Pizzeria** an der in den Ort führenden Hauptstraße macht einen ordentlichen Eindruck. Wir kennen sie aber nur von außen, denn am ersten Abend in Südfrankreich soll es schon die französische Küche sein. Nach einigem Suchen werden wir in einer schmalen Gasse der verwinkelten Altstadt, der Rue Saint-Louis, mit dem *L' Eau à la Bouche* fündig, wo man uns in einem kleinen Gastraum zwar nicht die ganz große Küchenkunst auftischt, aber ein solides, überdurchschnittliches Essen, typisch französisch und zu mittleren Preisen (*montags und dienstags mittags geschl., Tel. 04 75 46 57 37*).

Sie können aber auch schon am ersten Abend Ihre Urlaubskasse strapazieren und dort speisen, wo schon die *Telekom*-Mannschaft anlässlich der *Tour de France* Kalorien eingefahren hat, im **Hotel *La Roseraie***. Der deutsche Betreiber wird Sie am Rande eines wunderbaren Parks in stimmungsvollem Rahmen und mit überdurchschnittlicher Küche bestens bewirten. Das kostet mehr als in der Pizzeria, der gediegene Abend bleibt aber trotzdem bezahlbar (*Tel. 04 75 46 58 15 ; außerhalb der Saison montags geschl.; möglichst reservieren*).

Zufrieden werden Sie vor dem WOMO (bei einem Schlaftrunk) den Zikaden lauschen, die Ihnen auch akustisch signalisieren, dass Sie in Südfrankreich angekommen sind. Ich wette mit Ihnen, dass Sie in späteren Urlauben nach Grignan zurückkehren!

Sie werden dann für die Weiterfahrt auch das schmale Sträßchen nach Süden wählen, vorbei am Dorf **Chamaret** mit seinem bizarren Kirchturm, wo Sie wieder nach Westen abbiegen, um über Chantemerle das ehemalige Quellheiligtum **Val-des-Nymphes** zu suchen. Zuerst fahren Sie vermutlich daran vorbei, denn die kleine Kapelle, die kürzlich ein neues Dach bekommen hat, liegt zwar direkt seitlich der Straße, aber doch versteckt im Grünen. Sonntags wird die Entdeckungsreise erleichtert, dann ist die schattige Anlage mit einer in Stein gefassten Quelle ein beliebter Picknickplatz, an dem die Einheimischen im kühlen Schatten dösen. Das Auto muss dann ein paar Meter abseits bleiben, am besten etwas oberhalb auf einer großen Wiesenfläche zwischen zahlreichen Büschen.

Diese Buschwiese ist so ruhig und verschwiegen, dass wir Tisch und Klappstühle auspacken. Auf diese Weise füllt ein kurzer Zwischenstop am Ende einen halben Urlaubstag. Es gelingt mir dort sogar, mit unerwarteter Gelassenheit unseren Kühlschrank zu reparieren, dessen Konstruktion darunter leidet, dass immer wieder Schmutzpartikel die Düse vor dem Brenner so verstopfen, dass nur noch ein mickriges Flämmchen bleibt und von Kühlung keine Rede mehr sein kann. Nach getaner Arbeit rauscht die Flamme wieder in voller Stärke, und wir können uns neuen Unternehmungen zuwenden.

La Garde-Adhémar

Die enden aber schon wieder nach zwei Kilometern, in **La Garde-Adhémar**. Das Nest auf der Höhe über der Rhône kennt jeder, der auf der Autobahn gebrettert ist. Ein großes Schild weist von dort nach oben zu dieser dörflichen Sehenswürdigkeit, die wir nicht derartig pittoresk erwartet haben. So darf sie sich inzwischen mit einer Auszeichnung schmücken, nach der jeder französische Bürgermeister giert: *L'un des plus beaux villages de France (*Eines der schönsten Dörfer in Frankreich; es gibt insgesamt 140 davon). Die Schönheit leidet allerdings etwas darunter, dass viele Häuser zum Zweitwohnsitz entartet sind. Die um die Mitte des 12. Jahrhunderts entstandene romanische Kirche ist allerdings noch im Urzustand und wird von Kunstkennern hoch gehandelt. Tritt man von dort ein paar Meter nach vorne an die Balustrade, hat man eine weite, bei klarem Wetter phantastische Sicht ins Rhône-Tal - und ist zugleich unangenehm berührt. Denn der Blick bleibt an den klotzigen Türmen der

Atomkraftwerke von Pierrelatte und Tricastin hängen. In deren Nachbarschaft ist die Industrie zu Hause, in der ein Viertel des Weltbedarfs an angereichertem Uran produziert wird (oder wurde; ich glaube, die Wiederaufbereitungsanlage ist stillgelegt).

Fast dieselbe schöne Vogelschau hat man vom Übernachtungsplatz am Rand von La Garde-Adhémar, der inzwischen zu unserem festen Provence-Repertoire gehört. Sie können den Stellplatz nicht verfehlen, er liegt oberhalb des Ortes; so nahe an diesem, dass niemand Angst haben muss. Hier kochen wir selbst. Und der Weißwein ist dank meiner Geduld am Nachmittag (und eines nicht zu karg bestückten Werkzeugkastens) schon wieder gut gekühlt:

WOMO-Stellplatz: La Garde-Adhémar

WOMO-Zahl: >5;   **Ausstattung**: Mülleimer, Gaststätte, Laden;
Zufahrt: auf der schmalen Straße hoch nach La Garde-Adhémar (ab 7 m Länge möglichst auf der nördlichen Zufahrt, deren Serpentinen ab ca. 9 m ebenfalls eng werden könnten), der Platz liegt dann seitlich der nördlichen Zufahrtsstraße; man kann auch eine Etage höher auf einer Wiese stehen

Stellplatz von La Garde-Adhémar

Ab und an schreibt mir ein Leser, ich würde ihn mit zu vielen Restauranttipps nerven. Aber soll ich mit meinen Erfahrungen hinter dem Berg halten? Gar noch, wenn mir ein Abend – ich war bekanntlich öfters in La Garde-Adhémar – besondere Gaumenfreuden beschert hat? Und wenn ich am nächsten Tag in der Zeitung erwähnt wurde, als Retter der Umwelt? Also berichte ich doch:

Das **Restaurant *Logis de l'Escalin*** (*Tel. 04 75 04 41 32; sonntags abends und montags geschl.; möglichst reservieren*) finden wir erst nach energischer Nachfrage etwa 0,6 km

<u>nördlich</u> von La Garde-Adhémar seitlich der kleinen Zufahrt zum Ort (man sollte das WOMO auf dem Stellplatz lassen und entlang der Straße bergab hinlaufen, da dort der Parkraum fehlt), und da wir erst am späten Nachmittag angerufen haben, gibt es an einem kühlen Sommerabend mit strammem Mistral nur noch einen Tisch auf der Terrasse, wo wir die einzigen Gäste sind, die dem Wind trotzen. Beim Hauptgang eines überzeugenden, preisgünstigen Menüs sind wir froh, das Wohnmobil dabei zu haben. So können wir uns warme Decken über die Beine legen und durch eine große Glasscheibe den Köchen zusehen, die in einer hoch modernen Küche professionell werkeln. Während des Desserts werden wir stutzig. Hat der Küchenmeister hinter dem Haus einen Grill in Betrieb genommen und kräftig geschürt? Bald wird uns der Funkenflug immer suspekter, ich schäle mich aus der Wolldecke, ich gehe um die Ecke und stehe vor der Feuerwand einer brennenden Wiese! Ich brülle: „Feu, Feu", ich trommle an das Küchenfenster: „Feu"! Die gesamte Küchenbrigade lässt in der Pfanne, was gerade in der Pfanne brutzelt, schaltet die Herde ab und rennt mit Eimern zum Löschen. Das Häuschen mit dem Gastank muss geschützt werden und der Parkplatz – mit unserem WOMO. Beängstigend kommen die Flammen näher, Bäume lodern auf, genährt vom Wind. Beherzt springe ich ins Auto (das richtig geparkt und abfahrbereit da steht – diesen Tipp wiederhole ich öfters!) und zirkuliere es an der Feuersglut vorbei in den Windschatten. Unerwartet schnell ist die Feuerwehr präsent und leistet gekonnte Arbeit: Alle Autos und das Haus werden gerettet, Strauchwerk und Wiesen lässt man abfackeln. Nach einer Stunde ist der Spuk vorbei, und die Gäste werden weiter bekocht. Wir sind ja in Frankreich. Als ehrlicher Mensch mache ich mich nicht dünn, sondern zücke an der Rezeption die Kreditkarte. Die Chefin bedankt sich artig für unsere Umsicht, sie kassiert den Rechnungsbetrag – und wünscht gute Nacht. Einen *Café* oder einen *Cognac* „auf Rechnung des Hauses" hätten wir schon genommen. Aber die Ehre widerfährt uns am nächsten Morgen bei der Zeitungslektüre, als wir lesen, dass aufmerksame Touristen eine größere Katastrophe verhindert haben. Noch bei dieser Tour werde ich mich fragen, ob mein WOMO oder ich eine besondere Beziehung zu Bränden in der Provence haben.

Die beschaulichen Ortschaften liegen hier, im Tricastin, dicht beieinander, nach **St. Paul-Trois-Châteaux** (6.800 Einwohner) sind es nur 5 km. Kelten, Griechen und Römer haben dort schon gesiedelt, sie waren im Gegensatz zu neuzeitlichen Feinschmeckern hier aber noch nicht auf der Suche nach preiswerten Trüffeln. Selbst ein paar Kunstgenießer verschlägt es ab und zu in die **romanische Kirche** (12. Jahrhundert) des kleinen Ortes, wo jene dann in Ihren Reiseführern die passenden Worte nachlesen: „Die dreischiffige Basilika mit ihrer meisterhaften Steinmetzearbeit gebietet auch dem eiligen Reisenden diesen kleinen Umweg". Damit ist auch ein Anliegen meines Buches getroffen: Sind doch die bekannten baulichen Sehenswürdigkeiten der Provence - es gibt wahrlich nicht wenige - schon sattsam breitgetreten. Die Kirche von St. Paul-Trois-Châteaux, sie darf sich Kathedrale nennen, fällt dabei aus dem Rahmen, man erlebt sie frei von Postkartenständern und Reisebussen sowie frisch restauriert. Weil uns außer dem Gotteshaus auch das Städtchen so gut gefällt, haben wir auch einen Stellplatz gefunden. Der wird nie einen Schönheitspreis gewinnen, aber er ist ein sehr geräumiger und ruhiger Etappenplatz:

> ### WOMO-Stellplatz: St. Paul-Trois-Châteaux
> **WOMO-Zahl**: >5; **Ausstattung**: Toilette, Wasser (am Platz auf der anderen Straßenseite), Mülleimer, Gaststätten, Geschäfte;
> **Zufahrt**: wenn man von Westen kommt, auf die Altstadt zufahren, vor dem Stadttor rechts, die nächste Straße links, dann etwa 350 m bis zum Parkplatz des Stadion, südlich der Altstadt, zwischen dieser und dem Stadion

Auch das 3 km entfernte Bergdorf **St. Restitut** hält eine bemerkenswerte romanische **Kirche** aus dem 12. Jahrhundert bereit sowie zwei hervorragende Stellplätze für alle WOMO-Größen:

> ### WOMO-Stellplätze: St. Restitut
> **WOMO-Zahl**: >5; **Ausstattung**: Toilette, Wasser, Mülleimer, Geschäfte;
> **Zufahrt**: nach dem Ortsschild des nördlichen Dorfeingangs – an der D 218 finden Sie seitlich der Straße eine Toilette mit Wasser, gegenüber einen geräumigen Parkplatz (für WOMO-Riesen) und genau gegenüber, steil bergauf, bei der *Mairie* einen weiteren, noch schöner gelegenen (für die allmählich aussterbenden Wohnmobile mit zivilen Maßen)

Fährt man weiter südwärts, kommt man in der Nähe des *Belvédère* an Steinbrüchen vorbei, mit in den Stein gehauenen, riesigen Weinkellern. Tausende von Flaschen werden dort staunenden Touristen gezeigt, aber nicht geöffnet. Über diese alkoholische Attraktion berichte ich allerdings nur vom Hörensagen!

Und da wir nun schon mal vom geraden Weg nach Süden abgewichen sind, drängt sich ein weiterer Abstecher auf. Einmal, weil man unweigerlich Geschmack am Tricastin bekommen hat, und zum anderen, weil er zur *Université du vin*

im Tricastin

(*Weinuniversität*) führt. Im 10 km südostwärts gelegenen **Château** von **Suze-la-Rousse** ist in einem markanten, auf einem Fels erbauten Schloss seit dem Jahre 1978 die erste Weinhochschule der Welt zu Hause (*Besichtigung nur mit ¾ stündigen Führungen; 9,30-11.30 und 14-17,30 Uhr; außer Juli/August dienstags geschlossen; Besichtigung des Schlossparks bis 20 Uhr; 8 €*). Auch wer nicht das Diplom als Weinkundler erwerben möchte, kann hier mit Hilfe von Simultanübersetzungen ein Wochenendseminar besuchen und dabei sogar im WOMO beim Schlosstor übernachten:

WOMO-Stellplatz: Suze-la-Rousse

WOMO-Zahl: >5; **Ausstattung**: Mülleimer, Gaststätte; **Zufahrt**: fahren Sie von der D 944, westlich des Ortes dem Wegweiser zum Château hinterher und bleiben Sie auf dem Parkplatz unten an der Straße; der höher und einsam an der Schlosszufahrt gelegene Parkplatz ist inzwischen für WOMOs verboten

Sie können von hier Vaison-la-Romaine (Tour 2) ansteuern, zumal die Strecke dorthin landschaftlich besonders abwechslungsreich ist, oder über die D 94, weiter im Osten, **Nyons**, ein vor allem bei älteren Franzosen beliebtes Provinzstädtchen, wo die ersten nördlichen Olivenbäume Frankreichs wachsen. Besonders die schwarzen Ölfrüchte sind von höchster Qualität. Auch der ortnahe Stellplatz ist nicht schlecht:

WOMO-Stellplatz: Nyons

WOMO-Zahl: >5; **Ausstattung**: Wasser, Mülleimer, Gaststätten, Geschäfte; **Zufahrt**: in Nyons am Flussufer in der Nähe des (beschilderten) Campingplatzes

Orange - Arc de Triomphe

Wir fahren aber weiter nach **Orange** (27.000 Einwohner). Dort stehen wir bald vor dem einzigen echten „Tor zur Provence", dem „**Arc de Triomphe**". Der heißt zwar heute so, aber ein „Triumphbogen" ist er trotzdem nicht. Nur ein so genanntes „Stadtgründungstor". Ein Fauxpas wäre es, würde ich mich nicht meinen Reiseliteraturkollegen anschließen und es jedem Banausen mit auf den Weg geben: Triumphbögen gab es bei den Römern nur in Rom, Stadtgründungstore hingegen überall. Zumindest in St. Rémy und Orange. Welchen Sinn aber hatte solch ein Portal? Es diente Propagandazwecken und tat, in Stein gemeißelt, von der Macht römischer Truppen und, mit Verlaub, auch von deren Triumphen kund. Ehrlich gesagt, wer versonnen auf dem abgetretenen Rasenstück vor diesem Bauwerk mit den Gedanken bei Asterix und Obelix phantasiert, sich gar inmitten eines römischen Triumphzugs fühlt und das unablässige Tosen des vorbeirauschenden Verkehrs für Beifallsstürme hält, hat - so ist jedenfalls meine Meinung - mehr von solchen Stätten als der, welcher einen Triumphbogen von einem Stadtgründungstor unterscheiden kann.

Und sehenswert ist der Stadtgründungstriumphtorbogen allemal! Insbesondere auf den gut erhaltenen Ost- und Nordseiten (die Westseite wurde 1949 teilweise restauriert) sind ausgesprochen plastisch die Stärke und Macht römischer Krieger dargestellt, denen die nackten und in Ketten gelegten Gallier nichts entgegenzusetzen haben. Sie besitzen auch nicht die modernen Waffen, die Ihnen zu Abschreckungszwecken vorgeführt werden. Die Wissenschaft nimmt an, dass das Tor nach der Niederwerfung des Gallieraufstandes im Jahre 21 n. Chr. ge- oder wieder aufgebaut worden ist, und dass die Skulpturen über eben diese Revolte berichten. Der eigenen in Orange kasernierten Garnison als Vorbild und zugleich den gallischen Barbaren als Warnung.

Denn damals kam jeder an dem Monument vorbei, der von Lugdunum (Lyon) nach Arausio (Orange) fuhr. So ähnlich wie heute, denn der Verkehr auf der N 7 strömt ohne Unterlass um das Tor herum.

Erstaunlicherweise ist der Parkplatz seitlich des Tores, das immerhin als eine der bekanntesten und zugleich interessantesten antiken Sehenswürdigkeiten Südfrankreichs gilt, so gut wie frei. Er ist ein dermaßen beliebter Stellplatz, dass ich ihn, zumindest seine hinterste Ecke, wo es ein Dezibelchen ruhiger ist, nicht unterschlagen kann:

> **WOMO-Stellplatz: Orange (*Arc de Triomphe*)**
> **WOMO-Zahl**: >5; **Ausstattung**: Mülleimer, Gaststätten, Geschäfte; **Zufahrt**: als Parkplatz beschildert; außerdem kommt man auf der N 7 daran vorbei

Mir ist er zu laut. Wir lassen dort unser Wohnmobil daher nur während der weiteren Stadtbesichtigung stehen. Sicherheitshalber frage ich eine Passantin nach dem Fußweg. Sie kann es kaum fassen, dass wir unser Auto so weit außerhalb der Altstadt parken möchten und rät dringend davon ab. Ich nehme mir diesen Rat nicht zu Herzen und unterstelle, dass die alten Römer schon so klug waren, ihr Propagandator den Stadtbewohnern und nicht den Bauern vor die Tür zu setzen. Die Wegstrecke in die Stadt ist dann auch kaum der Rede wert, und in der Innenstadt sind für größere Wohnmobile Parkplätze nur schwer zu finden (am erfolgreichsten sucht man auf dem baumbestandenen Platz bei der Touristeninformation). Wer nicht ausführlich durch die Gassen schlendert, verpasst eine der schönen Seiten dieser Stadt. Der man Unrecht tun würde, erwähnte man sie nur der antiken Bauwerke wegen. Der **Wochenmarkt**, der donnerstags in den Gassen aufgebaut wird, gilt sogar als einer der interessantesten der Provence.

Wenngleich ich einräumen muss, dass die römischen Bauten unbestreitbar die Attraktion der Stadt sind, das **antike Theater** noch mehr als der „Arc de Triomphe". Beim Gang durch die Altstadtgassen stehen wir plötzlich vor einer riesigen Mauer, der Rückseite der Theaterstirnwand. Ludwig XIV. soll sie als „schönste Mauer in meinem Königreich" gepriesen haben. Nicht weniger eindrucksvoll ist die Vorder-, also die Innenseite, welche in römischer Zeit mit Marmor, Säulen und Statuen geschmückt war. Außerdem war am oberen Ende der Bühnenwand zur Optimierung der Akustik ein Holzdach montiert. Jene ist aber auch so keinesfalls schlecht, wie man heute noch bei der Besichtigung feststellen kann; oder während der Festspiele, die schon seit dem letzten Jahrhundert zelebriert werden, und bei denen schon so berühmte Künstler wie Caruso gefeiert wurden. Das Bauwerk, das einst 10.000 Besuchern Platz bot, ist das besterhaltene römische Theater in Europa und wird nur noch vom Theatergebäude im türkischen Aspendos übertroffen. Die Statue in der Mitte der Bühnenwand zeigt Kaiser Augustus, während dessen Regierungszeit das Schauspielhaus erbaut worden ist. Raten Sie mal, wie hoch die - stark restaurierte - Skulptur ist: Auf stolze 3,55 m haben Sie bestimmt nicht getippt!

Orange - antikes Theater

Das Theater kann man täglich zwischen 9 und 18,30 Uhr, von Oktober bis März von 9 bis 12 und von 13,30 bis 17 Uhr mit einer Eintrittskarte (*4,50 €*), die auch im gegenüberliegenden Museum und in den Gymnasion-Ausgrabungen gilt, besichtigen. Im **Museum** ist das berühmte römische Marmorkataster ausgestellt. Teile der 850 Quadratkilometer von Arausio des Jahres 77 n. Chr. sind dort in Stein geritzt und katalogisiert:

Grundstücksgröße, Eigentümer und sogar der Wert (*Öffnungszeiten wie das Theater*).

Es wäre ein großer Fehler, die Theateranlage zu verlassen und sich gleich wieder ins Auto oder ins nächste Straßencafé zu setzen. Den Ausblick von der **Colline St. Eutrope**, dem Hügel, an den das Theater gelehnt ist, darf man sich keinesfalls entgehen lassen. Von hier oben schaut man auf das Theater und die Gassen der Stadt, der Blick reicht sogar bis zum Mont Ventoux. Den Weg zum Hügel findet man zu Fuß, wenn man außerhalb des Theaters an der Bühnenwand links (also östlich) bei nächster Gelegenheit die Stufen bergauf nimmt.

auf der Colline St. Eutrope

Oder man benutzt das Auto. Das empfiehlt sich besonders für eine Übernachtung, denn auf den Parkplätzen oben auf dem Hügel stehen Sie am Rand von Wiesen und neben einem lauschigen Park, an dessen Rand Sie ganze Urlaubstage vertrödeln können:

WOMO-Picknickplatz: Orange (*Colline St. Eutrope*)

WOMO-Zahl: >5; **Ausstattung**: Wasser, Mülleimer, Picknickbänke, Trimmgeräte, großer Spielplatz im Park, Schwimmbad in der Nähe, etwas einsam;

Zufahrt: biegen Sie westlich (!) des antiken Theaters und schräg hinter dem Opernhaus, das am Ende des großen Parkplatzes bei der Touristeninformation liegt, zwischen zwei Gaststätten auf die steile Zufahrtsstraße, die *Montée des Princes d'Orange*, ein (mit Wegweiser zur '*Ginguette de la Colline*' - das sieht gefährlicher aus als es für WOMOs bis ca. 7,50 m Länge ist) und fahren Sie oben auf dem Hügel bei der Weggabelung nicht links zum *Piscine* (*Schwimmbad*), sondern geradeaus bis zum Ende des Weges am Park. Die schmale Straße muss Sie nicht schrecken, es gibt keinen Gegenverkehr. Achten Sie aber bei der Runterfahrt auf den seitlichen Absatz am Ende des Sträßchens

Orange - Stellplatz auf der Colline St. Eutrope

Wir verbringen auf der Colline St.-Eutrope einen entspannten Nachmittag. Dabei betrachten wir uns auch die Reste des römischen Kapitols und des festungsartigen Schlosses, das hier die Herren von Nassau-Oranien im Jahre 1622 errichten ließen. Wilhelm I. von Nassau, der erste Statthalter Hollands und Vorfahr der holländischen Königsfamilie, gründete nämlich in der Stadt ein Fürstentum. Arausio hieß zu diesem Zeitpunkt längst Orange, was ja ein und derselbe Wortstamm ist (und mit der Südfrucht nichts zu tun hat, auch wenn die Stadt diese heute im Wappen trägt). So kam es, dass sich die holländischen Könige auch heute noch Oranier nennen.

Genauso schön gelegen ist der Übernachtungsplatz, den wir 10 km weiter südlich, bei **Châteauneuf-du-Pape**, finden. Auf einer Anhöhe am Nordrand des bekannten Weindorfes (2.000 Einwohner) ragt die Turmruine eines Schlosses steil in den provenzalischen Abendhimmel. Der Bau diente den Päpsten während der Zeit des Exils in Avignon als Sommerresidenz, wo die irdischen Gottesvertreter damals auch den Rotwein der Gegend schätzen gelernt haben, der den kleinen Ort weltberühmt gemacht hat. Wir finden seitlich der Burgruine einen ganz besonders schönen und geräumigen Übernachtungsplatz, der außer einer Toilette alle Vorzüge eines ordentlichen Stellplatzes aufweist: großflächig, eben, wegen der nicht allzu weit entfernten Häuser einigermaßen sicher, aber trotzdem in freier Natur. Das Beste aber ist die Lage, denn von einer kleinen Anhöhe hat man einen weiten Blick, vorbei an der stimmungsvollen Ruine über endlose Weinfelder ins Tal der

Rhône, hinter dem gerade die Sonne untergeht. Genauso haben wir ihn uns vorgestellt, den Abend in der Provence:

> **WOMO-Stellplatz: Châteauneuf-du-Pape (*Ruine*)**
> **WOMO-Zahl**: >5; **Ausstattung**: Mülleimer, Gaststätten und Geschäfte (beides in der Nähe), sehr schöner Blick, etwas einsam;
> **Zufahrt**: fahren Sie in Châteauneuf auf der D 68 nach Norden in Richtung Orange und dann, bei erster Gelegenheit links dem Wegweiser *'Château'* (*Schloss*) hinterher

Stellplatz an der Ruine

Auch für die ängstlicheren Gemüter ist in Châteauneuf gesorgt: Im unteren Teil des am Hang liegenden Dorfes gibt es seitlich der Durchgangsstraße einen weiteren großen Markt- und Parkplatz, der von Häusern umstanden ist:

> **WOMO-Stellplatz: Châteauneuf-d.-P. (*Marktplatz*)**
> **WOMO-Zahl**: >5; **Ausstattung**: Wasser, Mülleimer, Gaststätten, Geschäfte, Bademöglichkeit; nicht in der Nacht auf Freitag (!);
> **Zufahrt**: sie müssen mitten in Châteauneuf nur den Wegweisern *'Salle polyvalente, Piscine'* in den unteren Ortsteil folgen

Oder sie orientieren sich am Gehör und dem Klacken der Boules-Kugeln, denn dem beliebten Spiel mit den Eisenkugeln frönt man auch auf diesem Platz, der unmittelbar hinter dem Schwimmbad (*Piscine*) liegt. Freitags morgens wird im Sommer den Markthändlern die Berufsausübung zumeist ein wenig erschwert. Müssen sie nämlich dann ihre Stände um dort stehende WOMOs herumbauen, deren vom Lärm geweckte Besatzung dann ebenso überrascht wie verschlafen nach dem Zündschlüssel kramt (der bei der freien Übernachtung eigentlich immer griffbereit sein sollte).

Wir haben auf beiden Plätzen schon mehrfach genächtigt (und auch schon in aller Herrgottsfrühe auf schön drapierte Tomaten und Pfirsiche geklotzt). Eine Nacht war besonders erlebnisreich. Schauen Sie mal nach den Dachbalken des Kassenhäuschens am Schwimmbad! Die sind vermutlich immer noch sichtbar angekohlt. Und das kam so (ich erwähnte bereits, dass wir uns auf dieser Tour fast als Pyromanen fühlten):

Der Mistral, ein kräftiger Nordwind, rüttelte schon am Nachmittag so brutal an unserem WOMO, dass wir vom hoch gelegenen Platz bei der Schlossruine nach unten, in ruhigere Gefilde ans Schwimmbad, geflohen sind. Nach einem erfreulichen Abendessen (siehe unten) haben wir uns auf der Boules-Bahn noch ein Flutlichtspiel gegönnt (der Lichtschalter befindet sich am Lampenmast) ehe wir uns, von den umstehenden Häusern (vermeintlich) gut behütet, aufs Ohr gelegt haben. Aber dann wurde ich mitten in der Nacht geweckt. Drei sichtlich betrunkene Männer torkelten laut palavernd die Dorfstraße herunter. Was macht der betrunkene Nachtschwärmer mit einem schlafenden WOMO? Er rüttelt daran, er klopft - und er freut sich. Tut er nicht! Er klettert stattdessen über den Freibadzaun, um sich jenseits desselben ein wenig zu erfrischen.

Es planschte und prustete. Das schien mir plausibel, und ich schlief beruhigt wieder ein. Die Ruhe war jedoch nicht von langer Dauer, denn bald vernahm ich das Klirren zerbrochenen Glases und ein ständiges Hantieren mit irgendwelchen Gerätschaften. Dann wurde ich durch den jähen Knall einer Explosion aus dem Halbschlaf gerissen. Fensterscheiben zerbarsten, und plötzlich loderten aus dem Gebäude des Schwimmbads Flammen. Die Nacht war leuchtend rot, das ganze Haus schien zu brennen - und unser Auto stand keine 30 m entfernt.

Was tut der verantwortungsbewusste Wohnmobilist in solcher Situation?

Er greift zum Bordfeuerlöscher und kämpft gegen die Flammen? Er unterstützt die örtlichen Gendarmen und schreitet zur Festnahme? Er weckt die Kinder, weil die schon immer mal ein brennendes Haus sehen wollten?

Oder er setzt sich im Schlafanzug ans Steuer und sucht möglichst schnell das Weite!

Nichts wie weg hieß die Devise, wir fuhren bis zum Nachbarort, nach Courthezon (siehe unten), wo wir gleich einen kleinen Parkplatz fanden. Der lag dann genau gegenüber der Feuerwehrausfahrt, wo gerade schlaftrunkene Männer mit Blaulicht und viel Tatütata zum Löscheinsatz aufbrachen.

Lange lag ich danach noch wach, ich fühlte mich fast wie der Brandstifter und habe mich nicht mal getraut, am nächsten Tag nach dem Schaden zu sehen. Erst ein Jahr später konnte ich mich beim Anblick der schwärzlichen Balken davon überzeugen, dass ich nicht geträumt habe.

Von der schönen Anhöhe und der Ruine abgesehen ist Châteauneuf-du-Pape uninteressanter als man es erwartet. Das gilt vor allem für den Weinkauf, obwohl der hier produzierte Rotwein weltberühmt ist. Wer sich nicht gut auskennt, kauft wegen des klangvollen Namens leicht einen mittelmäßigen Wein überteuert ein. Ich kann kaum glauben, dass ausgerechnet hier im Jahre 1923 die *Appellation-Contrôlée;* also die *geschützte Herkunftsbezeichnung* und damit das in Frankreich wegweisende Weinprüfsystem, geschaffen wurde. Wenn Sie unbedingt einen *Châteauneuf-du-Pape* trinken wollen, besorgen Sie ihn lieber im Restaurant oder zu Hause beim Weinhändler. Der oder ein Wirt lassen sich nämlich nicht so leicht einen schlechten Tropfen andrehen wie der unbedarfte Tourist. Ist dieser besonders blauäugig, kauft er im Winzermuseum *Cave du Père Anselme* eine merkwürdig verformte und auf alt getrimmte, also interessant gemachte - und deswegen besonders überteuerte - Flasche (an dieser Stelle ein kleiner Geheimtipp: meine besten *Châteauneufs* waren weiß).

Aber ein gutes Restaurant kann ich Ihnen vorschlagen, falls das **La Garbure**, das Sie mitten im Ort leicht finden, überhaupt eine Zukunft hat. Beide Mal war der kleine Gastraum nur schwach besetzt, als uns ein einfallsreiches Menu zu äußerst reellen Preisen liebevoll serviert wurde. Und der von der Wirtin empfohlene (rote) *Châteauneuf-du-Pape* war derart gut, dass ich meine despektierlichen Bemerkungen über diese Weinlage fast bereue (*Tel. 04 90 83 75 08*).

Bei anderer Gelegenheit testen wir in **Courthezon**, 7 km nordöstlich von Châteauneuf, das sehr schlichte **Restaurant Porte des Princes** (*Tel. 04 90 70 70 26; im Februar und montags geschlossen*). Wer keine überzogenen Erwartungen hat und preiswerte, typisch französische Restaurants liebt, wird sich hier wohl fühlen. Denn der Küchenchef versucht sich nicht an Kreationen, die er bei seinen besternten Kollegen abgekupfert hat und doch nicht beherrscht, sondern beschränkt sich auf das, was schon seit Jahren bei den Gästen ankommt. Er ist allerdings nicht mehr der Jüngste, weshalb auch dieses Lokal vielleicht schon gar nicht mehr existiert. Das kleine Städtchen lohnt sich aber allemal, besonders die romanische Kirche mit einem Fundament aus dem 8. Jahrhundert.

Damit sind wir schon mittendrin in der Provence, die wir uns bei der nächsten Tour einmal von oben betrachten wollen.

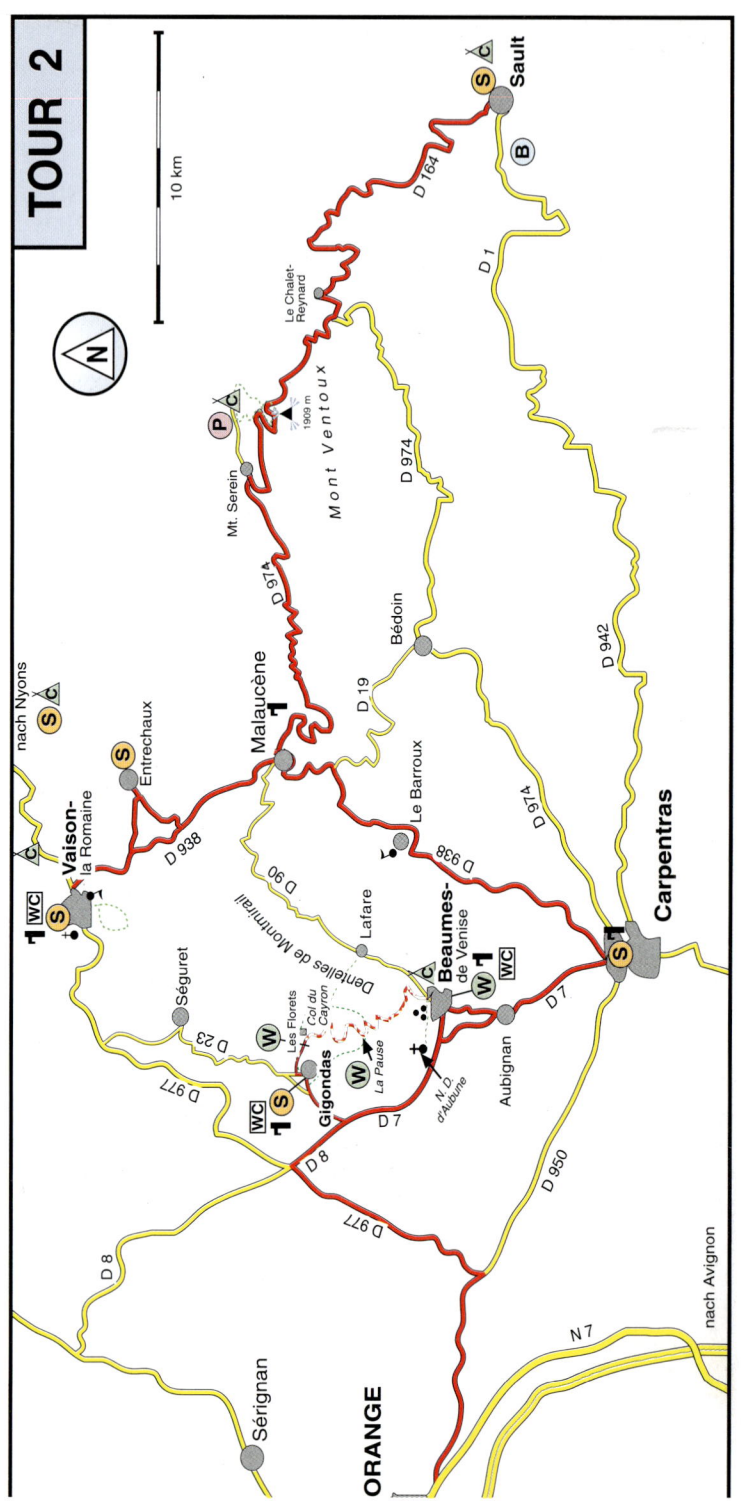

Tour 2: Auf das Dach der Provence

Beaumes-de-Venise - Gigondas - Carpentras
Vaison-la-Romaine - Mont Ventoux

Stellplätze:	in Beaumes-de-Venise, mehrere Möglichkeiten in oder bei Gigondas, in Carpentras, Vaison-la-Romaine, Entrechaux, Mont Serein
Campingplätze:	in Beaumes-de-Venise und Mont Serein
Besichtigen:	Dentelles de Montmirail, Kapelle Notre Dame d'Aubune, Gigondas, Séguret, Markt und Altstadt von Carpentras; Ausgrabungen, Oberstadt und Kathedrale von Vaison-la-Romaine; Malaucène, Le Barroux, Mont Ventoux
Wandern:	von Beaumes-de-Venise zur Kapelle Notre Dame d'Aubune, von Gigondas rund um die Dentelles Sarrasines, südlich von Vaison, auf den Mont Ventoux
Essen:	Restaurants *Les Florets* bei und *L'Oustalet* in Gigondas, Restaurants *La Fête en Provence* und *Le Bâteleur* oder Pizzeria *Du Vieux Vaison* in Vaison

Schon auf unserer zweiten Tour muss ich literarisch etwas mogeln: Die Fahrt zum **Mont Ventoux** fällt nämlich zunächst dem Wetter zum Opfer, genauso wie in den folgenden zwei Provence-Urlauben. Zugegeben, wir haben auch große Ansprüche und wollen den höchsten Berg der Provence uneingeschränkt genießen. Dazu bedarf es vor allem guter Sichtverhältnisse, denn auf den Ventoux fährt man **nur** der Aussicht wegen. Im Sommer ist es aber, jedenfalls wenn man nicht zu den Frühaufstehern gehört, bei gutem Wetter fast immer dunstig, und in den Übergangsjahreszeiten verschwinden die obersten der 1.912 Meter oftmals gerade dann in dicken Wolken, wenn man am Fuße des Gebirges angekommen ist. Verschieben Sie also bei klarem Wetter niemals den Gipfelsturm auf morgen, sonst kommt garantiert wettermäßig etwas dazwischen, und Sie werden den Ventoux auch weiterhin nur von unten kennen.

Von dort ist uns der „Fudschijama der Provence" schon lange geläufig, sein hoher Kegel mit der weißen Kuppe ist auch wirklich nicht zu übersehen. Ob man in der Nähe von Orange steht, in Avignon, auf dem Plateau de Vaucluse oder dem Kamm des Luberon, man sieht von überall den heiligen Berg, den Berg des Windes, dem die Römer den Namen *ventosus* (der Windige) gaben. Und jetzt, Anfang April, besteht seine weiße Haube wirklich noch aus Schnee. Im Sommer sieht jenem der Kalkstein zum Verwechseln ähnlich, der Schnee bleibt aber häufig bis in den Mai hinein. Ob in diesem Jahr das Tauwetter ganze Arbeit geleistet hat, wollen wir erst gar nicht ergründen, denn schon am Vormittag umhüllen dicke Wolken aus der Blumenkohlfamilie das weiße Haupt. Erst beim vierten Anlauf - am Ende dieser zweiten Tour - spielt das Wetter mit.

Bis dahin trösten wir uns mit nicht weniger eindrucksvollen Zielen am Fuße des Ventoux. Und am Ende unserer Tour werden wir wissen, dass diese Ziele lohnender sind als der sie - nur topographisch - überragende Berg.

Unter allen Gebirgszügen der Provence gefallen mir die **Dentelles de Montmirail** am besten. Vom Luberon abgesehen, aber der läuft sowieso außer Konkurrenz. Das kleine Gebirge zwischen Gigondas und Malaucène, auf halbem Weg zwischen Orange und dem Mont Ventoux, gleicht stellenweise den italienischen Dolomiten. Nur bewegt man sich in den *Dentelles* (*Klöppelspitzen*) lediglich auf einer Höhe zwischen 500 und 734 m. Hier kann man also schon zu eindrucksvollen Spaziergängen und Wanderungen aufbrechen, wenn anderswo noch Tiefschnee liegt. Die Bergsteiger unter unseren Lesern wissen ohnehin Bescheid, kennen sie nämlich die verschiedenen Schwierigkeitsgrade der zackigen Kalkfelsen in den Dentelles Sarrasines. Auch wir werden uns hier beim Wandern sportlich betätigen.

Dentelles de Montmirail - Col du Cayron

Wir kommen auf der D 7 von Carpentras, wohin wir weiter unten noch einmal zurückkehren werden und wählen unterhalb einer gewaltigen Felswand das Dorf **Beaumes-de-Venise** (1.800 Einwohner) als Ausgangspunkt. Jeder Weinkenner hat schon mal von dem natürlichen Süßwein gehört, der hier im Windschatten einer Felswand auf Terrassen reift. Aus kleinen, süßen Muskateller-Trauben wird ein Wein gekeltert, den man jung als Aperitif trinkt. Mein Fall ist er nicht, Sie können ihn aber in mehreren Probierstuben testen. Die vielen Höhlen im Fels haben dem Weindorf zu seinem Namen verholfen, denn *Baumes* bedeutet *Höhlen*. Wir kraxeln auf einem Pfad zur Ruine des mittelalterlichen Schlosses, von dem wir uns an einer schönen Aussicht erfreuen.

Unseren Fußweg verlängern wir gleich noch zur 1,5 km weiter westlich des Ortes und rechts der D8/D81 gelegenen **Kapelle Notre-Dame-d'Aubune**. Das Kirchlein aus dem 12. Jahrhundert (im 17. Jahrhundert restauriert und mit seitlichen Anbauten versehen) zieht uns vor allem wegen seiner schönen Lage auf einer Terrasse und wegen seines schlanken, hohen Glockenturms in seinen Bann. Eine andere Touristengruppe hat sich bereits das Kirchentor aufgeschlossen (den Schlüssel gibt es angeblich beim unterhalb der Kirche liegenden Haus), so dass wir auch die undefinierbaren, naiven Malereien im Inneren betrachten können. Mit größeren Wohnmobilen kann man nicht direkt bis zur Kapelle fahren. Parken Sie in Beaumes-de-Venise oder an der D 8.

Lassen Sie sich für den kleinen Ausflug Zeit, denn in Beaumes-de-Venise können Sie ordentlich am Rande des riesigen Parkplatzes im Ortszentrum übernachten. Von weitem werden Sie sogar von den Gendarmen bewacht:

WOMO-Stellplatz: Beaumes-de-Venise

WOMO-Zahl: >5; **Ausstattung**: Toilette, Wasser, Mülleimer, Gaststätten, Geschäfte, Wanderwege; nicht in der Nacht auf Dienstag (Markt); am Wochenende sollte man sich wegen einer Diskothek auch möglichst weit nach rechts (Westen) stellen;
Zufahrt: der große Parkplatz im Zentrum ist nicht zu verfehlen

Keine schlechte Wahl ist auch der angenehme und preiswerte Campingplatz. Sie stehen dort am rauschenden Bach und brauchen zu Fuß ins Dorf keine fünf Minuten:

Campingplatz: Beaumes-de-Venise (*Municipal*)

Ortszentrum: 0,4 km; **Zeiten**: 1.4-31.10. **Ausstattung**: Entsorgungsstation; **Zufahrt**: von der D 90 im Norden des Ortes beschildert

Sie werden bis zum nächsten Etappenziel keine große Strecke zurücklegen. Das Weindorf **Gigondas** (650 Einwohner) liegt nur 10 km entfernt und gehört zu den angenehmsten Orten der Gegend. Es macht Spaß, durch die steilen Gässchen zu streifen und sich danach in einem bescheidenen

Gigondas

Café zu erholen. Oder im **Restaurant *L'Oustalet*** am Dorfplatz, preisgünstig, ländlich und überraschend gut (*Tel. 04 90 65 85 30, sonntags abends und montags geschlossen; schöne Terrasse; mindestens 1 Stunde vorher reservieren*). Wer nach

Schattenspiel beim *L'Oustalet*

dem Abendessen nicht mehr loskommt, kann in Gigondas auch die Nacht verbringen: Auf dem kleinen Parkplatz seitlich unterhalb des Dorfplatzes hinter der Brücke; aber bitte nicht in Scharen! Am Dorfbrunnen kann man auch den Wassertank auffüllen und öffentliche Toiletten gibt es dort ebenfalls. Besser fahren Sie noch ein paar Meter weiter zu einem sehr geräumigen Stellplatz:

Gigondas ist bekannt für seinen kräftigen **Rotwein**, der zu den besten Südfrankreichs zählt. Ich habe Verschiedene durchprobiert, sie waren auch besser als die meisten anderen Côtes-du-Rhônes. Aber eine echte Offenbarung, eine Adresse zum Auffüllen des heimischen Weinkellers, habe ich nicht gefunden, zumal die Weine sehr viel Gerbsäure enthalten und lange gelagert werden müssen. Sie werden in Gigondas zu einem akzeptablen Preis kaum einen trinkfertigen Tropfen finden.

in Gigondas

Gigondas

Auch die Freunde naturnaher Stellplätze kommen auf ihre Kosten. Zumindest zum mittäglichen Picknick sollten Sie ins Herzstück der Dentelles fahren, zum **Col du Cayron**. So heißt die Stelle, die man ansteuern muss, wenn man einen schönen Eindruck von dem zackigen Gebirge gewinnen möchte. Wir folgen dazu in Gigondas dem Wegweiser *Les Florets*. Der Asphaltbelag hört hinter dem **Hotel/Restaurant** auf (das wir noch nicht getestet haben, dessen relativ preiswerte Küche aber sehr gelobt wird und wo man bei gutem Wetter unter Bäumen essen kann - *Tel. 04 90 65 85 01; mittwochs und außerhalb der Saison dienstags abends zu*), so dass wir auf einem gut befestigten, neuerdings am Anfang frisch betonierten Weg bergauf fahren. Lang ist die Strecke nicht, denn schon nach 800 m ist die Pass-"Höhe" erreicht. Hätte man mich mit verbundenen Augen hier hochgeführt, ich wähnte mich auf wenigstens 1500 m. In Wirklichkeit sind es oben gerade mal 400 m. Unser Picknickfelsen liegt vor einem kleinen, einsamen Parkplatz und prächtiger kann die Umgebung nicht sein! Die Zacken der gegenüberliegenden Dentelles Sarrasines sind die bizarrsten des Gebirgszuges. Zwischen ihnen hängen jetzt, um die Mittagszeit, unzählige Kletterer, deren Rufe bis zu unserem Vesperstein zu hören sind (Foto Seite 38):

WOMO-Wanderparkplätze: Col du Cayron

WOMO-Zahl: >5;   **Ausstattung**: Gaststätte, Wanderwege, wunderbare Umgebung, mehr oder weniger einsam;

Zufahrt: von der D 7 Richtung Gigondas und etwa 800 m nördlich des Ortes zum Restaurant ,Les Florets'; entweder am Ende der Asphaltstraße oder hoch zum Pass. Ein **weiteres**, schönes, weniger exponiertes, sehr einsames Übernachtungsplätzchen findet man auch, wenn man beim Erreichen der Passhöhe nach rechts, weiter leicht bergauf fährt. Nach mehreren hundert Metern macht der Fahrweg eine deutliche Linkskurve, vor der rechts unter Bäumen ein weiterer Parkplatz angelegt ist (siehe auch bei der nachfolgenden Wanderung).

Am Wochenende ist hier oben tagsüber allerdings viel los, wie wir bei einer Wanderung ein Jahr später feststellen:

Unser Wohnmobil parken wir dazu in Gigondas, wo wir am oberen Ende des kleinen Marktplatzes starten. Vor der Brücke führt uns dort eine rot-gelbe Markierung auf einen Fahrweg hinauf in die Weinberge, wo wir bei einer weiten Aussicht auf den kleinen Ort noch einmal Kraft für den weiteren Anstieg tanken. Ein Wegweiser geleitet uns bald zur Anhöhe mit dem klangvollen Namen 'La Pause' (dort finden Sie auch den oben erwähnten einsamen Übernachtungsplatz unter Bäumen). Dort treffen wir

auf die geschotterte Straße, auf der man zum Col du Cayron weiterlaufen könnte. Wir folgen ihr aber nur ein kurzes Stück nach links, denn nach wenigen hundert Metern zweigt rechts ein Pfad ab, der hoch zu den Kalkzacken der Dentelles Sarrasines führt (erst grün, später blau markiert).

Oben bleiben wir immer am Fuß der Felsen, auf deren Nordseite ein Pfad durchs Unterholz getreten ist. Stellenweise muss man schon ein wenig klettern, und feste Schuhe sind unabdingbar. Ab und zu zweigen auch andere Wege ab, herunter zum Col du Cayron oder zwischen den Dentelles hindurch auf deren Südseite. Wir lassen uns davon nicht beirren, denn unser Weg dürfte erst am Ende des Höhenzuges - immer noch nördlich des Kammes - wieder hinunter auf das Fahrsträßchen führen. Aber Theorie und Wirklichkeit liegen weit auseinander, und wir irren durch Weinberge zu Tal (angeblich sind die Wege inzwischen besser markiert).

Dort hat man nun mehrere Alternativen; Die kürzeste: Man kehrt hier schon zum Col du Cayron um. Wir stiefeln stattdessen auf der kleinen Straße nach rechts Richtung Lafare. Auf halber Strecke dorthin und nach einem kurzen Abstieg kommt man an einer Brücke vorbei. Rechts davon hören wir das Rauschen von Wasserfällen, die kleine **Badegumpen** bilden; der rechte Ort für eine Mittagsrast. Eine Stärkung ist auch nötig, denn nun ist Klettern angesagt: Bei der Brücke geht es nämlich steil bergauf (man findet den Einstieg kaum; gehen Sie etwa in Verlängerung der Brücke geradeaus den Hang hoch, unten liegt unter Umständen ein großer Felsbrocken, es gibt dort auch eine schwer zu erkennende weiße Markierung). Später stößt man dann wieder auf einen Fahrweg, der im Norden bei 'La Pause' wieder auf unseren Hinweg trifft. Wer weniger sportlich ambitioniert oder nicht schwindelfrei ist, wandert einfach nach Lafare, zu einem der ursprünglichen Dentelles-Dörfer, und von dort auf demselben Weg zurück zum Col du Cayron.

Man kann auch von Lafare eine Südschleife zurück nach 'La Pause' ziehen, die Wanderung wird dann aber über 20 km lang. Unser Weg verbindet mehrere Alternativen: Wir klettern nämlich bei der erwähnten Brücke vor dem Wasserfall zunächst ein paar hundert Meter auf der weiß markierten Strecke, wir kehren dann aber um, da uns das Gelände zu unruhig wird. Über Lafare, den Col du Cayron und 'Les Florets' finden wir dann wieder zurück zu unserem Auto (*Karte: TOP 25, 3040 ET, Carpentras; die Strecken sind zwischen 10 und 22 km lang*).

Wer Spaß an malerischen Ortsbildern hat, fährt ein paar Kilometer nordwärts, nach **Séguret**, einem Dorf mit engen, steilen Gassen, schönem Brunnen und einer Kirche, vor der sich ein weiter Blick auf die Dentelles öffnet. Kein Wunder, wenn man sich ‚Eines der schönsten Dörfer Frankreichs' nennen darf. Diese Auszeichnung wird, ich bin boshaft, offenbar bereitwilliger verliehen, wenn besonders viele alte Dorfhäuser zu Feriendomizilen umfunktioniert wurden (und nicht mehr als 2.000 Einwohner hat).

Bevor wir über Vaison zur Ventoux-Tour starten, drängt sich ein Abstecher nach Süden auf. Weil Freitag ist. Dann ist nämlich in **Carpentras** (26.000 Einwohner) **Markt**, einer der größten in der Provence. Wo kommen nur die notwendigen Kunden für diese vielen Stände her? Alleine die Kleiderbuden verteilen sich auf mehrere Gassenzüge. Und wer sich mal wieder mit Naturprodukten eindecken möchte, ist hier gerade richtig: Olivenöl, Vollwertbrot, Ziegenkäse von der Farm, biologisch angebautes Gemüse; dazu die ganze Palette sonstiger französischer Marktköstlichkeiten - und im Winter frische Trüffeln.

Berühmt ist auch die **Synagoge** im Altstadtkern (am Platz vor dem Rathaus schwer zu finden), die älteste und ausgeschmückteste Frankreichs. Carpentras war übrigens der erste Aufenthaltsort des Papstes in Frankreich, bevor dieser nach Avignon umzog.

Markt in Carpentras

Am Markttag **parkt** man am besten auf dem Platz bei der *Porte d'Orange* (beschildert); in die Altstadt sind es von dort nur wenige Schritte. Hier können und dürfen in der Nacht sogar WOMO-Elefanten stehen, aber es gibt in der Provence lauschigere Plätze:

WOMO-Stellplatz: Carpentras

WOMO-Zahl: >5; **Ausstattung**: Mülleimer, Gaststätten, Geschäfte, etwas laut ist (am ruhigsten ist es hinten bei der Mehrzweckhalle);
Zufahrt: folgen Sie in Carpentras dem Wegweiser zur ‚*Porte d'Orange*', notfalls die Altstadt einmal umrunden, der große Parkplatz liegt eine Etage tiefer und ist nicht zu übersehen

---

Schöner sind die Stellplätze von **Vaison-la-Romaine** (10.000 Einwohner), einem **WOMO-Lieblingsort**. Hier gibt man sich ausgesprochen übernachtungsfreundlich, nachdem sich in Vaison seit September 1992 vieles verändert hat. Ein verheerendes Unwetter brach binnen kürzester Zeit über die Stadt herein und ließ das Flüsschen Ouvèze zu einem reißenden Strom anschwellen. Die Fluten haben vom nahen Campingplatz, auf dem wir noch wenige Wochen vorher selbst standen, Zelte und Wohnwagen weggeschwemmt, wobei viele Urlauber den Tod fanden. Sogar ganze Häuserzeilen stürzten zusammen, und insgesamt starben 37 Menschen. Die Natur hat sich nach tagelangen Regenfällen am Menschen gerächt, der die Wasser aufsaugenden Wälder abgeholzt, die Flüsse begradigt und ihre Ufer zubetoniert hat. Das Wasser floss zu schnell ab, mit ihm gewaltige Schlammlawinen, die vor

Blick auf Vaison

der Stadt wieder aufgestaut wurden, wo man das Bett des Ouvèze umgelenkt und von seiner natürlichen Breite auf die Hälfte von 10 Metern reduziert hatte. Den Campingplatz gibt es seit diesen Tagen nicht mehr, dafür andere, die wir nicht getestet haben. Das Flussbett wurde inzwischen so nachhaltig verbreitert, dass man oberhalb von diesem sogar wieder nächtigen darf (siehe bei der Stellplatzbeschreibung).

Falls am nächsten Morgen nicht gerade Markt ist, führt am riesengroßen Parkplatz bei den Ausgrabungen kein Weg vorbei:

WOMO-Stellplätze: Vaison-la-Romaine

WOMO-Zahl: >5; **Ausstattung**: Toilette, Wasser, Mülleimer, Gaststätten, Geschäfte, Wanderwege; **Achtung,** dienstags ist Markt;

Zufahrt: der große Parkplatz mitten im Stadtteil nördlich des Flusses, die Place Burrus, bei den Ausgrabungen und der Touristeninformation, ist nicht zu verfehlen.

Alternativ, vor allem an Markttagen, fährt man am Parkplatz vorbei, abwärts in Richtung Fluss, an der ersten Kreuzung nach rechts und nach etwa 30 m auf breiter Straße links zum Fluss; am Ende der Straße stößt man oberhalb des Gewässers auf einen schön gelegenen Parkplatz. Oder Sie biegen nach den genannten 30 m nicht ab, sondern fahren geradeaus weiter bis zur Kathedrale am westlichen Ortsrand; der dortige Parkplatz ist ebenfalls nicht schlecht

---

Auch sonst ist von Vaison fast nur Positives zu berichten. Trotz der vielen Touristen ist vor allem die **Oberstadt**, südlich des Ouvèze, erstaunlich wenig verkitscht. Erst nach dem zweiten Weltkrieg wurden hier die Häuser wieder aufgebaut, hauptsächlich als Ferienwohnungen. Wir klettern hinauf zur Burgruine und kommen dabei durch die malerischsten Winkel.

Vaison-la-Romaine

Auf dieser Seite des Flusses siedelten in vorrömischer Zeit die keltischen Vocontiner, die sich mit den römischen Besatzern jenseits des Gewässers arrangieren konnten. Im Mittelalter war dann nur noch der Felsen der Oberstadt bewohnt, ehe die Menschen im 18. Jahrhundert wieder nach unten in die Neustadt zogen. Die Oberstadt verfiel danach, bis die Touristen kamen. Und unten, nördlich der **römischen Brücke**, die das Hochwasser leicht beschädigt überstanden hat (neue Brüstung) und heute noch benutzt wird, begann ein elsässischer Zigarrenfabrikant namens Burrhus, der sich für einen Nachfahr des römischen Burrus hielt, mit den **Ausgrabungen** (*Ruines Romaines*). Er hatte es hier einfach, denn wegen des nachantiken Umzugs aufs andere Flussufer waren die römischen Gemäuer nur teilweise überbaut. So können wir heute durch zwei Ausgrabungsgebiete links und rechts des großen Parkplatzes (unseres Stellplatzes) streifen, das *Quartier de la*

Villasse (südlich), in dem heute noch gebuddelt wird, und das **Quartier de Puymin** (östlich), das Hauptgelände. Den römischen Mäuerchen sieht man ohne kundige Führung allerdings kaum an, wozu sie einst dienten. Aber das kleine Museum im Quartier von Puymin beherbergt einige schöne Mosaiken und Statuen, die noch eine Ahnung vom römischen Leben aufkommen lassen. Oberhalb des Museums gelangt man auch zum **Theater**, das aber fast nur noch eine Nachbildung der antiken

Vaison - antikes Theater

Stätte ist, die 6.000 Zuschauer aufnehmen konnte und damit gar nicht so viel kleiner war als die von Orange. Wunderschön ist der Blick von den oberen Zuschauerrängen in die Landschaft; anregend und beruhigend zugleich (*das Ausgrabungsgelände ist im Winter dienstags geschlossen; Mittagspause - nicht Juli u. August - von 12-14 Uhr; je nach Jahreszeit geöffnet bis 19 Uhr; 6 €*).

Vaison-la-Romaine wartet aber mit noch einer weiteren baulichen Sehenswürdigkeit auf: Die **Kathedrale** Notre-Dame

römische Fundamente

(11. Jahrhundert) steht, was man noch gut sehen kann, auf römischen Fundamenten und hat einen beachtlichen **Kreuzgang** aus dem 12. Jahrhundert (*Mittagspause 12-14 Uhr; 1,50 Euro*). In frühchristlicher Zeit und im Mittelalter hatte hier sogar ein Bischof seinen Sitz. Der Parkplatz eignet sich für die Übernachtung (siehe oben).

Vaison wäre kein WOMO-Lieblingsort, gäbe es dort nicht überzeugende kulinarische Adressen: Wenn Sie nicht zu tief in die Tasche greifen oder Ihren Kindern etwas bieten wollen, werden Sie in der **Pizzeria *Du-Vieux-Vaison*** (*Tel. 04 90 36 19 45*) vor einem alten Stadttor der Oberstadt im Freien sitzen und sich an den leckeren Pizzas auf hauchdünnem Teig erfreuen. Nicht weit davon entfernt, ebenfalls in der Oberstadt südlich des Flusses, entdecken Sie im **Restaurant *La Fête en Provence*** (*Tel. 04 90 36 36 43; außerh. der Saison mittwochs geschl.; mit schöner Sommerterrasse*) die anspruchsvollere Küche, die auch im kleinen **Restaurant *Le Bâteleur*** (*Tel: 04 90 36 28 04; Sonntagabend und Montag geschlossen*) vor der Römerbrücke bei gutem Preis-Leistungsverhältnis geboten wird.

Der große Parkplatz von Vaison ist auch Ausgangspunkt einer netten, wenn auch wenig spektakulären Wanderung:

> Wir überqueren den Ouvèze auf der neuen Brücke bei der Kathedrale und wenden uns dann nach links bergauf (!). Am Rand der Altstadt geht es nun durch zwei Haarnadelkurven bis fast auf die Höhe, wo wir bei den letzten Häusern nach rechts auf eine Straße oberhalb eines Weinbergs abbiegen. Der asphaltierte Weg geleitet uns nun bald zwischen Weinstöcken und Wiesen nach Süden bis uns bedrohliches Hundegebell aufschreckt. An einem einsamen Gehöft bleckt plötzlich eine gefährliche Dogge ihre gewaltigen Zähne, als Beschützerin eines niedlichen Hündchens, das zwischen ihren Beinen wuselt. Wir kramen in der Schublade unserer Wander- und Lebenserfahrungen, gehen mit beruhigenden Worten auf das ungleiche Gespann zu, und das Knurren weicht freundlichem Schwanzwedeln. Aufatmend stiefeln wir weiter – und die Hunde mit uns! In meinem Toskana-Führer habe ich von einem ähnlichen Erlebnis berichtet, dessen Verlauf genauso war: Die Hunde weichen für den Rest der Wanderung nicht mehr von unserer Seite.
>
> Mit Hilfe der Wanderkarte (*TOP 25, 3040 ET, Carpentras*) suchen wir uns einen großen, südlichen Bogen (man kann hier nach Belieben unter verschieden langen Strecken wählen), um 3 Stunden später die Hunde mit vielfältigen Überzeugungsgesten wieder zu Hause abzuliefern. Die letzten 1.200 m entsprechen dann wieder dem Hinweg, und wir fühlen uns ohne die beiden Begleiter, mit denen wir uns richtig angefreundet hatten, ein wenig einsam.

Einen hervorragenden Übernachtungsplatz finden Sie auch 7 km südlich von Vaison in **Entrechaux**, einem Dorf mit Burgruine und auch sonst viel Flair:

Entrechaux - vom Stellplatz aus

Auch in **Malaucène** hält man unweigerlich an, schon weil der freundliche Ort fast vollständig von einer Platanenallee umgeben ist. Wir parken vor dem alten Stadttor und schlendern durch das Gewirr schmaler Gassen hoch zu einem alten Wachturm. Falls Sie dort bemerken, dass Wolken aufziehen und Sie die Ventoux-Tour erneut verschieben müssen, dürfen Sie sich 8 km südlich von Malaucène mit dem Château **Le Barroux** trösten, einem viereckigen, von Rundtürmen eingefassten Bau, der kürzlich restauriert worden ist, weil er im 2. Weltkrieg einem Feuer zum Opfer gefallen war. Interessant sind vor allem die Lage und der schöne Blick von der Terrasse (*im Sommer täglich ohne Mittagspause, im Frühling und Herbst nur am Wochenende geöffnet; 3 €*).

In diesem Urlaub lassen wir Malaucène und Le Barroux links liegen und brechen zur Fahrt auf den **Mont Ventoux** auf (im Frühjahr - zuletzt getestet Anfang April - ist die Passstraße wegen Schneeresten nur bis Mont Serein frei, während man auf der südlichen Bergstraße bis zum Gipfel vorstoßen darf). Sie wissen ja, dass wir diese Fahrt wetterbedingt schon dreimal verschoben haben. Wir hätten noch weiter warten sollen. Denn auch diesmal sind die Sichtverhältnisse nicht ideal. Es herrscht zwar strahlendes Hochsommerwetter, aber bis wir gegen Mittag endlich die 30 km von Vaison bis zum Gipfel in Angriff genommen haben, hat schon wieder ein

Dunstschleier die Provence eingenebelt. Und ich sage es noch einmal in aller Deutlichkeit: Ersparen Sie sich, der Umwelt und Ihrem Auto die Fahrt hier hoch, wenn die Luft nicht wirklich klar ist. Der Ventoux lohnt sich einzig wegen der Fernsicht. Die kann bei guten Bedingungen bis nach Korsika oder zu den Pyrenäen reichen. Außerdem sieht man ein breites Spektrum von Alpengipfeln und Provencelandschaften.

Dieser freie Rundblick trieb auch den italienischen Dichter Francesco Petrarca auf den Gipfel des Ventosus, des Windumtosten. Am 24. April 1336 erfüllte sich Petrarca einen lang gehegten Wunsch und bezwang mit seinem Bruder den fast Zweitausender. Das war zu dieser Zeit eine Sensation. Es gab nämlich weder Karten noch gepflegte Wege, und wer konnte, mied die unheimliche Bergregion schon wegen der vielfältigen Gefahren. Petrarca ist aber nicht nur geklettert, er hat den Trip

Mont Ventoux -Südseite

auch literarisch festgehalten und gilt deshalb heutzutage als „Vater des Alpinismus" und als Begründer der nachantiken Reiseschilderungen (es böte sich hier an, den Bogen von Petrarca zur WOMO-Reihe zu spannen, wir wollen das aber lieber nicht tun). Freilich war der Poet nicht der erste Gipfelstürmer, denn schon die Römer unterhielten hier oben ein Heiligtum, das man entdeckte, als die Wetterstation errichtet wurde. Und genau genommen wurde eine Gottheit schon vor den Römern verehrt, es war der keltische Gott der Winde.

Im Laufe der Jahrtausende hat sich einiges getan am Ventoux: Wetterwarte, Fernsehsender und Militärstation sind unübersehbar. Genauso wie die Süßigkeits- und Andenkenbuden sowie die Skilifte. Sogar der Wald ist wieder da. Der Holzbedarf der Schiffswerfte in Toulon verschlang einst alle Bäume. Aber schon im 19. Jahrhundert begann eine planmäßige Wiederaufforstung. Sogar bis dato fremde Baumarten (was sich allerdings als Fehler erwiesen hat) wurden angesiedelt - und Trüffeleichen zum Wohle der Feinschmecker in ganz Frankreich. Die naturale Wiederbelebung sieht zwar schon ganz gut aus, sie ist aber noch nicht vollends gelungen, wie das schlimme Hochwasser im Herbst 1992 beweist.

Bei einer Höhe von 1.600 m, der natürlichen Baumgrenze, endet der Forst. Man fährt ab da, besonders auf der Südseite, durch eine weißliche Geröllhalde, die in der Sonne von Ferne Schneefeldern gleicht, und man entdeckt - außer bei Sicht an klaren Tagen - nichts wirklich Schönes. Es sei denn man wäre Botaniker. Dann könnte man in der Gipfelregion noch Flechten und Moose ausmachen (aber nicht ausgraben!), die sonst nur in Grönland oder im Polargebiet wachsen. Oder man ist Radfahrer. Genauer, ambitionierter Sportradler mit rennradmäßigem Zweiventiler. Dann ist die Qual über den Gipfel die Herausforderung unserer Zeit, der sportliche Höhepunkt des Urlaubs, der Beweis der Fitness oder gar der Männlichkeit (die Frauen sind deutlich in der Unterzahl). Jedenfalls begegnen uns an einem glutheißen Tag im Juli weit mehr Radler als Autofahrer. Aber nicht jeder überlebt die Strapazen. Anlässlich der Tour de France des Jahres 1967 starb der englische Radprofi Tom Simpson kurz unterhalb des Gipfels und löste damit im Sport die erste große Doping-Diskussion aus. Radfahrer aus ganz Europa legen heute am Unglücksort südlich des Gipfels (beschildert) zum Andenken des Sportlers Ehrenbeweise nieder: Vom Fahrradreifen bis zum Handschuh. Autorennen führen heute nur noch selten durch diese Region, die aber von den Machern der Tour de France nach vielen Jahren wieder entdeckt und zum Ziel einer schweren Bergwertung auserkoren worden ist (das deutsche Telekom-Team hatte sein Nachtlager in Grignan aufgeschlagen, so ähnlich wie Sie bei der 1. Tour). Von den Radlern abgesehen, ist der touristische Zuspruch im Sommer ruhiger als ich es befürchtet habe. Im Winter, das heißt von Mitte November bis Ende März, ist die Straße über das steinerne Haupt zwischen den Skiorten Le Chalet-Reynard und Mont Serein ohnehin gesperrt, bis Ende April sogar von Mont Serein zum Gipfel. An kalten Tagen herrscht hier oben auch schon mal Frost bis 30 Grad minus.

Auch im Sommer ist es mindestens 10 Grad kälter als im Tal, so dass man hier nicht so gerne ein Schlafplätzchen sucht, auch wenn der Wind nicht bläst, der allerdings fast immer dem Namen des Berges alle Ehre macht. Mir wäre es also zu kalt hier oben. Wer aber auch im Sommer ohne Dunst, also gleich nach Sonnenaufgang, die Fernsicht genießen möchte, kann auf dem **Campingplatz** von Mont Serein in schöner Berglage

Mont Ventoux - Alpenblick

mit Blick bis zum Mont Blanc, aber 1.400 m Höhe sein Haupt betten (*von Dezember bis März und vom 1.7. bis 31.8.*). Soweit wir feststellen konnten, wird die freie Übernachtung auf einem der Gipfelparkplätze auch geduldet. Gemütlich ist diese indessen nicht, von den Temperaturen ganz abgesehen. Dabei sehe ich auch für große Wohnmobile keine Probleme für die Bergfahrt, solange Sie bei der Talfahrt Ihre Bremsen schonen. Weniger zugig und einsam ist der

---

WOMO-Picknickplatz: Mont Serein

WOMO-Zahl: >5; **Ausstattung**: Bänke und Tische, Mülleimer, Gaststätten (zeitweise), Wanderwege, je nach Öffnung des nahen Campingplatzes und Benutzung der Ferienhäuser mehr oder weniger einsam; **Zufahrt**: ab Malaucène auf der Nordroute, der D 974, 5 km unterhalb des Gipfels nach Mont Serein abbiegen; stellen Sie sich dann, am besten nach etwa 800 m und kurz vorm Campingplatz, an den Straßenrand

---

Am vorgenannten Stellplatz starten wir unseren Gipfelsturm zu Fuß:

Wir laufen auf der Asphaltstraße am Campingplatz vorbei. Nach etwa 500 m schickt uns ein Wegweiser rechts bergauf, und bald leitet uns die rot-weiße Markierung bis zum Gipfel (wenn Sie kurz unterhalb der Bergspitze die Straße erreichen nicht auf ihr, sondern scharf links gehen). Da wir uns Anfang April auf die Socken gemacht haben, müssen wir mit zunehmender Höhe immer größere Schneefelder queren, was aber kein Problem ist, solange das Wetter stabil bleibt (bei schlechtem Wetter lässt man die Wanderung sowieso sein).

Für den Heimweg nehmen wir zunächst die Autostraße, die wir etwa 1,3 km unter dem Gipfel jenseits einer deutlich sichtbaren Kiesrinne nach rechts auf einem breiten Weg verlassen, der dann aber schon bald im eben erwähnten Kies endet. Nach einem kurzen, beschwerlichen Teil, stiefeln wir querbeet über die Wiese und zwischen den Liftanlagen zurück zum WOMO (*3 Stunden, Karte nicht erforderlich, da der Hinweg bestens markiert ist und man auf dem Rückweg auf Sicht marschieren kann; sollte das Wetter umschlagen, kann man zur Not auf der Autostraße heimwärts gehen*).

Ob mit dem Auto oder per pedes, irgendwann werden Sie von oben lange in die Weite oder die Waschküche starren und, wenn die obligatorischen Fotos oder das Video im Kasten sind, auf der Südroute - jedenfalls bei unserer Streckenführung - wieder ins Tal zurückkehren. Damit stehen Sie am Anfang unserer dritten Provence-Tour.

Lavendelfeld südlich des Mont Ventoux

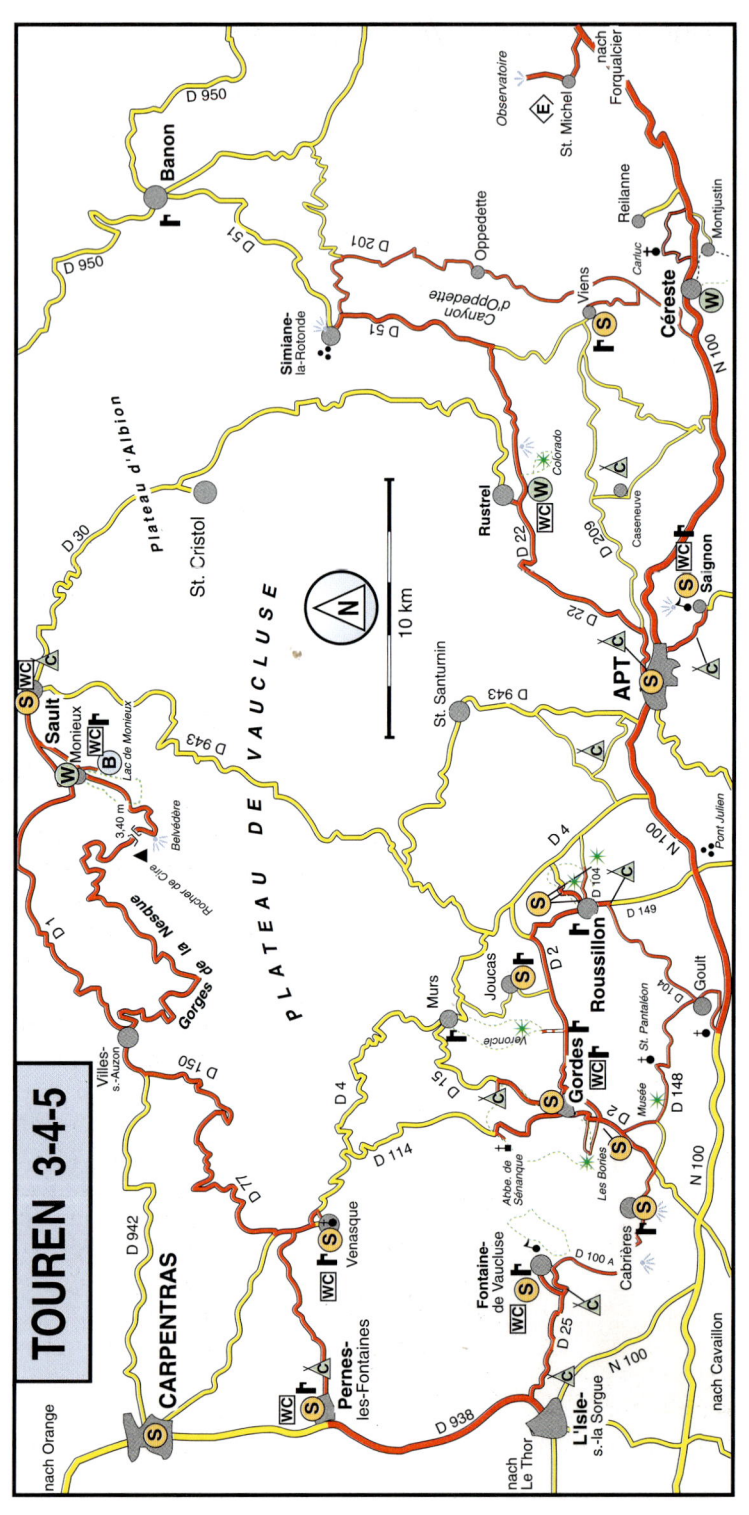

Tour 3: Das Plateau de Vaucluse

Sault - Venasque - Pernes-les-Fontaines
Fontaine-de-Vaucluse - L'Isle-sur-la-Sorgue

Stellplätze:	in Sault, am Lac de Monieux, in Venasque, in Pernes-les-Fontaines, in Fontaine-de-Vaucluse
Campingplätze:	in Fontaine-de-Vaucluse
Besichtigen:	Nesque-Schlucht, Venasque, Pernes-les-Fontaines, Fontaine-de-Vaucluse, L'Isle-sur-la-Sorgue, Le Thor und die Grotte de Thouzon
Essen:	*Restaurant Les Lavandes* in Monieux, Restaurants *La Fontaine* in Venasque, *Au Fil du Temps* in Pernes-les-Fontaines und *Hôtel du Parc* in Fontaine-de-Vaucluse
Wandern:	zur Nesque-Schlucht, Spaziergang zur Sorguequelle oder zur Burg von Fontaine-de-Vaucluse, Wanderung rund um Fontaine-de-Vaucluse

Unser Wohnmobil wird zum Verkehrshindernis. Im zweiten Gang machen wir uns die Bremswirkung des Motors zu Nutze, als wir uns vom Mont Ventoux behutsam abwärts winden. Wir sind zu langsam für die meisten Radsportler, die uns in halsbrecherischer Talfahrt überholen. Erst als wir bei Chalet-Reynard nach links auf die D 164 abbiegen, wird es ruhiger. Bald tritt auch der Wald zurück und die ersten violetten Teppiche der Lavendelfelder breiten sich aus. Fast unmerklich ist die alpine Landschaft in eine Hochebene übergegangen, in das Plateau de Vaucluse.

Wir kurven nun durch ein karges, dünn besiedeltes Gebiet: Hier und da ein Gehöft, ein paar Schafe, viel Brachland mit aufgelassenen Feldern und wildem Lavendel. Dazwischen wieder sorgsam gezogene Reihen dieser blauen Pflanzen und natürlich Lavendeldestillerien. Ab und an sieht man auch einen Touristen, aber der ist in diesem Teil der Provence schon eher eine Seltenheit. Wenn man dann in **Sault** einfährt, wähnt man sich schon in einer Kleinstadt. Doch im Ort und in umliegenden Weilern wohnen zusammen gerade 1.200 Menschen. Das reicht schon, um ein kleines Zentrum zu schaffen, für Lavendel, seinen Honig und dessen Verarbeitung zu (französischem) Nougat. Aber das und die wenigen Touristen können das Dorf kaum ernähren. So kommt man beim Gang durch die verwinkelten Gassen des alten Viertels häufiger an leer stehenden Häusern vorbei als an bewohnten. Und nicht mal die Zweithausbesitzer haben flächendeckend zugeschlagen. Wie gesagt, das Land ist unspektakulär und dennoch, jedenfalls zur Lavendelblüte ab Anfang Juli, unglaublich schön. Wem die Landschaft zu langweilig wird, der geht ins kleine **Museum** von Sault. Dort gibt es neben keltischen und gallo-römischen Funden sogar eine ägyptische Mumie zu bestaunen (*Juli/ August täglich außer Sonntag 15-18 Uhr, Eintritt frei*). Oder man kommt mittwochs, wenn Markttag ist. Die meisten Fremden suchen aber nur den Lavendel, der hier in 800 m Höhe ideale Wachstumsbedingungen vorfindet. Auf die größten Lavendeläcker stößt man beim nordöstlich gelegenen Dorf Ferrassières (Näheres zum Lavendel in Teil 2).

Manch einer sucht auch die französischen Atomraketen, die 7 km weiter im Süden seitlich des Weges nach St. Christol in unterirdischen Röhren für ihren unseligen Einsatz bereitgehalten wurden. Das ist zum Glück Geschichte, im Herbst 1996 hat Frankreich die landgestützten Atomwaffen abgeschafft.

Vielleicht sucht auch mal jemand ein Übernachtungsplätzchen. Früher erwähnte ich ein Picknickwäldchen, nach 1,5 km an der Straße nach Forcalquier und gegenüber dem Campingplatz. Vermutlich hat kein Leser dort je genächtigt, weshalb ich nun gleich die beiden großen Parkplätze im Ort empfehle:

WOMO-Stellplatz: Sault
WOMO-Zahl: >5; **Ausstattung**: Toilette, Wasser, Mülleimer, Gaststätten, Geschäfte; **Zufahrt**: die Parkplätze sind mit P1 und P2 beschildert

---

am Rand von Sault

Eine bessere Alternative finden Sie in Monieux beim nächst genannten Stellplatz.

Man kann von Sault weiter nach Osten gelangen, nach Forcalquier, zum Endpunkt unserer 5. Tour, und von dort zu unseren Touren in Teil 2. Auf diese Weise wird man die provenzalische Lavendelstraße abfahren. Oder man wendet sich nach Süden und trifft bei Apt auf die 5. Tour dieses Buches. Wenn Sie es aber einrichten können, gönnen Sie sich zur Zeit der Lavendelblüte noch einen Abstecher ostwärts bis wenigstens nach Banon.

Es ist nicht nur die blaue Duftpflanze, die diese Fahrt lohnend macht, sondern auch der Landschaftseindruck insgesamt. Wenn man ehrlich ist, sind die Lavendelfelder auch weniger häufig als manch blumige Reisebeschreibung verspricht. Sie kommen dann auch durch das Dorf **Banon**. Nicht um es zu besichtigen. Sie werden vielleicht einen Kaffee trinken und weiterfahren. Aber Sie werden an den *Banon de Banon* denken, jenen Ziegenfrischmilchkäse, der in Blätter verpackt auf den Markt kommt. Kenner halten den *Chèvre* für einen der besten, dessen Bezeichnung aber (noch) keinen Schutz erfährt, wenngleich er nur im Umkreis von Banon den Zusatz *de Banon* führen soll, der das traditionelle Herstellungsverfahren verspricht. Versuchen Sie ihn in unterschiedlichen Reifegraden. Sie können Ihn bestens am Dienstagmorgen kaufen, dann ist in Banon Markt.

Gorges de la Nesque

Wahrscheinlich werden Sie aber in Sault nicht weiter nach Osten fahren, sondern die **Gorges de la Nesque** ansteuern. Die Fahrt auf der Aussichtsstraße oberhalb der Nesque-Schlucht empfehlen wir besonders denjenigen, die keine Zeit mehr für die bekanntere Verdon-Schlucht (Teil 2) haben. Den schönsten Blick hat man am *Belvédère* gegenüber der 350 m hohen Wand des *Rocher de Cire*. Höhere Fahrzeuge müssen hier umkehren. Inzwischen passen aber fast alle WOMOs (wenn sie nichts auf dem Dach befördern) durch die Tunnels, die auf 3,40 m Höhe vergrößert wurden (vor einem Tunnel hat man offenbar vergessen, ein altes Höhenbegrenzungsschild für 2,40 m abzumontieren - seien Sie trotzdem behutsam).

Idealerweise verbringt man an der Nesque-Schlucht gleich mehrere Urlaubstage: Während des ersten liegt man am Ufer des kleinen **Lac de Monieux**, in dem man im Sommer (ich war im April dort) wohl auch baden kann, was aber wegen der vielen Enten gesundheitlich bedenklich sein könnte. Am Rand des Sees, einem Stausee der Nesque, dürfen Sie aber zumindest wunderbar stehen:

WOMO-Badeplatz: Lac de Monieux

WOMO-Zahl: >5; **Ausstattung**: Toiletten, Wasser (an der Wand der Kneipe), Spielplatz, Mülleimer Gaststätte (zeitweise), Badestelle, isoliert gelegen, aber Sie haben sicher Nachbarn;
Zufahrt: am westlichen Ende von Monieux von der D 942 (beschildert) zum See abbiegen.
Falls es Ihnen zu einsam wird, stellen Sie sich auf einen **weiteren Platz**, an den Rand des nahen Dorfes Monieux: Von der Dorfumgehung, der D 942, die breite, neu gebaute Rampe hochfahren und oben an deren Rand, etwas uneben, aber mit schönem Blick.

am Lac de Monieux

Dazu passen das einen Kilometer vom See entfernte malerische Dörfchen **Monieux** und dort das **Restaurant *Les Lavandes*** (*Tel: 04 90 64 05 08; dienstags und mittwochs abends geschlossen*), wo Sie freundlich bedient werden, schlicht, preiswert sowie reichlich zu Abend essen und, wenn es sein muss, auch bodenständig. Dann haben Sie sich für Trüffeln entschieden, die zu sammeln - und auch außerhalb der Trüffelzeit zu servieren - sich der Patron so sehr zum Hobby gemacht hat, dass das Etikett des Hausweins den Chef abbildet, mit Trüffeln in der Hand.

Am zweiten Tag starten Sie dann am Lac de Monieux zu einer wunderbaren **Wanderung in die Nesque-Schlucht:**

Sie laufen nach Monieux und finden am westlichen Ortsrand noch vor der Bäckerei einen Wegweiser nach links zum GR 9. Rot-weiß markiert zieht sich nun der Weg bis zum Schluchtrand, wo Sie die Autostraße erreichen und steil absteigen. Sie werden von der phantastischen Landschaft begeistert sein, mehr als von der Überquerung der Nesque bei einer kleinen Kapelle. Je nach Wasserstand balancieren Sie über Baumstämme, um auf dem anderen Ufer bald wieder aufzusteigen (Achtung, nicht der blauen Markierung auf Bachniveau folgen). Wenn Sie wieder Höhe gewonnen haben, wendet sich der Weg von der Schlucht und an einer Abzweigung wählen Sie den gelb markierten Pfad zurück zum See. Bald stiefeln Sie noch eine Weile direkt neben der Nesque und erreichen wieder den See (*3,5 Stunden, bei Regen nicht zu empfehlen, Karte nicht erforderlich; TOP 25, 3140 ET Mont Ventoux*).

in der Nesque-Schlucht

Nach der hautnahen Bekanntschaft mit der Nesque-Schlucht folgt die motorisierte, die, wie erwähnt, bis 3,40 m Höhe unproblematisch ist und bei Villes-s.-Auzon wieder auf die D 1 stößt. Von dort fahren wir auf schmalen, aber für alle Fahrzeuge möglichen Sträßchen nach **Venasque**, das zur Sammlung ‚Eines der schönsten Dörfer Frankreichs' zählt. Dabei sollten Sie unbedingt (!) die östliche Zufahrt von der D 4 nehmen (die Michelin-Karte ist bezüglich der westlichen Zufahrt ungenau; Sie müssen die Straße nehmen, an deren Beginn kein Verkehrsschild mit Höhenbeschränkung steht)! Dem auf einem Bergrücken hoch über der Nesque liegenden bezaubernden, kleinen Ort sieht man heute beim besten Willen nicht mehr an, dass hier einst ein Bischof residierte. Das war zwar schon in der Merowingerzeit, und seit die Wissenschaft sich einig ist, dass das berühmte so genannte **Baptisterium** gar nicht aus dieser Zeit, dem 6. Jahrhundert, stammt, scheinen die Bildungshungrigen an diesem Ort vorbeizufahren. Während unserer Visite, immerhin an Ostern, können wir die ausländischen Autos mit einer Hand zählen. Was mich wirklich wundert, denn in Venasque wohnen der schönen Lage wegen besonders viele Fremde. Eigentlich ist es auch gar nicht so wichtig, ob die kleine Kapelle seitlich der schönen romanischen Kirche ein Taufhaus oder eine Grabstätte war. Der Verwendungszweck ist zwar zugegebenermaßen, namentlich für die Betroffenen, ein gänzlich ungleicher, der schlichte Raum beeindruckt uns

Venasque

dennoch sehr. Die Erbauer haben antike Säulen recycelt, wobei sie es nicht so genau nahmen (oder nicht besser wussten) und diese im 11. Jahrhundert - und nicht, wie manche behaupten, im 6. Jahrhundert - verkehrt herum aufgestellt haben. Die Vertiefung in der Mitte der Kapelle, die man lange Zeit für das Taufbecken gehalten hat, wurde, wie man nun weiß, erst nachträglich ausgehoben. Achtung: Die Kapelle ist mittwochs geschlossen, dann muss man mit den im Vorraum aufgehängten Bildern vorlieb nehmen (*im Sommerhalbjahr 10-12 und 15-19 Uhr; mittwochs und sonntags vormittags geschl.; 2,50€*)

Parken Sie außerhalb der Tordurchfahrt (Zufahrt siehe oben), das Dorf ist so klein, dass sich niemand auf dem kurzen Weg zur Kirche wunde Füße holt. Es gibt mehrere kleine Parkplätze, auf denen man ohne weiteres auch in großen Fahrzeugen übernachten kann:

WOMO-Stellplätze: Venasque

WOMO-Zahl: >5; **Ausstattung**: Toilette, Wasser (beides links unterhalb des Tores), Mülleimer, Gaststätte, Geschäfte;
Zufahrt: von der D 4 östlich (!) von Venasque auf der Straße ohne Höhenbeschränkung nach Venasque; am Anfang des Ortes, kurz vor dem Stadttor gibt es mehrere Parkplätze mit teilweise schöner Sicht

---

Zum guten **Restaurant** *La Fontaine* (*Tel. 04 90 66 02 96; mittwochs geschlossen*), das von Deutschen betrieben wird und wo man wahlweise auch in einem Bistro ausgesprochen preiswert speisen kann (*sonntags abends und montags geschlossen*), sind es nur wenige Schritte.

in Venasque

Unsere Tour führt uns nun nördlich, bzw. westlich um das Plateau de Vaucluse herum, genau so gut könnte man aber auch von Venasque quer über das Plateau oder zunächst durch eine Schlucht nach Apt weiterreisen. Vorbei an dem Dörfchen **Murs** (zu Deutsch: Mauern), dessen Name an die letzte große Pestepidemie des Jahres 1720 erinnert. Quer durch das Plateau de Vaucluse hat man damals eine Mauer gezogen, von der Rhône bis nach Sisteron. Mit ihr sollte die Pest aufgehalten werden, weshalb sogar Wachsoldaten entlang des Walls patrouillierten. Murs war eine solche Wachstation. Die Mauer konnte nichts daran ändern, dass damals mehr als 100.000 Menschen in der Provence starben. Wer in dieser Gegend bei Wanderungen auf Mauerreste trifft, steht vielleicht vor diesem Zeugnis der Verzweiflung. Bei der 4. Tour führen wir Sie auf einer Wanderung nach Murs.

Wer von Venasque nach Murs fährt darf sich zuvor einen Abstecher nach **Pernes-les-Fontaines** (8.000 Einwohner) nicht verkneifen, auch wenn das handgeschriebene Schild mit der freundlichen Einladung zur Übernachtung im *Camping Car* inzwischen verschwunden ist. Der nette Stellplatz am hier kanalisierten Bachlauf der Nesque ist geblieben:

Auch das Städtchen muss man sich unbedingt näher betrachten. Sofern man überhaupt dazu kommt. Denn unterhalb der schattigen Stellplätze liegt der Boules-Platz. Besonders beeindruckt bin ich vom zielsichersten Spieler der Runde, der sich aber nicht mehr bücken kann und deswegen die Eisenkugeln mit einem an einer Schnur hängenden Magneten aufhebt. Wenn Sie auf dem schattigen Mäuerchen seitlich des *Boulodrômes* von Pernes-les-Fontaines sitzen und einer Spielerin sowie fünf *Boulisten* zuschauen, werden Sie nicht nur alle diejenigen Lügen strafen, die in unzähligen Abhandlungen behaupten, *Boules* sei eine reine Männersache. Sie werden sich auch über die Spielregeln Gedanken machen; dann sollten Sie im hinteren Teil dieses Buches unter dem entsprechenden Stichwort weiterlesen.

in Pernes-les-Fontaines

Aber nach Pernes-les-Fontaines fährt man natürlich nicht nur wegen der Boules-Spieler. Der Ort hat nämlich ein interessantes Stadtbild, dem man noch ansieht, dass Pernes ehemals Hauptstadt der dortigen Grafschaft Venaissin (benannt nach Venasque) war. Für den Namenszusatz *les Fontaines* gibt es auch gute Gründe, nämlich 33 **Brunnen** (*Fontaines*), die großenteils heute noch in Betrieb sind. Kein wasserspeiendes Maul gleicht dabei dem anderen. Aber auch kein Urlauber außer uns schlendert von *Fontaine* zu *Fontaine*. Ebenso wenig wie zum mittelalterlichen Wohnturm, der **Tour Ferrande**, die uns an San Gimignano in der Toskana erinnert. Wobei es bestimmt auch eine Rolle spielt, dass im dritten Stockwerk des Turmes, im Jahre 1275, Bilder *al fresko* auf die Wände gepinselt wurden. Man öffnet Ihnen für 2,50 Euro bereitwillig die Tür, wenn Sie bei der Touristen-Information (an der Nesque-Brücke) nachfragen. Es lohnt sich! Pernes-les-Fontaines hat nichts Spektakuläres und ist doch eines der angenehmen provenzalischen Städtchen, das von den Zweithausbesitzern noch nicht entdeckt worden ist. Eine Besonderheit sieht man ihm gar nicht an, der Ort ist bekannt für seine Backwaren und versorgt ganz Frankreich mit Hostien. Auch das kleine **Restaurant *Au Fil du Temps*** muss erst gefunden werden (beschildert), wenn man in einem der besten Lokale dieses Buches speisen möchte. Relativ bescheiden und preiswert, meist aber nur nach Reservierung (*Tel. 04 90 66 48 61; mittwochs und, außer Juli/August, auch dienstags geschlossen*).

Am nächsten Abend steht unser WOMO an einem noch schöneren Flussufer (aber nicht in einem schöneren Ort), in **Fontaine-de-Vaucluse**. Ich sehe schon manchen Leser die Nase rümpfen, denn Fontaine-de-Vaucluse gehört zu den umstrittenen Zielen der Provence. Was schon damit anfängt, dass es keinen passenden Oberbegriff für diesen Endpunkt sonntäglicher Ausflugsreisen gibt. Das unbeschreibbare Etwas ist keine Stadt, dazu ist es viel zu klein. Es ist auch kein Dorf, dafür fehlt die erforderliche Infrastruktur. Fontaine-de-Vaucluse ist im Grunde nichts anderes als eine Zusammenballung von drei kleinen Museen, einer Papiermühle, ein paar Ruinen, von Parkplätzen sowie von Imbisstheken, Kneipen und Restaurants aller Provenienzen. Und von Postkarten- und Kitschläden, wie auch einer elend langen unterirdischen Passage, in der bis zum Überdruss aneinander gereiht ist, wofür man in der Provence sinnlos Geld rauswerfen kann.

Aber dann gibt es noch diesen unsagbar grünen, im Frühjahr und Frühsommer vor Wasser strotzenden **Fluss**, die bemoosten Wasserräder und die unglaublich schöne Lage in einem Talkessel. Auch wenn ich mich bei allen „alternativen" Lesern unbeliebt mache: Mir gefällt es hier, wenn auch nur für eine Nacht und vor allem zum richtigen Zeitpunkt.

Das Etwas, wir nennen es fortan Ort, zählt zu den beliebtesten Ausflugszielen in Südfrankreich. Grund dafür ist sind nicht die Firlefanzläden, die sind vielmehr die Folge des täglichen Ansturms. Das Geheimnis des Erfolgs liegt in der schönen Naturlage, der verkehrsgünstigen Erreichbarkeit und dem kraftvollen, farbenfrohen und auch im Sommer erfrischenden Flusslauf. Und vor allem im Vorteil, dass man die Hauptsehenswürdigkeit von der Ortsmitte aus in ziemlich genau 15 Minuten zu Fuß erreichen kann. Dort stöckeln dann sonntags nachmittags Französinnen allen Alters mit Männern und Kindern, und alle sind stolz, dass sie sich etwas bewegt haben, ohne sich anstrengen zu müssen, dass sie in guter Luft waren und auch noch „etwas" gesehen haben. Und ich wette, nicht wenige glauben, der Spazierweg ende an der *Quelle der Vaucluse* (*Fontaine de Vaucluse*). Dabei heißt der Fluss, der am Ziel der Ertüchtigung aus einem Felstrichter quillt, Sorgue. Und die Bezeichnung **Quelle** ist für das, was die Natur hier ausspuckt, eine gelinde Untertreibung: Im Frühjahr sprudeln aus dem Felsloch bis zu 200.000 Liter pro Sekunde (das sind in der Sekunde 2.500 Badewannen voll Wasser, in der Stunde 9 Millionen Badewannen; und am Tag?).

Die gigantische Karstquelle ist die ergiebigste in Europa, und noch ist ihre Entstehung unerforscht. Der französische, 1997 verstorbene Tauchexperte Cousteau konnte bis auf eine Tiefe von 106 m vordringen, und mit einem ferngesteuerten U-Boot kam man sogar bis auf 315 m, ohne jedoch das Ende des Schachtes wirklich zu erreichen. Vermutlich sammelt sich in unterirdischen Wasseradern Regenwasser, das auf dem Plateau de Vaucluse versikkert ist, vielleicht kommt auch

Fontaine-de-Vaucluse

noch Wasser der Nesque hinzu. Das Seltsame ist aber, dass wir nie auf den Gedanken einer solchen Wassereruption kämen, während wir an einem Nachmittag Anfang April das glasklaren, aber kalten Quellwasser durch unsere Hände rinnen lassen. Gemessen an der Menge, die hervorbricht, geht es im Quell-Loch nämlich eher beschaulich zu, was sich aber sehr schnell ändert, wenn das Wasser über den Quellrand zu Tal geströmt ist. Und im Sommer, wenn man den Ort ohnehin meiden sollte, ist der Quelltopf nicht einmal randvoll, im Gegensatz zum Fluss, der auch dann breit und satt dahin fließt, da dieser nämlich auch von anderen Quellen gespeist wird.

Fontaine-de-Vaucluse / Stellplatz auf dem Nordufer

Ein Fluss, wie geschaffen, um an seinem Rand zu nächtigen. Dafür gibt es in Fontaine-de-Vaucluse großflächige, direkt am Ufer liegende Parkplätze. Früher fand ich den südlichen (linksseitigen) schöner, zumal von dort der Weg in den Ort etwas kürzer ist. Als ich bei meinen neueren Recherchen an einem Sommerwochenende wegen Überfüllung nicht drauf durfte (ein baldiges WOMO-Verbot würde mich nicht wundern), habe ich mich mit dem Busparkplatz auf dem Nordufer angefreundet. Wegen seiner breiten Wiese und des schönen Ufers halte ich ihn inzwischen für einen der schönsten freien Stellplätze dieses Buches. Leider ist das Wasser mit ganzjährig 10-15° C zu kalt zum Baden:

WOMO-Stellplätze: Fontaine-de-Vaucluse

WOMO-Zahl: >5;   **Ausstattung**: Toilette (am Nordufer), Wasser, Mülleimer, Gaststätte, Geschäfte, Wanderwege;
Zufahrt: beide seitlich der D 25; der Platz auf dem Nordufer ist der Busparkplatz und wahrscheinlich der von Ihnen <u>vor</u> dem Ort angesteuerte; es kommt aber darauf an, welche Zufahrt man benutzt; die Plätze liegen fast gegenüber, aber der Ort liegt dazwischen (die Michelinkarte klärt die etwas verwirrende Situation); **Parkgebühr**: 2,50 €; wer spät kommt, zahlt nichts

---

Einen passablen Campingplatz gibt es auch:

Campingplatz: Fontaine-de-Vaucluse (*Municipal*)

Ortszentrum: 0,6 km; **Zeiten**: März bis Ende Oktober;
Ausstattung: Schwimmbad; **Zufahrt**: auf dem südlichen Ufer

Der Stellplatz auf dem Südufer grenzt unmittelbar an den Fluss. Als ich dort versonnen die vorbeiströmenden Fluten

in Fontaine-de-Vaucluse

betrachte, taucht er plötzlich auf. Ein Kerl so groß wie ein Hund, allemal größer als eine Katze. Possierlich greift er sich den Stängel einer Grünpflanze und schiebt diesen genüsslich zwischen die Nagezähne. „Kinder, ein Biber!" Schnell stehen auch die Familien aus den Nachbarwohnmobilen neben mir und betrachten das muntere Nagen. Später haben wir den schwarzbraunen Burschen noch mehrfach wieder entdeckt, nur mit dem Biber habe ich mich wohl geirrt: Nach meinen häuslichen zoologischen Recherchen muss es sich um einen in Südfrankreich heimisch gewordenen Sumpfbiber (Nutria) gehandelt haben. Der erreicht fast die Größe des richtigen Bibers und unterscheidet sich von diesem äußerlich nur dadurch, dass die Nutria einen langen, runden und spitz zulaufenden Schwanz besitzt, während der Biber ein breites, flaches Teil hinter sich durchs Wasser zieht. Der Biberratte begegnet man heutzutage in Südfrankreich an vielen Stellen, beispielsweise in der Camargue, aber auch an diversen Flüssen der Provence, einer Umgebung, in der das Tier vor einigen Jahrzehnten noch nicht heimisch war. Damals lebte es fast nur in Südamerika, von wo es wegen seines Pelzes in europäische Zuchtanstalten verschleppt worden war. Dort haben dann im Laufe der Zeit einige Artgenossen den Weg in die Freiheit gefunden, wo sie sich stark vermehren konnten und offenbar ideale Lebensbedingungen vorgefunden haben - zur Freude der mit Kameras bewaffneten Touristen.

Leider können wir diese bei unserem Abendessen nicht weiter anvisieren, wenngleich im *Hôtel du Parc* (*Tel. 04 90 20 31 57; mittwochs geschlossen*) im Sommer draußen gedeckt wird, man sitzt dann optimal am Fluss, der an dieser Stelle aber so schnell fließt, dass man Nutrias nicht sehen kann. Vom Speisesaal aus hat man einen nicht ganz so schönen Blick, aber das Essen dürfte das beste in Fontaine-d.-V. sein.

An Sonn- und Feiertagen würde ich im Sommer freiwillig keinen Fuß nach Fontaine-de-Vaucluse setzen. Dann ist die sehenswerte, kleine **romanische Kirche** genauso unbeachtet wie zu anderen Zeiten. Aber ansonsten herrscht Volksfeststimmung mit *son et lumière*, einer französischen Institution, die mit Hilfe bunter Beleuchtungseffekte und blecherner Lautsprechermusik Sehenswertes verkitscht und verschandelt. Dann freuen sich aber die Kassierer der drei **Museen**, des Museums der Widerstandsbewegung, des Petrarca-Museums und einer Art Höhlenmuseum. Dann ist auch die große Zeit an den Verkaufstischen der **Papiermühle**. In ihr muss der noch junge Fluss schon kurz hinter der Quelle auf traditionelle Weise bei der Herstellung von Büttenpapier helfen, was vor allem ein Geschäft für diejenigen ist, die in einer großen Halle allerlei Papiererzeugnisse losschlagen. Zugegebenermaßen ist das Schöpfen von Papier nicht ganz uninteressant. Die anderen beiden Museen habe ich mir bislang verkniffen. Auch die Kultstätte des italienischen Dichters Petrarca, der sich im Jahre 1337 hier niedergelassen hat.

Ich verbringe meine Zeit da schon lieber beim wandern, oder wenigstens bei einem kurzen Spaziergang vom Ort hinauf auf die **Burgruine**. Besonders schön ist auch unsere Wanderung, bei der man wegen des großenteils steinigen Untergrundes festes Schuhwerk tragen sollte:

Bei der Jugendherberge (*Auberge de Jeunesse* - man erreicht sie vom Ortsmittelpunkt über die Brücke in südwestlicher Richtung, vorbei am südlichen Parkplatz, wenn man nach links zur D 100 A - Richtung Gordes abbiegt und an der Friedhofsmauer entlang wandert) zweigt der rot-weiß markierte Wanderweg nach links in ein weites Hochtal ab, dem Waldbrände mehrfach zugesetzt haben. Der Wald ist tot, und so schwitzen wir auf den eineinhalb Stunden bis hinauf zur Hochebene größtenteils in der prallen Sonne - weshalb sich diese Wanderung im Hochsommer nicht gerade empfiehlt. Auch bei gemäßigten Temperaturen, jetzt im Frühjahr, müssen wir uns vor dem zwar maßvollen, jedoch stetigen Anstieg an der Stelle erholen, wo der Weg in die Hochebene von Vaucluse übergeht. Ziemlich genau dort kommen wir an einer auffallenden Wegkreuzung vorbei, wo wir auch auf die Reste der alten **Pestmauer** stoßen (Näheres zur Pestmauer siehe oben). An dieser Kreuzung kann man alternativ zu unserer Route rechtwinklig nach Süden abbiegen und auf markiertem Weg eine Weile entlang der Pestmauer wandern, um dann später von Süden wieder bei der Jugendherberge anzukommen. Wir folgen stattdes sen weiter dem entweder rot-weiß oder blau markierten Weg nach Norden, wobei ständig die weiße Kuppe des Ventoux vor uns aufragt.

Bald wendet sich der Weg in westlicher Richtung nach links, und kurz darauf halten wir buchstäblich die Luft an: Vor uns breitet sich in leichtem Dunst das Rhônetal aus. Unser Blick reicht bis nach Carpentras, zu den

unverwechselbaren Kühltürmen der Atomkraftwerke an der Rhône und im Süden bis zur Kette der Alpilles bei Les Baux. Dieser Blick vom Hang des Plateau de Vaucluse gehört zu den unvergesslichen Erlebnissen meiner Provence-Wanderungen. Viel zu schnell müssen wir jedoch den breiten Fahrweg auf einem linksabbiegenden Pfad bergab verlassen. Schon bald ist von der schönen Aussicht nur noch wenig geblieben, und wir ärgern uns, dass wir uns nicht ganz oben eine Mittagsrast gegönnt haben. Häufiger müssen wir nun nach der auf Felsbrocken gepinselten Markierung suchen, ehe wir in einem breiten Wiesental auf verlassene Gehöfte stoßen. Durch den Wald geht es von dort auf einem Pfad seitlich des Fahrweges zurück nach Fontaine-de-Vaucluse. Interessant sind auf dem letzten Stück einige Bories. Das sind Häuser, die ohne Mörtel aus Natursteinen aufgeschichtet wurden. Man sieht sie in dieser Gegend der Provence fast auf jeder Wanderung und besonders gut auf der nächsten Tour, in der Nähe von Gordes (*ca. 15 km; Karte: TOP 25, 3142 OT; Cavaillon-Fontaine-d.-V., wo die ganze Wanderung gut nachvollziehbar eingezeichnet ist*).

Kaum jemand kann sich von der wasserreichen Sorgue trennen, weshalb wir dann auch die meisten WOMOs, die während der letzten Nacht neben uns standen, in **L'Isle-sur-la-Sorgue** wieder sehen. Die reizende Stadt (13.000 Einwohner) ist von mehreren Armen jenes Flusses durchzogen, und die aus frühindustriellen Zeiten übrig gebliebenen **Wasserräder**, die einst Papiermanufakturen, Mühlen und Webereien antrieben, sind noch größer und moosiger als in Fontaine-de-Vaucluse. Kenner kommen sonntags, dann sind vormittags unter Platanen an den Flussufern die Stände des Wochenmarktes aufgebaut, eines der schönsten in der Provence. Der (professionelle) Antiquitätenmarkt lockt sogar noch am Sonntagnachmittag die Kunden, die es aber auch nicht versäumen, sich in einem der vielen Cafés zu erholen, deren schönstes auf zwei Seiten von der Sorgue umspült wird. An Ostern und

L'Isel-sur-la-Sorgue

Pfingsten finden mehrtägige Märkte statt, dann wird das Städtchen zum Mekka der Antiquitätensammler.

Lieben Sie die Bücher des Engländers Peter Mayle? Dann sollten Sie sich die am Fluss gelegene Sparkasse genauer betrachten, die in seinem Roman *„Hotel Pastis"* eine Schlüsselrolle spielt.

Markt in L'Isle-sur-la-Sorgue

Allein schon wegen seines schönen Turms mit mustergültigem Glockenkäfig sehenswert ist auch **Le Thor**, der Nachbarort. Die Kirche aus dem 12. Jahrhundert wird Sie ebenfalls nicht enttäuschen, und Höhlenfans kommen in der nahen **Grotte de Thouzon**, die im Jahre 1902 bei Sprengungen in einem Steinbruch zufällig entdeckt worden ist, ohnehin auf ihre Kosten. Selten sieht man ähnlich feine Stalaktiten (*im Sommer 10-12 und 14-18 Uhr; Juli/Aug. ohne Pause; 6 €*).

Tour 4: Durch das Tal von Apt

Gordes - Kloster Sénanque - Roussillon - Apt

Stellplätze:	in Cabrières-d'Avignon, in und bei Gordes, in Joucas, bei Roussillon, in Apt
Campingplätze:	bei Gordes, bei Roussillon, in und bei Apt
Besichtigen:	das Dorf Gordes, Kirchenfenster-Museum und Ölmühle bei Gordes, Kirche von St. Pantaléon, Steinhüttendorf *Les Bories* bei Gordes; Kloster Sénanque; Mühlen von Véroncle; Dorf und Ockerfelsen von Roussillon; Römerbrücke Pont Julien; Wochenmarkt, Altstadt und Kathedrale von Apt
Essen:	*Bistrot à Michel* in Cabrières-d'Avignon; Restauranst *Le Provençal Renaissance* in Gordes
Wandern:	von Gordes zum Kloster Sénanque und zu den Steinhütten *Les Bories*; zu den Mühlen von Véroncle und nach Murs; rund um Roussillon
Karte:	Seite 54

Zugegeben, das Tal selbst scheint eher durchschnittlich und vorwiegend aus der N 100 zu bestehen. Damit würde man aber nur den ebenen Teil des Tales, den Talgrund, registrieren, der allein ein Tal noch nicht zu einem solchen machen würde. Denn zu jedem Tal gehören beidseitig Hänge, und diese verhelfen dem weiten Tal des Calavon zu einem der schönsten Teile der Provence. Aller touristischen Verfälschung zum Trotz: Meine provenzalische Lieblingsecke, in der ich, geographisch gesehen, aus einer Tour vier machen musste. Denn genauso wie die Orte am Südhang des Plateau de Vaucluse gehören auch die Dörfer am Nordhang des Luberon zum Tal von Apt. Alles zusammen ist aber weit mehr als eine einzige Tour, nicht einmal ein zweiwöchiger Urlaub reicht für dieses schöne Stück Frankreich; und dabei sind die Tage des Wanderns noch gar nicht mitgezählt.

Lassen Sie die Touristenscharen an den klassischen Orten der Provence hinter sich, in Orange, Avignon und Les Baux, und fahren Sie ein halbes Stündchen weiter nach Osten! Sie werden auch hier noch auf viel zu viele andere WOMOs treffen (leider trage ich gerade dazu bei), Sie werden aber bald meine Begeisterung teilen. Nur das Wetter muss schön sein. Verbringen Sie die Regentage in den Städten, wo es weiß Gott genug zu sehen gibt, und verderben Sie sich nicht bei grauem Himmel die Erinnerung an die Hänge des Tals von Apt.

Das Tal ist aber auch voll vom widersprüchlichen Kontrast zwischen natürlicher Schönheit und ebenso selbstverständlicher Vermarktung. Dabei hat diese hier etwas Anspruchsvolles an sich, den Touch von Künstlern, Ästheten und der Schickeria. Was im Klartext heißt, man muss genauer hinsehen, um Kitsch von Kunst zu trennen. Die Grenze ist fließender als anderswo, aber der Euro sitzt genauso locker. Schön sind sie trotzdem, die beiden Hochburgen derlei Hinterhalts: Gordes und Roussillon.

Noch in jedem Provence-Urlaub stand unser WOMO für eine Nacht auf dem Parkplatz von Gordes, wir aßen zuvor eher mittelmäßig im *Le Provençal*, und ich muss mir eingestehen, dass ich Mal für Mal nicht nur der Macht der Gewohnheit folge, sondern vor allem einem Reiz, den ich unbeschreiblich nennen möchte, den ich aber doch gerade beschreibe.

Nach Gordes führen viele Wege, der schönste ist die so genannte *route touristique* von Fontaine-de-Vaucluse. Diese Strecke führt über das Dorf **Cabrières-d'Avignon**, das dann auch für manchen ein schwer überwindbares Hindernis auf dem weiteren Weg nach Gordes ist. Auch ich bin hier schon hängen geblieben. Es gibt dort nämlich ein gutes Restaurant und einen ebenso hervorragenden Stellplatz. Besser können Wohnmobile aller Größen kaum noch stehen, ortsnah, sicher und mit Superblick auf das westliche Ende des gegenüberliegenden Luberon-Massivs:

WOMO-Stellplatz: Cabrières-d'Avignon

WOMO-Zahl: >5; **Ausstattung**: Toilette und Wasser (beides zeitweise geschl.), Mülleimer, Gaststätte, Geschäfte, Spielplatz;
Zufahrt: am Ortsrand, bei der Post in Richtung Gordes

Und das ***Bistrot à Michel***, ein urgemütliches Lokal mit phantasievoller Küche zu noch erschwinglichen Preisen, durfte schon vor unserem Reiseführer höchste literarische Referenzen vorweisen. So rühmt sich Peter Mayle, den ich nun häufiger erwähne (siehe auch beim Stichwort *Literatur*), hier anlässlich einer Pastis-Probe Leber und Gehirnzellen hochprozentig strapaziert zu haben. Wahrscheinlich war auch Deutschlands Küchenpapst Wolfram Siebeck kein Kind von Traurigkeit, als er vor Jahren in der kleinen Gaststube die Inspiration für einen seiner Restauranttests fand. Auch uns hat es geschmeckt und, was mindestens so wichtig ist, gefallen (*Tel. 04 90 76 82 08; montags - nicht im Juli/August - und dienstags geschlossen*).

Sie befänden sich also in guter Gesellschaft, wenn Sie mit einem Tag Verspätung die letzten 7 Kilometer nach **Gordes** unter die Räder nähmen. Dort enden alle Wege an einer viel zu kleinen Ausbuchtung rechts der Straße schon kurz vor dem Ort. Und beim Anblick der den Hang hinauf geschachtelten Häuser, über die auf der Spitze des Berges Schloss und Kirche wachen, wird sonnenklar, warum sich Gordes in die Riege der ‚Schönsten Dörfer Frankreichs' einreihen und weshalb auf diese Bildansicht kein Reiseführer verzichten darf. Auch ich halte wieder an, und wie fast jedes Mal fotografiere ich die von der Abendsonne rosa beleuchteten Mauern (die beste Zeit für

Gordes

das unvermeidliche Foto). Was schert es mich, dass ich diese Aufnahme von ungezählten Postkarten kenne und dass sie schon zehnfach in meinen Dia-Magazinen steckt. Vergessen sind auch die „alternativen" Kollegen, die gerade bei Gordes besonders hoch ihren warnenden Reiseführer-Finger heben.

Auch in diesem Jahr fahre ich wieder am Platz vor dem Schloss den Berg hinauf, ich folge dem Parkplatzschild und wundere mich erneut, dass der Platz überraschend leer ist, ich denke daran, dass ich einen Reiseführer schreiben werde und dass der Park- und Stellplatz dann vielleicht bald voll ist. Ich überlege kurz, ob ich den Reiseführer lieber doch nicht schreiben soll und rangiere unser Wohnmobil auf dem Asphalt, im oberen Teil am Rand einer Wiese, unter Bäume. Und kaum bin ich angekommen, steht im **Le Provençal** (*Tel. 04 90 72 10 01; Foto Seite 221*) ein Gläschen *vin rouge* vor mir. Bis zum Abendessen bleibe ich dann einfach sitzen und reserviere so unseren Platz. Denn zur Essenszeit wird es voll. Wer nicht rechtzeitig da ist (nachmittags reservieren reicht, aber lassen Sie sich in der kühlen Jahreszeit nicht im Anbau abspeisen; die Stimmung kommt auch nur in dieser Zeit richtig rüber; im Sommer, wenn draußen gegessen wird, ist *Le Provençal* ein Allerweltslokal), bekommt keinen Platz mehr in der Hostellerie, die zwischen den Mahlzeiten fast spelunkenhaft und wenig einladend wirkt. Mir scheint, dass sie aber auch das einzige Lokal in Gordes ist, wo vergnügliches Leben herrscht. So bin ich dann auch bereit, die nicht berauschenden Küchenleistungen zu verschmerzen (gute Salate, die fast satt machen). Ich saß schon in fast allen anderen Lokalen im Zentrum, manchmal bis zur Rechnung. Ich bin aber auch schon, wenn sich die Kellner anbiederten, wieder aufgestanden und reumütig in die Hostellerie zurückgeschlichen.

Das hätte ich auch an jenem Abend tun sollen, an dem ich endlich einmal einen Platz im nahen **Comptoir du Victuallier** (der sich jetzt *Comptoir des Arts* nennt) ergattert hatte. Dann hätte ich mich nicht über fast leere Teller ärgern müssen, und auch nicht über Michel Schmitt, den Wirt, der uns bei seiner zweifellos beachtlichen Weinkarte ebenso für überfordert hielt wie bei seiner überteuerten Rechnung. Damit sie sich nicht ähnlich genarrt (passender wäre das Wort, das man nicht schreibt) fühlen, empfehle ich für den nicht unwahrscheinlichen Fall, dass Sie in der *Hostellerie Provençale* keinen Tisch mehr bekommen, das **Restaurant** *Renaissance*, direkt neben dem Schloss.

in Gordes

Für die Zeit zwischen Abendessen und Frühstück gibt es unmittelbar in Gordes inzwischen nur noch eine ernst zu nehmende Stellplatzmöglichkeit, dafür aber eine erstklassige:

Hier steht man sicher, ortsnah und total ruhig. Nachdem eine weitere, obere Terrasse angelegt worden ist, hat man sogar ein wenig Sicht auf das Schloss und den Luberon. Das ist allerdings nichts gegen den **Campingplatz**, seitlich der Straße nach Murs, 1,8 km nördlich des Ortes, mit öffentlich zugänglichem und üppig dimensioniertem Schwimmbad, vermutlich dem schönst gelegenen Camping-Pool in der Provence. Das Gelände ist überwiegend naturbelassen mit von

auf dem Campingplatz von Gordes

manchen Stellplätzen grandioser Fernsicht. Leider gibt es inzwischen auch hier die offenbar unvermeidlichen Wohncontainer. Wenn Sie in diesem Teil der Provence für ein paar Tage völlig zur Ruhe kommen wollen, gibt es trotzdem kaum eine bessere Möglichkeit. Im Sommer ist der Platz allerdings oft belegt:

Wer gerne in freier Natur unter Olivenbäumen nächtigen möchte, kann sich für den Parkplatz seitlich der D 2 erwärmen. Der dient eigentlich als Ausgangspunkt für WOMO- und Wohnwagenbesitzer, wenn diesen den ,*Village des Bories*' besichtigen (½ Stunde einfacher Weg), da die schmale Straße zwischen hohen Mauern jenseits des Stellplatzes nur 2,30 m Breite zulässt:

Gordes ist zwar ein Bilderbuchdorf, in dessen Souvenirläden von Jahr zu Jahr mehr Touristen einfallen, Doch obwohl hier rund 1.900 Bewohner leben, vermisst man eine gewachsene Dorfstruktur. Der Ort wurde im zweiten Weltkrieg von deutschen Truppen stark zerstört und danach von seinen Bewohnern weitgehend verlassen. In den 50er und 60er Jahren entdeckten Künstler diesen Teil der Provence und ließen sich unter anderem auch in Gordes nieder; Victor Vasarély war nur einer von ihnen, vielleicht der bekannteste. So wurden die verfallenen Natursteinhäuser nach und nach wieder hergerichtet, an vielen Ecken sieht man auch heute noch Heim- oder Handwerker beim Steine klopfen. Insgesamt sind die Arbeiten wirklich hervorragend gelungen, und am Hang von Gordes stören kaum Fremdkörper, wenn man einmal von den Swimmingpools und dem Umstand absieht, dass die Mehrzahl der Häuser Zweit- oder Drittvillen reicher Franzosen und Ausländer sind. Aber insoweit steht Gordes in diesem Teil der Welt nicht alleine da, denn schließlich teilt nicht jeder unseren Wunsch nach einer Zweitwohnung auf Rädern. In und bei Gordes gibt es aber auch richtige Sehenswürdigkeiten:

Leider sind die noch in manchen Reiseführern gerühmten Werke des Malers Victor Vasarély aus dem **Schloss** verschwunden. 1996 wurde die Ausstellung beinahe über Nacht ausgeräumt. Nach vielen Streitereien werden die meisten Bilder inzwischen wieder in Aix präsentiert (siehe in Teil 2). Trotzdem lohnt sich ein Besuch des aus dem 16. Jahrhundert stammenden Schlosses, allein schon wegen des prachtvollen Renaissance-Kamins (von 1541) im 1. Stock. In den Geschossen darüber können Sie die Arbeiten des zeitgenössischen, belgischen Malers Pol Mara bewundern, wenn sie einen künstlerischen Zugang dazu finden (*u.U. hat zwischenzeitlich eine weitere Nutzungsänderung stattgefunden; 10-12 und 14-18 Uhr; 4 €*).

Ein wunderbares Museum ist das **Musée du Vitrail**, 3,5 km südlich von Gordes (gut beschildert), wo wir unser WOMO auf dem Parkplatz zwischen mehrere Reisebusse quetschen, um uns Glasmalereien anzusehen. Wir sind nämlich im Glas- und

Kirchenfenster-Museum gelandet und finden es, da didaktisch gut gemacht, interessanter als vorher befürchtet. Mindestens genauso beeindruckend ist gleich nebenan die **antike Ölmühle**, der *Moulin des Bouillons* (das hat nichts mit Suppe zu tun, denn Les Bouillons ist der Name der kleinen Ansiedlung). Man hat die Jahresringe des gewaltigen, 7 Tonnen schweren Eichenstammes der Mühle untersucht und vermutet, dass er aus der Zeit von Augustus stammt (*Zeiten wie die des Musée du Vitrail: 10-12 und 14-17 oder 18 Uhr; dienstags geschlossen; jeweils 3, zusammen 5 €; angeblich sind die beiden Museen unrentabel, und man zieht eine Schließung in Betracht*). Fahren Sie von hier noch 2 km nach **St. Pantaléon**, um die kleine Kirche mit einem Mittelteil aus dem 5. Jahrhundert zu besichtigen, die von einer Fels-Nekropole umgeben ist, mit auffallend vielen Säuglings- und Kindergräbern (Foto Seite 222).

Zu den Top-Sehenswürdigkeiten bei Gordes zählt auch die **Abtei von Sénanque**. Ein Kloster, das in den Bildbänden ebenfalls fest verankert ist und dessen schlichtes Gemäuer hinter violetten Lavendelbuschreihen in der ganzen Provence an keinem Ansichtskartenständer fehlt. Sie können die 4 km von Gordes hierher locker mit dem WOMO fahren (Vorsicht vor Dieben auf dem Klosterparkplatz, der übrigens zwischenzeitlich nächtens gesperrt ist), Sie können aber auch hin wandern. Weil das nicht nur gesünder, sondern auch eine der klassischen Provence-Wanderungen ist, betten wir Sénanque in einen Tagesmarsch und bitten die gehfaulen Leser, zwischen den grünen Wanderblöcken weiter zu lesen:

Wir haben mal wieder viel zu lange geschlafen. Vielleicht auch zu kurz. Denn als wir gegen zwölf beim Kloster Sénanque ankommen, hat man die Pforte gerade zur Mittagspause verrammelt. Um das festzustellen, sind wir aber erst mal knapp zwei Stunden gestiefelt: Der Weg beginnt in Gordes hinter dem Schloss, bei der Post, und führt, markiert mit blauem Balken, entweder auf oder parallel der D 15 nach Norden. Dieses Sträßchen kennen wir ja schon, es ist die Route nach Murs, bzw. zum Campingplatz. Direkt an diesem spazieren wir dann auch vorbei, ehe wir uns bald nach rechts ins Unterholz schlagen. Später kommt man an einem großen Lavendelfeld vorbei, hinter dem man nach links dem blauen Punkt folgt. Nun kommt der schönste Teil der Wanderung, denn der Weg windet sich nach einer Linkskurve alsbald hart am Rande steil abfallender, schroffer Kalkfelsen und belohnt uns nach einiger Zeit mit einem prächtigen Blick auf die alte Zisterzienserabtei von Sénanque. Bis wir dort angekommen sind, müssen wir erst noch ein kleines Wäldchen durch- und dann die von Gordes herkommende Straße überqueren, bevor wir auf dem nun rot-weiß markierten Pfad bergab das Kloster erreichen.

Ich unterstelle nun einfach mal, dass Sie die Wanderung zeitlich besser geplant haben, oder dass es Ihnen gelingt, ein mittägliches *pic-nique* genüsslich auszudehnen. Jedenfalls

Abtei von Sénanque

nehme ich an, dass das Kloster offen ist (wir sind übrigens nach halbstündiger Mittagsrast weitergewandert und haben die Besichtigung am nächsten Morgen nachgeholt). Eines ist jedoch sicher: Die **Abtei von Sénanque** (*10-12 und 14-18 Uhr, sonntags morgens und am Morgen christl. Feiertage geschlossen; 4,50 €*) darf man sich nicht entgehen lassen, auch wenn der ganz große Zauber mehr von ihrem Äußeren und ihrer Lage in einem abgeschiedenen, fast rauen Tal ausgeht. Besonders gut harmoniert hier die strenge Architektur der Zisterzienser mit der kargen Landschaft, wobei als freundliche Abrundung im Sommer die blauen Reihen der Lavendelfelder hinzukommen. Störend sind eigentlich nur die vielen Touristenbusse. Dem Kloster sieht man die religiösen Grundgedanken des Zisterzienserordens deutlich an: Im 11. Jahrhundert gründete eine junge Mönchsgemeinschaft in der Nähe von Dijon eine Bruderschaft, die sich vom bombastischen Pomp der damals mächtigsten Glaubensgemeinschaft, der Kluniazenser von Cluny, lossagen wollte. Denn in Cluny stand längst nicht mehr Gottesfürchtigkeit im Vordergrund, sondern kirchliche Pracht und Macht beherrschten die Szene. Vor allem eine Mönchsgruppe um Bernhard von Clairvaux besann sich wieder auf Askese, Zurückgezogenheit und echte Religiosität. Zisterzienser siedelten daher an schwer zugänglichen Orten, in entlegenen Tälern, Sümpfen oder tiefen Wäldern, meist weitab größerer Städte. Die Architektur war genauso schlicht und geradlinig, aber auch so streng, wie die Regeln des Ordens. Man hat auf jeden Prunk verzichtet; es gab nicht einmal Türme. Deren Funktion als Glockenträger wurde von einem Dachreiter übernommen. Sénanque ist für alle diese Merkmale ein typisches Beispiel, wobei hier die klaren Linien ohne jedes überflüssige Schmuckwerk besonders anziehend wirken. Betrachten Sie sich die Mauerquader, die so sorgfältig behauen wurden, dass sie praktisch nahtlos aneinander gefügt werden konnten.

Der größte Teil des Klostergebäudes stammt aus dem 12. und 13. Jahrhundert, während einige Anbauten neueren Datums sind. Das Kloster verlor im 16. Jahrhundert an Bedeutung (die Mönche fielen der Waldensererhebung zum Opfer) und wurde in der französischen Revolution aufgelöst. Mitte des 20. Jahrhunderts kehrten die Zisterzienser zurück, nachdem sie das Gebäude renoviert hatten. Sie verließen diesen stillen Ort im Jahre 1969 erneut, ehe sie im Herbst 1988 die Abtei wieder bezogen. Bis heute hat der Orden die Regeln weitgehend beibehalten, wonach die Zisterzienser nachts zweimal in der Kirche beten, weshalb in früherer Zeit der Schlafraum, das Dormitorium, unmittelbar mit der Kirche verbunden war.

Für den Wanderrückweg nach Gordes kommen beim Kloster mehreren Möglichkeiten in Frage:

Die kürzeste und am leichtesten zu findende Alternative ist auf den ersten Metern identisch mit unserem Hinweg. Man geht nämlich neben der rot-weißen Markierung vom Kloster aus parallel zur Straße wieder bergauf und folgt etwa dort, wo wir auf dem Hinweg aus dem Wald getreten sind und wo die Straße nach Gordes einen Linksknick macht, rechts der Straße den rot-weißen Balken bis zum Ortskern von Gordes.

Relativ leicht zu finden ist auch die zweitkürzeste Möglichkeit, sie beginnt ebenso wie die dritte Alternative hinter der Abtei und ist mit gelben Pfeilen markiert. Schon bald verzweigt sich der Weg, die kürzere Strecke geht links ab, dort bleibt man mehr oder weniger auf dem Grund der Sénancole-Schlucht, die ihrer vom Lateinischen abgeleiteten Herkunft alle Ehre macht (Sénancole kommt von *sine aqua* und heißt *ohne Wasser*).

Wir wählen die weiteste, schönste und leider auch komplizierteste Strecke, wir folgen den erwähnten gelben Pfeilen und steigen an der genannten Gabelung erst mal rechts wieder bergan, zu einem verfallenen Gehöft mit dem Namen La Débroussède. Von dort an wird die Landschaft immer wilder, umso schwieriger wird leider auch die Orientierung. Auf keinen Fall darf man nun hinter dem Gehöft den Weg nach rechts wählen, man muss sich vielmehr nach links orientieren und dabei rechts halten (klingt komplizierter als es ist). Leider war bei unserer Tour weit und breit kein Wanderzeichen zu entdecken, erst in einiger Entfernung ein grüner Punkt, dem wir aber nicht trauen - richtig ist der rechte (!) der beiden nach links führenden Pfade. Stattdessen stiefeln wir jedoch nach links und enden, wie der Weg, im stacheligen Dickicht am oberen Rand der Schlucht. Gordes ist zwar in Sichtweite, an ein Durchqueren der Schlucht ist hier jedoch nicht zu denken. So bleibt uns nichts anderes übrig, als den Rückweg zum alten Gemäuer von La Débroussède anzutreten, um dort den <u>oberen</u> der beiden linken Wege zu wählen. Später, unten im Tal, treffen wir auch die blaue Markierung wieder, und zwar dort, wo wir ankommen würden, wenn wir hinter der Abtei auf Bachhöhe geblieben wären.

Nach einem kurzen steilen Anstieg ist es nicht mehr weit zum Museums-Dorf *Les Bories*, zu der bekannten Ansammlung spitzer Natursteinhütten. Achtung: Nach dem Anstieg muss man sich bei erster Gelegenheit rechts halten und spätestens bei der ersten Wegkreuzung in der Nähe eines Hauses nach rechts abbiegen. Da auch hier zum Zeitpunkt unserer Wanderung jede Markierung fehlt - oder so undeutlich angebracht ist, dass wir sie nicht entdecken - merken wir erst, als wir schon fast in Gordes sind, dass wir uns verfranzt haben. Auch jetzt hilft nur umkehren.

Dagegen ist es nicht schwer, vom *Village des Bories* nach Gordes zu finden: Der kürzeste Weg ist nur am Anfang schwierig. Laufen Sie beim Parkplatz über die Brücke und nehmen Sie <u>sofort</u> danach den nach links abgehenden, teilweise überwachsenen Pfad. Er endet bald an einer Teerstraße, die nach Gordes führt - zweimal rechts, einmal links (*Streckenlänge gut 15 km; Karte: TOP 25, 3142 OT, Cavaillon – Fontaine-de-Vaucluse, wo der Weg fast vollständig eingezeichnet ist, muss sein*).

Zum **Village des Bories** fahren oder laufen auch die, welche nicht wandern. Wenn man südlich von Gordes dem Wegweiser zu den *Bories* folgt, kommt man gleich linkerhand an einem geräumigen Parkplatz vorbei, auf dem zumeist schon mehrere Wohnmobile und Wohnwagen abgestellt sind und den ich oben schon als Stellplatz empfohlen habe. Halten Sie deren Besitzer nicht für blöd! Entgegen von mir in einer früheren Auflage verbreiteter Behauptung (ich wurde deshalb in Briefen getadelt) ist der Weg für WOMOs über 2,30 m Breite und 5,50 m Länge ein Horror! Sie müssen daher knapp 2 km zu Fuß gehen!

im Village des Bories

Nachdem wir den stolzen Eintrittspreis von 5 € pro Person bezahlt haben (*geöffnet von 9 Uhr bis Sonnenuntergang*), sind wir doch etwas enttäuscht. Vielleicht waren aber auch nur unsere Erwartungen zu hoch, denn wir haben von der „größten Siedlung im neusteinzeitlichen Stil im Mittelmeerraum" gelesen, von einem „Denkmal architektonischer Frühgeschichte", von einer „bereits vor 4.000 Jahren angewandten Bauweise" und dadurch die Vorstellung entwickelt, wir würden hier uralte, steinzeitliche Hütten, die im Jahre 1969 freigelegt worden sind, antreffen. Davon kann jedoch nicht die Rede sein. Zwar stimmen alle die eben angeführten Aussagen - wenn man sie sorgfältig liest, die hiesigen Steinhütten entstammen jedoch, wie man nach Münzfunden urteilen konnte, dem 17. Jahrhundert. Die Siedlung war noch bis in unser Jahrhundert bewohnt, sie zerfiel aber, wucherte zu und wurde zum Teil auch verschüttet. Im Jahre 1969 hat man begonnen, die Dornen wegzuschneiden und die Gebäude zu restaurieren. Es geht um 31 zumeist spitz zulaufende Hütten, die aus mörtellos aufeinander geschichteten, flachen Steinplatten errichtet sind. Hierbei kragt eine Steinschicht immer ein kleines Stück über die darunter liegende, wodurch das spitz zulaufende, so genannte „falsche" Gewölbe ausgebildet wird. Derartige Kuppelbauten gibt es an vielen Orten der Welt, wie man auf einer Karte innerhalb des Freilichtmuseums nachlesen kann. Nur die Bezeichnung ist überall anders: In Süditalien nennt man sie Trulli, in Sardinien Nuraghen (eine, allerdings kuppellose, Nuraghe schmückt das Titelbild des Sardinien-Buches der *WOMO-Reihe*). Und in der Provence heißen die Häuschen Bories. Man kommt auf vielen Wanderungen in der Provence an mehr oder weniger gut erhaltenen Einzelhütten vorbei. Hier, im Freilichtmuseum, ist der Backofen in der Mitte des Dorfes beachtenswert. Weniger schön finde ich den verrosteten Hausrat, den man in einzelnen Bories drapiert hat - als Rechtfertigung für die hohen Eintrittsgebühren. Wer bei verschiedenen Wanderungen schon mal durch die niedrige Öffnung einigermaßen gut erhaltener Bories gekrochen ist, kann sich das Geld sparen, auch wenn diese Dorfform mit einer so großen Anzahl von Hütten in Europa einmalig ist.

Da Sie sich inzwischen eingelaufen haben und gerade eine zarte Liebe zur Landschaft zwischen Plateau de Vaucluse und Luberon keimt, schnell noch in knappen Worten eine zweite Wanderung, bzw. ein kurzer, interessanter Ausflug zu den **Mühlen von Véroncle**, die man sich auch ansehen kann, wenn man nicht wandert (siehe den Beginn der nachfolgenden Wanderung):

Das Bächlein Véroncle war über in Stein geschlagene Wasserleitungen und Staudämme in kleine Mühlengebäude geleitet worden, wo es ein waagerechtes (!) Mühlrad antrieb, von dem eine Achse senkrecht nach oben führte. Auf dieser war im Obergeschoss der Mühle der Mühlstein, ebenfalls waagerecht, montiert. Während unseres Ausfluges können wir mehrere Ruinen dieser Mühlen bestaunen, die noch bis zur Mitte des 19. Jahrhunderts in Betrieb waren (es gibt auch eine Schautafel, auf der die Funktion dargestellt ist).

Biegen Sie etwa 2,5 km östlich von Gordes von der D 2 zu den Häusern von Les Grailles ab und parken Sie nach etwa 200 m bei der ersten Freifläche. Nun geht es zu Fuß im Prinzip immer geradeaus in die Schlucht zur ersten Mühle (vom Parkplatz allenfalls 30 Minuten).

Der Weg wird nun etwas schwieriger, weil man mehrmals das Wasser überqueren und eine kurze Eisenleiter erklettern muss (auch für Schwindelanfällige kein Problem). Am Ende der Schlucht sieht man noch die Reste des früheren Stausees, ehe man auf bequemem Fahrweg Murs erreicht (zum Namen dieses Dorfes siehe bei der 3. Tour). Wir verlassen das Dorf auf der D 4, Richtung 'Village des Vacances' und gehen durch den Wald zum Auto zurück (*Dauer insgesamt 3 bis 4 Stunden; für die reine Mühlenbesichtigung höchstens 1,5 Stunden; Karte: TOP 25, 3142 OT, Cavaillon – Fontaine-de-Vaucluse*). Sie können auch Gordes oder den dortigen Campingplatz zum Ausgangspunkt der Wanderung machen. Die Orientierung ist mit der Wanderkarte auf allen Strecken kein Problem.

So gerne ich in Gordes ankomme, so gerne fahre ich auch wieder ab. Mehr als eine Nacht halte ich es dort, außer auf dem Campingplatz, nicht aus. Das Schicki-Micki-Treiben geht mir dann doch zu sehr auf die Nerven.

Das Gegenstück ist **Joucas**, 5 km weiter östlich. Wenn Sie zwischen den bestens restaurierten Häuser bummeln, werden Sie nur wenigen Menschen begegnen. Einheimische gibt es so gut wie nicht mehr, und die Touristen sitzen an den Pools

Joucas - mit Stellplatz

teurer Hotels in der Pampa oder hinter Natursteinmauern. Meistens jedoch in den Praxen oder Büros zuhause, um das Geld für das edle Gemäuer anzuschaffen. Aber dafür gibt es auch keinen Andenkenladen und keine Postkarten; trotz eines malerischen Hofes vor Kirche und *Mairie*. Solch ein pittoreskes Dorf ist eines Stellplatzes wert, eines besonders schönen in optimaler Lage:

WOMO-Stellplatz: Joucas
WOMO-Zahl: >5; **Ausstattung**: Wasser, Toilette (eine Etage höher), Gaststätte, Laden, Wanderwege; **Zufahrt**: links unterhalb des Ortes

Roussillon

Danach geht die Reise weiter wie sie in Gordes aufgehört hat. **Roussillon** ist ziemlich genauso groß (1.300 Einwohner), es darf sich auch ‚Eines der schönsten Dörfer Frankreichs' nennen, beherbergt etwas weniger Künstler (und Kneipen), es liegt aber insgesamt mit Gordes ziemlich auf einer Wellenlänge. Nur mit den Übernachtungsplätzen hapert es etwas. Aber dafür hat Roussillon, außer einem auf einem Bergkegel gelegenen sehr schönen Ortskern, eine fast einmalige Attraktion zu bieten: Die **Ockerfelsen**. Genau genommen sind diese aber zu einem großen Teil gar nicht ockerfarben, jedenfalls wenn man sich unter Ocker das vorstellt, was im zweiten Töpfchen von rechts der oberen Reihe unseres Wasserfarbkasten so bezeichnet wird. Denn die zackigen Felsen bei Roussillon leuchten eher rot, stellenweise aber auch knallgelb. Wer sich hier nicht mit einem weitgehend unbelichteten Farbfilm auf den Weg macht, sollte das Fotografieren lieber gleich aufgeben und sich am Postkartenstand eindecken. Außerdem braucht man Sonne, am besten Vormittagslicht. Ich übertreibe ein wenig: Entweder fahren Sie bei Sonnenschein nach Roussillon oder erst im nächsten Urlaub!

in den Ockerbrüchen bei Roussillon

Sie werden die farbenprächtigen Felsen unschwer finden, größere Schwierigkeiten macht da schon die Parkplatzsuche. Diese ist mir in besonders unangenehmer Erinnerung, weil ich unversehens in eine enge Gasse gerate und prompt mit dem Alkoven an einer Hauswand vorbeischramme. Zuletzt gab es für Wohnmobile im Ort selbst keine Parkmöglichkeiten mehr. Um das WOMO abzustellen, musste man bereits an der Zufahrtsstraße einen Kassierer beglücken. Große WOMOs sollten von der N 100 über die D 108 nach Roussillon vorstoßen (Näheres siehe unten bei den Stellplätzen).

Der „Ocker" ist ein Gemisch aus Ton, Sand und vor allem Eisenoxid, welches für die Färbung verantwortlich ist. Das rotgelb-braune Gestein ist sehr weich, weshalb man es einerseits leicht abbauen kann, weshalb aber andererseits durch Erosionsprozesse in vergleichsweise kurzer Zeit bizarre Zacken und Kegel ausgewaschen werden. Gerade diese Gebilde machen das Ganze so interessant. Vom Ort aus führt ein kleiner Spazierweg mitten rein in die Ockerbrüche, in denen auf Schautafeln auch viel Wissenswertes vermittelt wird (folgen Sie von der Durchgangsstraße aus dem Schild 'Cimetière' oder 'Falaises d'ocre'). Ein etwa 30-minütiger **Ocker-Rundgang** ist gut ausgeschildert (*das Ockergebiet kostet Eintritt*).

Östlich von Roussillon gibt es noch eine **Ockerfabrik**, wo die Farbstoffe aus dem Gestein herausgelöst werden; und die man besichtigen kann (*'Usine Mathieu', im Juli/August tägl., sonst nur am Wochenende, Führungen um 11, 14, 15, 16 und 17 Uhr*). Das Produkt dient inzwischen nur noch Künstlern, ökologisch orientierten Bauherren und der Kosmetikindustrie. Früher war das einmal anders. Angeblich haben hier schon die Römer Farbstoffe gewonnen. Ocker wurde auch bei den vorgeschichtlichen Höhlenmalereien verwendet. In nennenswertem Umfang hat man aber erst gegen Ende des 18. Jahrhunderts Ockersand abgebaut. In den Hochzeiten Roussillons, am Anfang des letzten Jahrhunderts, waren mehr als 1.000 Menschen im Ockerbergbau tätig. Heutzutage werden wegen der synthetischen Farbherstellungsmöglichkeiten nur noch etwa 2.000 t Ocker im Jahr produziert, angesichts ökologisch orientierter Lebensweise mit steigender Tendenz. Ich möchte allerdings nicht wissen, wie viele Zentner der 2.000 Tonnen in kleine Plastikbeutelchen oder Reagenzgläser gefüllt werden, damit Touristen in den zahlreichen Andenkenläden bereitwillig die Portemonnaies öffnen. Es würde mich allerdings auch nicht wundern, wenn in diesen Gefäßen gar kein echter Ocker wäre. Aber für eine solche Mutmaßung fehlt mir jede reale Information - was nicht heißen soll, dass sie fern liegend ist. Diese ketzerische Idee ist genauso wenig abwegig wie der Gedanke, dass Roussillons Häuser, die in allen erdenklichen Ockertönen leuchten, mit synthetischen Materialien bepinselt sind.

Wenn Sie selbst die Farbkraft des Ocker testen wollen, ziehen Sie eine frisch gewaschene, weiße Sommerhose an, bevor Sie durch die Ockerbrüche streifen; oder Ihre Kinder dürfen nach der Ockerwanderung die Schuhe anbehalten, wenn sie anschließend auf den WOMO-Polstern turnen. Ihr Reisemobil-Vermieter wird dann mit Sicherheit die Kaution einbehalten. Haben Sie aber ältere Klamotten angezogen und vor der Weiterfahrt die Schuhe gut gesäubert, werden Sie vielleicht Spaß an weiteren Ockerbrüchen bekommen. Dann folgen Sie uns - auf der nächsten Tour - zum *‚Colorado Provençal'* bei Rustrel oder auch auf der gleich unten beschriebenen Wanderung.

Wer in Roussillon übernachten möchte, findet nur mittelmäßige Alternativen. Drei Plätze, für deren jederzeitige Benutzbarkeit ich aber nicht die Hand ins Feuer lege, nenne ich Ihnen trotzdem:

WOMO-Stellplätze: Roussillon

WOMO-Zahl: >5;   **Ausstattung**: Mülleimer, Gaststätten, Geschäfte, Wanderwege;

Zufahrt: fahren Sie von der N 100, also von Süden, auf der D 149 nach Roussillon. Sie stoßen dann etwa 300 m östlich von Roussillon auf zwei geräumige Parkplätze seitlich der D 104.

Man kann **stattdessen** auch auf der D 104 noch weiter nach Osten fahren und auf dem Parkplatz der Ockerfabrik (*'Usine Mathieu'*, östl. des Ortes beschildert) einsam, aber ganz schön und teilweise schattig stehen. **Oder** auf einer Art Picknickplatz, rechts der Straße nach St. Saturnin. Unterhalb der Ockerfelsen sieht man im Bereich einer Kurve neben der Straße eine schattige Grillstelle, wo man etwas einsam die Nacht verbringen kann

---

Sie können aber auch mit dem allgemein gelobten Campingplatz*, der sich auf dem Weg nach Goult im Wald versteckt und von außen einen nicht zu reglementierten Eindruck macht, Vorlieb nehmen*:

Campingplatz: Roussillon (*Arc en Ciel*)

Ortszentrum: 2,5 km; **Zeiten**: 30.3-31.10.; **Tel.** 04 90 05 67 17;
Ausstattung: Schwimmbad, Laden, Restaurant
Zufahrt: an der D 149 südlich des Ortes, Richtung Goult

Meiner Meinung nach muss man nicht in Roussillon übernachten, wo es doch ausreichend andere Plätze in der Umgebung gibt. Man muss hier auch nicht unbedingt wandern, wir tun es trotzdem:

Wir beginnen unseren Halbtagesausflug (*4 Stunden*) dort, wo wahrscheinlich jeder seine Wanderung beginnt, nämlich bei den Ockerbrüchen und gehen zunächst dem rot-weißen Wanderzeichen hinterher. Auf dem ersten Stück ist unser Weg identisch mit dem beschilderten Ockerrundgang (seit der Eintritt kostet, kommt man vermutlich nicht mehr einfach aus dem Gelände heraus; kehren Sie dann um und laufen Sie in Roussillon entlang der Straße nach Osten, bis Sie das rot-weiße Wanderzeichen sehen). Nachdem wir die D 199 überquert, ein gutes Stück seitlich der D 104 weitergelaufen und dann an einer Kreuzung auf die D 4 gestoßen sind, verlassen wir den markierten Wanderweg, der auf der Asphaltstraße nach halbrechts weiterführt. Wir wählen stattdessen das etwas kleinere Sträßchen scharf rechts, das uns nun durch eine weite, übersichtliche Landschaft völlig schattenlos an einigen kleinen Weilern vorbeiführt. Der Weg ist nun lange Zeit asphaltiert und im Frühling ideal. Wir laufen durch ein regelrechtes Obstbaumblütenmeer, hinter dem sich

---

die Silhouette des Luberonmassives malerisch abhebt. Wer nur wenig Zeit hat, kann bei St. Jean rechts abbiegen und auf einem leidlich markierten Reiterweg durch den Wald nach Roussillon zurückwandern. Wir bleiben aber auf dem Fahrsträßchen und biegen bei einem Kreuzungsknotenpunkt nach rechts zum Dörfchen Les Huguets ab. Nach unserer Wanderkarte müssten wir dort wieder eine Markierung vorfinden; möglicherweise handelt es sich dabei um das orangefarbene Plastikband, das nun seitlich unserer Strecke hin und wieder an Bäume oder Strommasten gebunden ist. Jedenfalls darf man hinter Les Huguets, nachdem die Straße zunächst eine deutliche Rechtskurve gemacht hat, nicht nach links abbiegen, sondern muss geradeaus den Asphalt verlassen und auf einem Weg zwischen Feldern auf den Wald zulaufen. Wir durchqueren oberhalb der Äcker einen Kiefernwald, der umso brandgeschädigter wirkt, je mehr wir uns wieder Roussillon nähern. Beim traurigen Anblick der verkohlten Stämme gelobe ich mir wieder, niemals in einem solchen Wald zu übernachten, was ohnehin verboten ist und wirklich gefährlich werden kann (*12 km; Karte: TOP 25, 3142 OT, Cavaillon – Fontaine-de-Vaucluse und 3242 OT, Apt*).

Am Ende kommen wir wieder bei einigen Ockerbrüchen vorbei und beim südlichen Ortsende von Roussillon an dem Haus, in welchem sich Samuel Beckett vor den deutschen Nazis versteckt hatte. Ich habe zwar nie herausbekommen, welches Haus es nun genau war und denke mir, dass ein Exil

in Roussillon gar nicht so schlecht wäre. Der 1942 von Paris über Marseille hierher geflohene Dichter und Bühnenschriftsteller, der sich der Résistance angeschlossen hatte, muss es jedoch anders erlebt haben. Er war auf der Flucht und hielt sich im damals noch abgelegenen Dorf als Tagelöhner über Wasser. Er schwor sich, als er 1944 den Ort wieder verließ, niemals dorthin zurückzukehren. Trotzdem hält Roussillon in Beckett's „*Warten auf Godot*" Einzug in die Weltliteratur, wenn Wladimir sein Gegenüber Estragon daran erinnert, dass er mit ihm zusammen in Roussillon bei der Weinernte war und zur Gedächtnisstütze nachhilft: „*Da leuchtet doch alles so rot*". In den meisten deutschen Übersetzungen des Theaterstücks wurde aus 'Roussillon' übrigens 'Dürkweiler' und das leuchtende Rot verliert jeden Sinn.

Zur Weiterfahrt nach Apt genehmigen wir uns einen kleinen Umweg über **Goult**, einem für die Gegend sehr typischen Dorf, in dem allerdings auch die zugezogenen Neubürger nicht fehlen. Zu denen gehört der bekannte deutsche **Töpfer Uwe Krause**, bei dem Sie wunderbare, geschmackvolle Dinge kaufen können (*an der D 104 - beschildert - in der Senke nordöstlich von Goult*).

Nicht weit ist es auch hinunter ins Tal zum Wallfahrtsort Notre-Dame-de-Lumières. Mysteriöse Lichterscheinungen soll es hier gegeben haben und Wunderheilungen, weshalb man im 17. Jahrhundert eine Wallfahrtskirche gebaut hat. Die Pilger sind heutzutage recht zahlreich und natürlich motorisiert, wie man an den ausgedehnten Parkplätzen sieht; ich finde das ganze Ensemble ziemlich langweilig.

Pont Julien

Ganz im Gegensatz zum so genannten **Pont Julien**, einer alten Römerbrücke, die man rechts der N 100 in Richtung Apt entdecken kann (beschildert). Genau 6,5 km hinter N.D.-de-Lumières zweigt ein kleines Sträßchen nach Bonnieux ab, dessen Verkehr noch heute über die drei steinernen Bögen der römischen Brücke rollt.

Der weitere Verlauf der N 100 bis Apt entspricht ziemlich genau dem der römischen Via Domitia. Nur wurden die antiken Reisenden am Eingang von Apta Julla, dem heutigen Apt, noch nicht von den Werbebuchstaben der Welt größten Fabrik für kandierte Früchte beeindruckt (kann besichtigt werden). Die Stadt **Apt** (11.600 Einwohner) gilt nämlich als Welthauptstadt dieser Fruchtverarbeitungsindustrie, was einen einfachen Grund hat: Es gab hier ursprünglich fast ausschließlich Olivengärten, bis im Winter von 1956 die meisten Bäume erfroren sind. Bekanntlich kann aber erst die nächste Generation einen frisch angepflanzten Ölbaum wieder beernten, wofür schon die späten 50er Jahre zu schnelllebig waren. Also pflanzte man Aprikosen, Pfirsiche, Kirschen, Birnen und Äpfel.

Die *fruits confits* waren eine konsequente Folge, Marmeladenfabriken eine andere. Wenn Sie irgendwo einen englischen Kuchen kaufen, ist dieser mit 98%-iger Sicherheit mit kandierten Früchten aus Apt bestückt; bei dieser prozentualen Größe liegt nämlich der dortige Anteil an der französischen Gesamtproduktion. Die schon zur Römerzeit mit 8.000 Einwohnern recht bedeutende Stadt floriert heutzutage aber nicht nur

in Apt

durch die Fruchtindustrie. Auch in der Nähe stationierte Soldaten bringen Geld in die zahlreichen Läden. Die Angehörigen der ehemaligen *Force de frappe*, der inzwischen verschrotteten landgestützten Atomraketen, wohnen vor der Stadt in hässlichen Blocks, die unsere Erwartungen erst einmal deutlich dämpfen. Umso größer ist der Kontrast, nachdem wir am Rande der hübschen Altstadt geparkt haben.

Der Wochentag unserer Anreise wurde auch nicht zufällig festgelegt, nach Apt kommt man freitags abends oder samstags morgens. Heute ist Karfreitag und wir erhoffen uns

Markt an der Kathedrale

morgen vor den beiden Osterfeiertagen einen besonders belebten **Wochenmarkt**. Der Samstagsmarkt von Apt wird einmütig in den höchsten Tönen gelobt. Mit gutem Grund! Unsere hohen Erwartungen werden noch übertroffen, denn unter einem strahlend blauen Himmel sind in den meisten Altstadtgassen Marktstände aufgebaut. Wenn man sich am Ende des Marktes wähnt, geht er erst richtig los. Und wo man allenfalls noch Parkplätze vermutet, stehen die Buden, in denen Rasenmäher, Werkzeuge und sogar Autoreifen feilgeboten werden. Der Wochenmarkt gilt als einer der interessantesten in der ganzen Provence, auch weil er ein Treffpunkt der Alternativkultur des Luberon geworden ist. Dort gibt es wahrlich genug Künstler, Pseudokünstler und Freaks aller Schattierungen. Wer sich schon lange mal wieder mit frischen Landprodukten, ökologischem Honig oder feinstem Olivenöl eindecken möchte, wer gerne in altem Trödel stöbert oder rotgesichtige Provenzalen fotografiert, fahre samstags nach Apt.

Nebenbei werfen wir auch noch einen Blick in die **Kathedrale** St.-Anne, deren Uhrturm einem Stadttor ähnelt (*9 - 12 und 15,3o bis 18 Uhr; Führungen zum Kirchenschatz täglich außer sonntags um 11 und um 17 Uhr*). Er stammt aus dem 16. Jahrhundert, während der älteste Teil, die untere Krypta, vermutlich noch von den Merowingern gebaut wurde. In einer Seitenkapelle werden die Reliquien der Heiligen Anna, der Mutter Marias, aufbewahrt. Wahrscheinlich fehlt dort ein kleiner Finger, der nämlich wurde im Jahre 1623 auf Wunsch von König Ludwig XIII. nach Paris transportiert, um Ludwigs Ehefrau Anna von Österreich, die wie die Schutzheilige hieß, zur Fruchtbarkeit zu verhelfen. Ob dieser Finger wieder nach Apt zurückkam und was die Königin genau mit ihm gemacht hat, ist nicht überliefert. So groß kann seine Wunderwirkung auch nicht gewesen sein, denn Anna gebar erst 15 Jahre später den Thronerben, keinen geringeren als den späteren „Sonnenkönig", Ludwig XIV. - nach 24-jähriger Ehe. Die Königin stiftete bei ihrer Dankeswallfahrt, 22 Jahre nach der Niederkunft, eine Kapelle, die so genannte Annen-Kapelle, und seitdem werden die Reliquien besonders von kinderlosen Frauen zur Zeit der Wallfahrt in der letzten Juli-Woche verehrt. Dann wird während 4 Tagen auch ein besonders riesiger Trödelmarkt in der Altstadt aufgebaut.

Wie gesagt, sinnvollerweise reist man schon freitags abends an und stellt sich die Übernachtungsplatzfrage: In Apt empfehle ich den Campingplatz: Nehmen Sie in der Übergangsjahreszeit den unten am Ufer des meist ausgetrockneten Flussbetts:

Campingplatz: Apt (*Municipal les Cèdres*)

Ortszentrum: 0,5 km;   **Zeiten**: ganzjährig;   **Ausstattung**: Laden; **Zufahrt**: im östlichen Teil von Apt, vom Stadtinneren auf der D 22 Richtung Banon/Rustrel und gleich nach der Bahnunterführung rechts hinunter zum Platz

---

Die sanitären Einrichtungen sind inzwischen renoviert, die Übernachtungspreise sind trotzdem bescheiden geblieben. Es fehlt hier völlig die spießige Parzellen-Atmosphäre anderer Campingplätze, und kleine Hundehüttenzelte sind in der Mehrzahl. Auch jetzt, Ende März, sitzen deren Bewohner bis spät in den Abend in dicken Pullovern um die Gaskocher und klimpern auf den Gitarren. Man hört es fachsimpeln: über Radtouren, Wanderungen und Kletterfelsen. Außerdem sind es vom Zeltplatz nur 500 m in die Altstadt; Sie treffen also gute Bedingungen für eine Stadtübernachtung an.

Einen für längere Aufenthalte geeigneteren, leider aber 2 km von der Stadt entfernt gelegenen Campingplatz findet man bergauf Richtung Saignon. Hier können Sie sich im Pool erfrischen und über das Regelwerk des an sich freundlichen Betreibers heulen (zum Beispiel keine Wäscheleinen!):

Campingplatz: Apt (*Le Luberon*)

Ortszentrum: 2 km; **Zeiten**: April bis Oktober; *Tel*. 04 90 74 23 93; **Ausstattung**: Schwimmbad, Laden, Restaurant; **Zufahrt**: südlich von Apt, rechts der D 48 in Richtung Saignon

---

Frei haben wir in Apt noch nie gestanden. Dies scheint auf den Parkplätzen am Flussufer (aber nur bei wirklich sicherem Wetter - Hochwassergefahr!) möglich; zur Not auch auf dem großen Parkplatz östlich der Stadt beim Sportplatz und Schwimmbad. Es gibt bessere Stellplätze; der Vollständigkeit halber:

WOMO-Stellplatz: Apt

WOMO-Zahl: >5;   **Ausstattung**: Mülleimer, Schwimmbad; **Zufahrt**: im östlichen Teil von Apt, vom Stadtinneren auf der D 22 Richtung Banon/Rustrel; 700 m nach der Ampel nach rechts zum *Piscine* abbiegen.

Tour 5: Jenseits von Apt

Saignon - Rustrel - Simiane-la-Rotonde - Oppedette
Viens - Céreste - Forcalquier

Stellplätze:	in Saignon, beim Colorado Provençal, in Viens, in Céreste
Besichtigen:	die Dörfer Saignon, Simiane-la-Rotonde, und Oppedette, den Colorado Provençal bei Rustrel, das Priorat Carluc, den Friedhof von Forcalquier
Essen:	*Auberge du Presbytère* in Saignon, Auberge *Aiguebelle* in Céreste, im Bistrot *Oliviers* in Forcalquier
Wandern:	Spaziergang durch die Ockerfelsen von Rustrel, Spaziergang zum Canyon d'Oppedette, von Céreste zum Kamm des Luberon
Karte:	Seite 54

Wie Sie der Überschrift entnommen haben, bewegen wir uns auf dieser Tour östlich von Apt. Wir bleiben in einem Teil Frankreichs, den der Kenner mit **Luberon** umschreibt, womit er nicht nur den lang gestreckten Rücken des gleichnamigen Höhenzuges meint, sondern ein weit größeres Terrain. So liegt Gordes im *Luberon*, obgleich gut und gerne 20 km vom Fuß desselben entfernt. Und Apt, tief unten im Tal, ist das geschäftliche und kulturelle Zentrum des *Luberon*. Was nun präzise zum nicht geologischen *Luberon* gehört, und warum der *Luberon*, also der *Luberon*, der ja eigentlich gar nicht der Luberon ist, *Luberon* heißt, weiß vermutlich niemand. Genauso wenig ist geklärt, ob sich der *Lub(é)eron* mit oder ohne Akzent schreibt (ich folge Michelin und P. Mayle). Sicher ist aber, dass der Gebrauch des genau genommen nicht zutreffenden Begriffs stets eine liebevolle Umschreibung sein soll. Wer sich diesen Teil Frankreichs als Urlaubsziel ausgesucht hat, fährt nicht nur in die *Provence*, er fährt in den *Luberon*, was gleich bedeutend ist mit einer Reise ins Paradies. Und das endet nicht in Apt.

Gleich östlich, 4 km den Hang des richtigen Luberon hinauf, liegt das Dörfchen **Saignon**, das ich fast in jedem Urlaub ganz zaghaft ansteure. Man wird uns doch wohl unseren schönen Stellplatz gelassen haben? Vor ein paar Jahren schwante mir nichts Gutes. Bauarbeiten waren im Gang, und ich war fast sicher, dass ich einen der schönen Übernachtungsplätze

Saignon

streichen muss. Es hätte mich auch nicht gewundert. Zu rücksichtslos haben Leser und Nichtleser von den Plätzchen Besitz ergriffen. Über 10 WOMOs zählte ich dort eines Nachts. Aber bislang hat man weder den Schmied mit dem Bau eines viereckigen Tores beauftragt noch ein Verbotsschild angeschraubt (um ehrlich zu sein, in der Toilette hängt seit Jahren ein *Camping interdit*, das mir selbst noch nie aufgefallen ist und auf das ich erst durch einen Leser aufmerksam wurde). Es ist alles so schön geblieben wie es war. Es gibt hier Wasser, eine öffentliche Toilette und einen der schönsten Friedhöfe der Provence: Hoch über dem Tal von Apt, mit weitem Blick auf den Mont Ventoux:

WOMO-Stellplatz: Saignon

WOMO-Zahl: >5; **Ausstattung**: Toilette, Wasser, Mülleimer, Gaststätte, Geschäft, Wanderwege; **Zufahrt**: am Ortseingang von Saignon, rechts der Dorfzufahrt bei der Schule und vor der Kirche

---

Noch prächtiger ist die Sicht vom vorderen Festungsfelssporn (dessen Zugang aber zeitweise gesperrt ist), wo ich mich gar nicht satt sehen kann, wenn im Frühjahr die untergehende Sonne Tausende blühender Obstbäume in ein mildes Licht taucht (Foto Seite 92).

Inzwischen gibt es sogar frisches Brot und das örtliche **Restaurant**, die ***Auberge du Presbytère***, in der man sich zum Essen anmelden muss, macht einen urgemütlichen Eindruck (*Tel. 04 90 74 11 50; mittwochs geschlossen*).

Wir nächtigen meist freitags in Saignon, um am nächsten Morgen den Markt von Apt anzusteuern. Dann empfiehlt es sich, noch ehe wir richtig unten in der Stadt angekommen sind, den erstbesten Parkplatz zu nehmen.

im *Colorado Provençal*

Nachdem wir in Apt zuletzt ausgedehnt das Markttreiben vom Straßencafé aus genossen haben, fahren wir weiter nach **Rustrel**. Ziel ist weniger das nur mäßig interessante Dorf, sondern der 2 km entfernte ,***Colorado Provençal***', dessen Ockerbrüche jeden Vergleich mit denen von Roussillon (Tour 4) standhalten. Die bizarren Gebilde des Colorado sind in den farblichen Nuancen zwar weniger intensiv, jedoch noch vielfältiger. Vor allem aber ist das Gebiet der satten Farben hier viel größer, man könnte fast einen Tag lang darin wandern. Ein Stück muss man auf jeden Fall zu Fuß bewältigen, denn es wäre ein großes Versäumnis, gleich nach dem ersten in den Himmel ragenden Gebilde, dem Feenfelsen, umzukehren. Gehen Sie unbedingt weiter bis zur zweiten Kette von Ockerbergen, wo das Gestein auch mal ganz weiß wird. Dort sieht man die Abdrücke von Schürfbaggern; Beweis dafür, dass hier auch noch - oder wieder - in unserer Zeit Farbstoff abgebaut wird (Näheres siehe bei Roussillon - Tour 4). Provence-Kenner meinen, zum Colorado Provençal passe am besten ein

im *Colorado Provençal*

grauer Himmel. Ich wünsche Ihnen trotzdem einen sonnigen Tag. Auf keinen Fall darf es regnen, der Boden wird dann rutschig, und man versaut sich die Hose.

Den dazugehörigen Parkplatz kann man ohne weiteres für eine Nacht empfehlen; er ist schattig, aber eher einsam (Häuser in 150 m und 500 m Entfernung):

WOMO-Wanderparkplatz: Rustrel

WOMO-Zahl: >5;   **Ausstattung**: Toilette, Wanderwege, einsam;
Zufahrt: östlich von Rustrel von der D 22 zum ‚*Colorado Provençal*' abbiegen, man kommt dann automatisch zum Parkplatz

---

Tagsüber sollte man aber keine Wertsachen im Auto lassen. Schilder und andere Reiseliteraten warnen nämlich vor Dieben.

Da wir nun schon mal so weit nach Osten vorgedrungen sind, genehmigen wir uns auch die restlichen Sehenswürdigkeiten der Gegend: Wir kurven zunächst nach **Simiane-la-Rotonde**. Das Schönste dieses am Hang gelegenen Dorfes ist die Sicht auf dasselbe. Wenn man nämlich zwischen den sorgfältig restaurierten Häusern bummelt, sucht man verzweifelt deren Bewohner. Die weilen gerade in ihren Praxen, Kanzleien oder Büros - hunderte von Kilometern entfernt. Das Dorf ist geradezu Prototyp für das Schicksal der meisten Orte dieser Gegend. Sie sind von weitem wunderschön, von nahem erfreuen sie hauptsächlich die Makler, die Notare und die Zweithausbesitzer.

Simiane-la-Rotonde

Lohnend ist der Blick von der Rotonde, einem fast runden Turm am oberen Ortsrand. Man schaut bis zu den im Frühjahr noch mit Schnee bedeckten Zacken der Alpen. Nur den Zweck des Bauwerkes kann niemand erklären: Festung, Kirche, Waffenkammer oder Wohnung? Oder alles einmal zu seiner Zeit? Heute gibt es dort ein kleines Museum, und außerhalb der Hochsaison ist die Rotonde dienstags geschlossen.

In Simiane-la-Rotonde kehren wir um. Über **Oppedette** kurven wir zurück nach Apt. Das kleine, wunderschön gelegene Dorf teilt das Los seiner Nachbarn, die Zahl der ständigen Bewohner ist auf unter 10 gesunken. Aber hier beginnt eine interessante Schlucht, der **Canyon d'Oppedette**. Schon bei einem einstündigen Spaziergang kann man das kleine Natur-

wunder erleben: Folgen Sie beim Waschhaus der rot-weißen Markierung und dem Schild ‚*Les Gorges*', gehen Sie rechts am Friedhof vorbei und nehmen Sie am Aussichtspunkt den Pfad, der Sie wieder hinunter zurückführt.

Ein paar Kilometer weiter, in **Viens**, halten wir erneut an. In dem ebenfalls recht malerisch gelegenen Dorf sieht man wenigstens noch ein paar Alte und, eine Besonderheit für diese Gegend, sogar Kinder. Wir blicken auf die Ausläufer der Gorges d'Oppedette sowie eine nette romanische Kirche, wir kaufen Honig in der Miellerie (von einem wandernden Imker, der chemiefreie Blüten sucht), und wir trinken im kleinen Café einen Pastis. Fast wären wir nicht mehr weitergekommen und hätten unter Bäumen am Rande des Dorfplatzes genächtigt. Das wäre bestimmt keine schlechte Idee gewesen:

WOMO-Stellplatz: Viens

WOMO-Zahl: 2-3; **Ausstattung**: u.U. Wasser, Mülleimer, Gaststätte, Geschäft, Wanderweg; **Zufahrt**: am Rand von Viens vor einem kleinen Park parallel zur Durchgangsstraße

---

Stattdessen rappeln wir uns weder auf, zu unserem Etappenziel sind es nur noch 11 km. In **Céreste**, einem an sich unscheinbaren, aber urwüchsigen, großen Dorf, werden wir essen, schlafen und am nächsten Morgen zu einer schönen Wanderung aufbrechen.

Im **Restaurant *Aiguebelle*** (*Tel. 04 92 79 00 91; kein Ruhetag; Leser haben mir von wechselhaften Küchenleistungen berichtet*) hat der sehr freundliche Wirt einen ruhigen Abend, außer uns muss er nur noch einen weiteren Tisch bedienen. Es ist ihm zu wünschen, dass unser Loblied ein

Céreste - Stellplatz

wenig Schwung in seine gemütliche Bude bringt. Sein Essen entfacht bei uns zwar keine Begeisterungsstürme, es schmeckt einfach nur gut, zu annehmbaren Preisen. Aber der Patron ist ein Käsekenner par excellence. Das haben ihm sicher schon andere Gäste gesteckt, weshalb er auf seiner Speisekarte anbietet, was ich sonst noch nie in Frankreich gesehen habe, ein Käsemenü. Das kann ich mir zwar verkneifen, aber eine nicht zu knappe Auswahl von seiner unglaublich gut sortierten Käseplatte ist hier das absolute Muss. Nirgends in der Provence haben wir derart wohlschmeckende Käsestücke verspeist. Danach darf dann auch noch nicht Schluss sein, denn die Desserts sind ebenso hervorragend.

Die Übernachtung findet dann vielleicht gleich in der Nähe statt, auf einem sehr schönen Parkplatz an der Straße nach Vitrolles:

> ### WOMO-Wanderparkplatz: Céreste
>
> **WOMO-Zahl**: >5; **Ausstattung**: Mülleimer, Wanderwege, Geschäfte, Gaststätte; **Zufahrt**: an der östlichen Straße nach Vitrolles; orientieren Sie sich am Glockenturm direkt beim Stellplatz; Leser haben mir von Störungen durch den nächtlichen Glockenschlag berichtet; wenn Sie wegen des Gebimmels nicht schlafen können, fahren Sie einfach 300 m weiter auf der Straße nach Vitrolles und beenden sie die Nacht auf dem Parkplatz vorm Friedhof.
>
> Ein **weiterer Stellplatz** liegt beim Schwimmbad (auf Ihrer Michelin-Karte eingezeichnet); im westlichen Ortsteil von der N 100 Richtung *Piscine* abbiegen, die erste Straße rechts und nach etwa 250 m beim Schwimmbad in sehr ruhiger Lage parken

Wanderung bei Montjustin

Die Wanderung am nächsten Morgen, bei der wir zum ersten Mal in diesem Buch mit dem richtigen Luberon Bekanntschaft machen, beginnt entweder in Céreste, an der Straße nach Vitrolles bei unserem Stellplatz, was eigentlich die bessere Möglichkeit ist, da das WOMO im Ort unter

Leuten steht. Oder man fährt auf dem Sträßchen nach Vitrolles noch etwa 1,8 km, bis sich dieses kurz vor einem Bauernhof teilt. Während nach links der Weg nach Vitrolles weiter geht, kann man geradeaus fahren und gleich seitlich der Straße parken. Das gute Stück steht dann aber die nächsten 4 Stunden ziemlich einsam.

Zu dieser Stelle müssen Sie also entweder laufen oder fahren, um dann hier, bei allein stehenden Wochenendhäusern, auf blau markiertem Fahrweg bergauf zu steigen. In etwa 600 m Höhe stoßen Sie auf die D 31. Kurz danach folgt die Luberon-Kammstraße, auf der Sie nach links, also nach Osten abbiegen. Wer will kann hier in der Nähe auf eine 782 m hohe Aussichtskanzel klettern, was uns zu mühsam ist. Folgen Sie nun einfach entlang der Kammstraße der Markierung und achten Sie darauf, dass der Wanderweg bald eine Spitzkehre abkürzt. Irgendwann stoßen Sie dann automatisch auf den rot-weiß markierten GR 97, der Sie wieder abwärts nach Montjustin führt. Von dort geht es wieder auf einem rot-weißen GR zurück nach Céreste, was so eindeutig markiert ist, dass sich niemand verlaufen kann. Auch die Wanderkarte lässt keine Zweifel aufkommen. Sie zeigt Ihnen überdies, wie Sie die höchstens vierstündige Wanderung um eine gute Stunde ausdehnen können, indem Sie nämlich oben, auf dem Berg, einen Abstecher nach Vitrolles unternehmen, um dort auf den GR 97 zu treffen.

Die Wanderung ist nicht übermäßig anstrengend, da nicht die höchsten Stellen des Luberon-Kamms erreicht werden, die Ausblicke lohnen dennoch die Mühe. Die Wanderung hat auf der kürzeren Alternative auch den Vorteil, dass Sie nicht tagfüllend ist und auch für Ungeübte überhaupt kein Problem darstellt. Allerdings sollten Sie die Wanderkarte (*TOP 25, 32420 OT; Apt*) zu Rate ziehen, wenngleich der größte Teil der Strecke sogar auf Ihrer Michelin-Karte eingezeichnet ist.

In Céreste kann einen auch der markierte Fußweg oder die kurze Autofahrt zur nordöstlich gelegenen Kapelle des **Priorats** von **Carluc** anmachen. Häufig wird man aber enttäuscht, denn das kleine Gotteshaus aus dem 12. Jahrhundert ist nur im Juli/August von 15,30 bis 19 Uhr offen. Sonst sieht man nur von außen einen ehemaligen Durchgang, die wie Menschen

geformten Gräber - sowie die nette Lage der Kirche im Wald. Die nahe, auf der Michelinkarte eingezeichnete „römische Brücke", die zwar wie der Pont Julien (Tour 4) an der römischen Via Domitia liegt, aber eher dem Mittelalter entstammt, kann zu allen Zeiten bestaunt werden.

Auf dem Weg nach Forcalquier schickt Sie ein Wegweiser nach St. Michel und zum **Observatoire** de Hte. Provence, das im Jahre 1937 wegen der besonders klaren Luft hier gebaut worden ist. Das bedeutende astronomische Forschungszentrum veranstaltet im Juli/August touristische Sternguckerei (Prospekte bei den Fremdenverkehrsämtern), und das nahe Dorf wirbt mit einer WOMO-Entsorgungsstation.

Am Ende unserer Tour liegt **Forcalquier**, das von sich behauptet, einen der **schönsten Friedhöfe** der Welt zu besitzen. Das ist zwar maßlos übertrieben, und ob allein der Gottesacker die Reise nach Forcalquier lohnt, muss ich auch bezweifeln. Aber sehen Sie selbst, wenn Sie dem Wegweiser ‚*Cimetière classé'* (auf der Michelin-Karte eingezeichnet) gefolgt sind. Sie wandeln dann vor Arkaden aus Taxushecken und zwischen merkwürdigen steinernen Häuschen. Schön ist auch das Städtchen selbst mit alten Gassen und Bauwerken. Montags wird ein Markt abgehalten, der noch den Bedürfnissen der Bevölkerung und nicht denen der Touristen dient. Einen Campingplatz, ein Schwimmbad und mehrere für die freie Übernachtung geeignete Parkplätze gibt es auch.Und der Koch des schlichten **Bistrots Oliviers & Co.** hatte es an anderer Stelle schon mal zu zwei Michelinsternen gebracht.

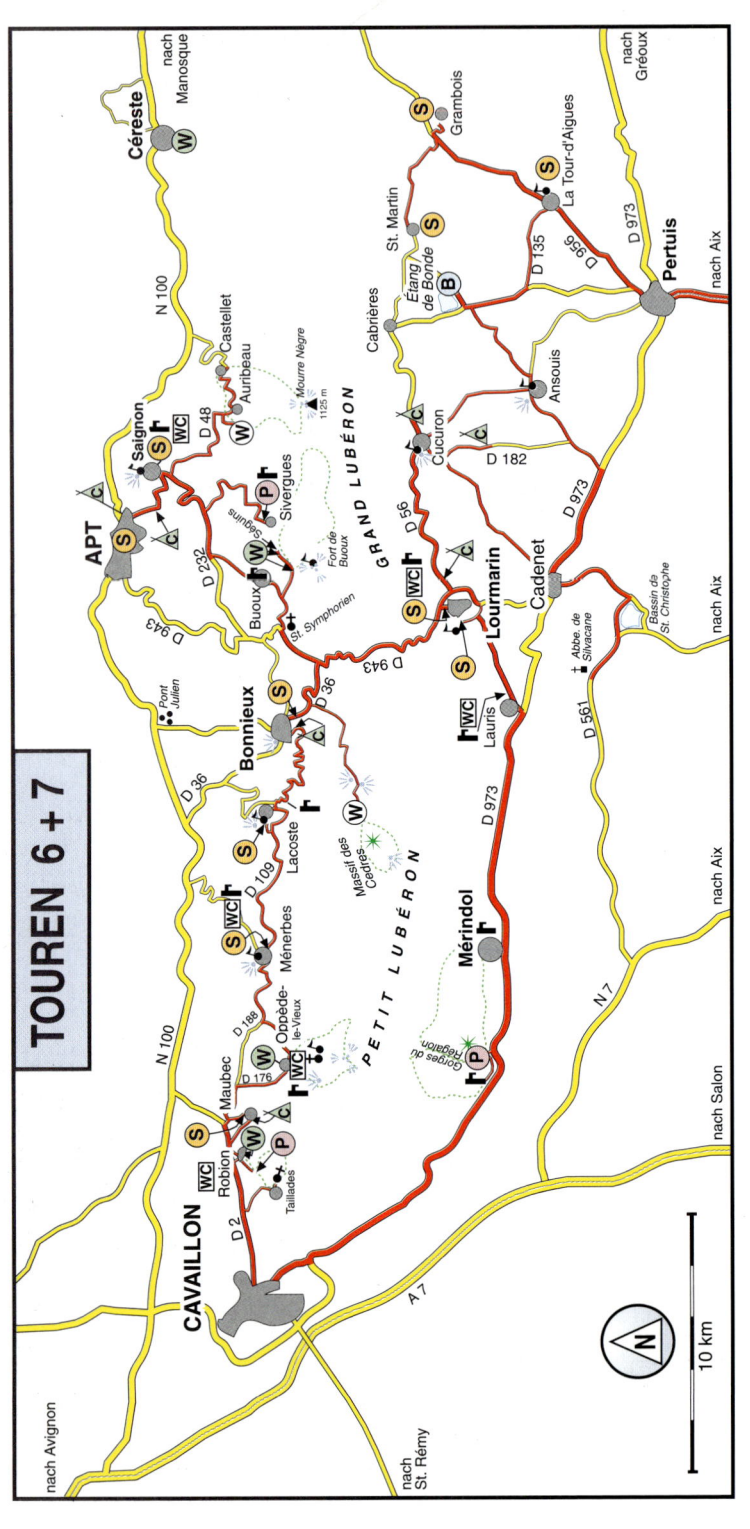

Tour 6: An die Nordhänge des Luberon

Buoux - Bonnieux - Lacoste - Ménerbes
Oppède-le-Vieux - Robion

Stellplätze:	bei der *Auberge des Séguins* oder beim Fort de Buoux, in Sivergues, in Bonnieux, in Lacoste, vor Ménerbes, in Oppède-le-Vieux, bei Maubec, in und bei Robion
Campingplätze:	in Bonnieux und Maubec
Besichtigen:	das Fort de Buoux, Glockenturm des Klosters St. Symphorien, die Dörfer Bonnieux, Lacoste, Ménerbes und Oppède-le-Vieux; Korkenziehermuseum, den Zedernwald bei Bonnieux
Essen:	*Auberge de la Loupe* in Buoux, *Auberge des Séguins* beim Fort de Buoux, *Hostellerie du Prieuré* oder Restaurant *Le Fournil* in Bonnieux
Wandern:	von Saignon oder Auribeau zum Mourre Nègre, Spaziergang zum Fort de Buoux oder Wanderung von dort zum Kamm des Grand Luberon, Spaziergang durch den Zedernwald, von Oppède-le-Vieux zum Kamm des Petit Luberon, von Robion durch den *Cirque de Boulon*

Schon eingangs der 4. Tour sprach ich von den unvergleichlichen Schönheiten dieser Gegend und davon, dass ich die Wege der 4., 5. und 6 Tour literarisch stärker getrennt habe als dies vielleicht dem wirklichen Urlaubsleben entspricht. Denn alles ist hier in Sichtweite: Von Bonnieux blickt man nach Gor-

an der N 100 - unterhalb von Bonnieux

des und von Roussillon auf die Burg von Lacoste. Die Dörfer und Nester am Nordhang des Luberon sind mir fast noch sympathischer als die touristisch stärker orientierten Orte am Südrand des Plateau von Vaucluse. Veranschlagen Sie, auch wenn Sie nicht wandern, für dieses Gebiet mehr als einen Tag!

Wir starten wieder in Apt, um nach 4 km schon wieder anzuhalten: Denn an **Saignon** kommt man nicht vorbei ohne in der Nähe der romanischen Kirche den prächtigen Panoramablick zu genießen. Ich habe Ihnen schon bei der 5. Tour diese Stelle als Stellplatz empfohlen. Ich muss mich bei Ihnen auch entschuldigen, wenn ich mich ständig wiederhole und Ihnen von einer Panoramalage nach der anderen vorschwärme. Aber ich wette, Sie werden gerade auf unserer 6. Tour besonders viele Panoramafotos schießen.

In Saignon beginnt man auch die klassische sechs- bis siebenstündige **Wanderung** zum **Mourre Nègre**, dem mit 1.125 m höchsten Gipfel des Grand Luberon; ich habe sie bislang auf spätere Urlaube verschoben. Falls es Sie packt und Sie einem Höhenunterschied von 750 m gewappnet sind: Die Strecke ist auf der Wanderkarte (*TOP 25, 3243 OT, Pertuis-Lourmarin*) eingezeichnet und beginnt am Friedhof bei der Kirche. Man geht immer entlang dem Sträßchen nach Castellet. Schöner wandert man stattdessen in Saignon zunächst entlang der D 48, ehe man bei der ersten Dreifachkurve nach links in südöstlicher Richtung auf einen schwer erkennbaren, aber blau gekennzeichneten Waldweg abbiegt. Man überquert dann zweimal die D 48 und gelangt nun auf einen gelb markierten Weg nach Castellet. Man durchquert dann das Dorf, um an dessen Südrand auf einen Weg mit gelben Punkten zu treffen, dem man nun bis zur Kammstraße steil bergauf folgt. Wenn man dort nach rechts weiter wandert, trifft man bald auf den rot-weißen GR 92, der einen wieder zurück nach Saignon führt. Man braucht für diese 20 km lange Strecke aber etwas Kondition.

Wir wählen die kürzere Alternative ab dem Dorf **Auribeau**: Wir kommen auf der D 48 von Saignon und starten ein paar hundert Meter vor Auribeau rechts der Straße von einem nicht zu verfehlenden Parkplatz. Am Westrand dieser Parkfläche beginnt ein breiter Weg, der sogar auf der Michelin-Karte verzeichnet ist und der an einem Sattel auf dem Kammweg und somit auch auf den rot-weißen GR 92 stößt. Wir marschieren nun nach links auf den Funkturm zu, um dort umzukehren. Denn unser Rückweg ist mit dem Hinweg identisch; Die Wanderung dauert dann etwa 3 Stunden. Alternativ kann man zurück aber auch den beschriebenen, gelb markierten Weg nach Castellet nehmen und von dort südlich der D 48 auf einem markierten Weg nach Auribeau spazieren. Alle Wege sind schattig und wegen der Höhenlage auch bei wärmerem Wetter geeignet (*Karte: TOP 25, 3243 OT Pertuis-Lourmarin, auf der alle Strecken eingezeichnet sind*).

Auch wenn Sie nicht wandern, sollten sie einen Abstecher auf dem kleinen Teersträßchen nach **Auribeau** und **Castellet** wagen, die Strecke ist nämlich besonders schön, erst recht während der Lavendelblüte. Wenn Sie langsam genug fahren, werden Sie am Straßenrand auch mehrere Bories, also die bei der 4. Tour beschriebenen Steiniglus, erkennen.

Unsere nächste Station ist **Buoux**, das im Grunde nur aus einer Hand voll Häusern, einem Rathaus und einem Brunnen besteht. Trotz dieser Winzigkeit beklagt eine Tafel drei Tote des ersten Weltkrieges. Und eine andere verbietet es dem Wandersmann, sich im Brunnen zu waschen (aber den WOMO-Tank darf man füllen). Außerdem gibt es noch ein gemütliches Lokal, das im Sommer mit einer Veranda und in der kühleren Jahreszeit mit einem Kaminfeuer für beste Stimmung sorgt. Die **Auberge de la Loube** (*Tel. 04 90 74 19 58; mittwochs abends und – außerh. der Saison - donnerstags geschlossen; Sie sollten ein paar Stunden vor dem Essen reservieren!*) überwältigt uns dabei mit einer grandiosen Vorspeisenplatte. In wenigstens 15 Schüsselchen werden typisch provenzalische Köstlichkeiten aufgetischt- vom Wachtelei bis zur Tapenade. Das Hauptgericht ist danach fast schon Nebensache. Peter Mayle war natürlich auch schon dort, was aber weder den Preisen noch der familiären Atmosphäre geschadet hat. Und es stimmt wirklich, dass wir die Kneipe, die inzwischen zu unseren liebsten zählt, vielleicht nicht vor ihm, aber ohne ihn entdeckt haben. Wem nach dem Essen der unten genannte Wanderparkplatz zu einsam ist, kann bequem den Stellplatz von Saignon (Tour 4) ansteuern oder den Wirt um Erlaubnis zu einer Nacht auf seinem Parkplatz fragen.

Ab und an wählen wir die kulinarisch kaum schlechtere, stellplatzmäßig aber eindeutig bessere Alternative, die **Auberge des Séguins**, zu der man südlich von Buoux bei einer alten Mühle, die heute als Ferienkolonie genutzt wird, nach links abzweigt. Schon an der Kreuzung wirbt die *Auberge des Séguins* auf einem großen Schild mit ihrer Küche: *„Provenzalische Spezialitäten, dieselben wie überall anderswo".* Dabei weiß der Wirt, übrigens der Bürgermeister von Buoux, genau, dass bei ihm gerade keine 08/15 - Küche aufgetischt wird (neuerdings gibt es auch eine reichhaltige Vorspeisenplatte). Und abschrecken kann der Patron offenbar auch niemanden, wir bekommen nämlich den letzten Tisch. Hier verputzen hauptsächlich Deutsche die preiswerte, ländliche Kost - an diesem Abend ein vorzügliches Karnickel in Weinsoße, das in ausgesprochen legerer Atmosphäre aufgetischt wird (*Tel. 04 90 74 16 37; von Mitte November bis Anfang März geschlossen, kein Ruhetag*).

Und vor dem Lokal gibt es erstklassige Übernachtungsmöglichkeiten, die ob meiner Lobpreisung in einer früheren Auflage so intensiv genutzt wurden, dass der Patron die Übernachtung nur noch duldet, wenn man auch in seinem Wirtshaus einkehrt. Vor diesem windet sich zwischen geräumigen Wiesen und am Fuße hoher, senkrechter Felswände, in welche die Auberge fast schon hineingebaut ist, ein kleiner Bach. Die vordere Fläche diesseits des Baches bietet sich als Schlafplätzchen an. Die Wirtsleute betrachteten schon vor Jahren zunächst argwöhnisch unser WOMO, sie überschlugen sich aber fast vor Freundlichkeit, als wir uns zum Abendessen angemeldet haben. Dies ist ein Platz, den man nicht übervölkern darf; fünf Wohnmobile sind schon zwei zu viel. Verderben Sie mir bitte diese Wiese nicht vollends! Ich möchte weiterhin bedenkenlos frischen Landwein in Tonkrügen ordern; so viel, um später im Bett dem gurgelnden Bach nicht mehr lange lauschen zu können:

> **WOMO-Wanderparkplatz: Buoux (*Aub. des Séguins*)**
> **WOMO-Zahl**: <5;   **Ausstattung**: Gaststätte, Wanderwege, die Übernachtung wird nur nach einem vorherigen Essen geduldet;
> **Zufahrt**: biegen Sie südlich von Buoux bei einer Ferienkolonie zum ‚Fort de Buoux' ab und fahren Sie durch das Tal bis zum Restaurant

Wer nicht in der *Auberge des Séguins* essen möchte, braucht trotzdem nicht auf die stimmungsvolle Nacht unterhalb der steilen Felsen und auf einen morgendlichen Wecker in Form kreischender Dohlen zu verzichten: Zwischen der Ferienkolonie und der Auberge sind nämlich seitlich des Sträßchens einige Parkplätze - ziemlich einsam - angelegt. Erschrecken Sie nicht, wenn diese tagsüber voll von Autos

Übernachtung (siehe Pfeil) bei der *Auberge des Séguins*

stehen. Die gehören nämlich Kletterern, die an vielen Stellen im Fels hängen. Die Wände bei Buoux gehören zu den beliebtesten Zielen der Free-Climber in der Provence:

> **WOMO-Wanderparkplatz: Buoux (*Fort de Buoux*)**

WOMO-Zahl: >5; **Ausstattung**: Gaststätte (in der Nähe), Picknick-Bank, Wanderwege, sehr einsam; **Zufahrt**: biegen Sie südlich von Buoux bei einer Ferienkolonie zum ‚Fort de Buoux' ab, die Stellplätze liegen nach etwa 800 m und noch vor dem Restaurant (siehe oben) seitlich der Straße

Ins Tal von Séguins fährt man aber auch, um das **Fort de Buoux** zu besichtigen. Wir bauen den 15-minütigen Anstieg zur Felsterrasse der ehemaligen Festung in eine Wanderung ein. Ich kann nur jedem Nichtwanderer zu etwas Sportlichkeit und zum Ausflug auf das Fort raten. Denn abgesehen von der beeindruckenden Sicht, die man von hier oben hinunter ins Tal hat, erklettert man immerhin das bedeutendste mittelalterliche Festungswerk der Provence. Und nicht nur das, denn schon die Kelten haben hier ihre Götter verehrt. Dort, wo es auf der obersten Spitze nicht mehr weitergeht, sieht man eine runde Vertiefung, die von der Wissenschaft als Opferstätte gedeutet

Vorratssilos im Fort de Buoux

wird. Die daneben in den Stein gemeißelte Rinne diente angeblich zum Abfluss des Tierblutes. Unterhalb der eigentlichen Burg fand man eine Vielzahl frühgeschichtlicher Felsen-gräber, was die These unterstreicht, dass es sich bei der merkwürdigen Steinkuhle um eine Opferstelle handelt. Blutig muss es auch in späteren Zeiten zugegangen sein, spätestens als Richelieu im Auftrage Ludwigs XIV. im Jahre 1660 die Festung zerstörte. Zuvor hatten sich Protestanten und Wal-denser hierher geflüchtet (Näheres zu den Waldensern siehe unten bei Ménerbes und Oppède-le-Vieux). Interessant sind auch die ehemaligen runden, in den Fels gehauenen Vorrats-silos. Und ein tolles Echo kann man hier oben auch noch hören. Man muss aber, vor allem, wenn man mit Kindern unterwegs ist, etwas vorsichtig sein. In Frankreich ist nämlich nicht an jeder gefährlichen Stelle ein Geländer montiert, und tiefe, ungesicherte Abgründe gibt es hier oben zuhauf.

Vom Eingang des Forts, unterhalb des Eintrittskartenhäuschens, setzen wir unsere Wanderung fort. Wie schon vom Tal her ist die Markierung bis zum Kamm des Grand Luberon blau-weiß. Lange steigen wir durch einen Wald stetig bergauf, erst kurz vor Erreichen des Gipfels weicht die Bewaldung einer Wiesenlandschaft. Dort treffen wir dann auch auf die rot-weiße Markierung des GR 9, die uns hinter dem zweiten Gipfel nach links weist. Diese zweite Kuppe ist immerhin 902 m hoch, und Ende März ist es uns, obgleich nicht einmal der Mistral bläst, so kalt, dass wir beim Wandern die Hände in den Anoraktaschen wärmen. Beim Abstieg ist nun im Unterholz die Orientierung etwas schwieg, letztendlich können wir uns aber kaum verirren, ehe wir oberhalb des Tals des Aiguebrun (so heißt der Bach an der *Auberge des Séguins*) an einigen Felsenhöhlen und merkwürdigen Steinhaufen vorbei kommen. In solchen Höhlen wurden bis zu 50.000 Jahre alte Knochen und Werkzeuge gefunden. Am Ende sehen wir wieder tief unten am Bach unser WOMO stehen. Die Wanderst-recke misst etwa 10 km, sie dauert wegen der langen Besichtigung des Forts und wegen des Anstiegs aber etwas länger als man denkt.

Wer früh genug aufgebrochen ist, kann die Strecke trotzdem auswei-ten: Gehen Sie auf dem Kamm nicht mit der rot-weißen Markierung auf den zweiten Gipfel zu, sondern folgen Sie rechts von diesem dem Fahrweg. Etwa 1,5 km hinter der Abzweigung des rot-weißen GR 9 führt nach links ein markierter Wanderweg hinunter nach Sivergues. Dort muss man am südlichen Ortsrand einem Sträßchen nach links in westlicher Richtung folgen, von wo ein markierter Weg zur *Auberge des Séguins* zurückführt (*Karte: TOP 25, 3243 OT Pertuis-Lourmarin*).

In **Sivergues**, das nur aus wenigen Häusern, darunter einer ganz schlichten Herberge, besteht, dürfen Sie auch sehr ruhig übernachten. Sie können am Ortseingang den lauschi-gen Parkplatz unter Bäumen, wo sogar Picknickbänke aufge-stellt sind, nicht verfehlen. Wasser finden Sie beim Lokal.

WOMO-Picknickplatz: Sivergues
WOMO-Zahl: >5; **Ausstattung**: Bänke und Tisch, Wasser, Mülleimer, Gaststätte (zeitweise), Wanderwege, eher einsam;
Zufahrt: biegen Sie südlich von Abt und Saignon von der D 232 nach Sivergues ab, der große Parkplatz liegt vor den Häusern

Bei der Weiterfahrt von Buoux nach Bonnieux sieht man kurz vor Erreichen der D 943 linkerhand hinter den Bäumen einen einsamen, romanischen Glockenturm emporragen. Er stammt aus dem 12. Jahrhundert und ist das Überbleibsel des **Klosters St. Symphorien** (nicht zu besichtigen). Wenn der Campanile Ihnen bekannt vorkommt, haben Sie den Kirchturm von Notre Dame d'Aubune bei Beaumes-de-Venise (Tour 2) noch in guter Erinnerung, er sieht dem hiesigen nämlich zum Verwechseln ähnlich.

Bonnieux - mit Stellplatz (beim Pfeil)

Später biegen wir auf die D 36 nach Bonnieux ab. Gerade- aus nach Lourmarin werden wir bei der 7. Tour fahren. **Bon- nieux** ist, ich nehme es vorweg, ein **WOMO-Lieblingsort**, vielleicht sogar mein Lieblingsort dieses Buches! Es fehlen zwar die großen Sehenswürdigkeiten, aber sonst wird alles geboten. Fangen wir mit einem geräumigen Stellplatz an, auf dem man ortsnah und trotzdem in schöner Umgebung frei übernachten darf (Foto Seite 211):

WOMO-Stellplatz: Bonnieux

WOMO-Zahl: >5; **Ausstattung**: Mülleimer, Gaststätten, Geschäfte, Wan- dorwege; **Zufahrt**. am südöstlichen (!) Ortseingang seitlich der Straße nach Lourmarin, der D 36. Wer von Norden kommt, muss bergauf durch den ganzen Ort, Richtung Lourmarin, und parkt am Ortsende links, eine Etage höher als die Straße; in umgekehrter Richtung müssen Sie noch vor den Häusern in einer engen Kurve hoch auf den Parkplatz, der dann rechts oberhalb der Straße liegt

---

In Punkto Übernachtungsplätzen ist in dieser Gegend die Auswahl beinahe unermesslich, denn wir werden Ihnen in fast jedem der folgenden Luberon-Dörfer ein schönes Plätzchen anbieten, wobei die Stellplatzmöglichkeit von Bonnieux die beliebteste ist und für ängstliche Wohnmobilisten den Vorteil hat, dass Häuser in der Nähe sind.

So schön obiger Stellplatz auch ist, der nahe Campingplatz

Campingplatz: Bonnieux (*Municipal du Vallon*)
Ortszentrum: 0,6 km; **Zeiten**: 15.3-15.10.; **Ausstattung**: Miniladen; **Zufahrt**: an der D 3 südwestlich von Bonnieux (beschildert)

stellt ihn problemlos in den Schatten. Hier kann man sich nämlich richtig erholen. Ruhiger geht es kaum, und einen schönen Blick auf Bonnieux hat man obendrein. Nur der Pool fehlt, was aber im Hochsommer nicht unbedingt die Platzgarantie ist. Der Hauptvorteil, man ist in 8 Minuten zu Fuß im Ort - und muss sich dann entscheiden, falls gerade Essenszeit ist.

Bonnieux

Soll es das Restaurant mit dem Traumblick sein? Das heißt *César*, und der Fernblick ist wirklich Weltklasse. Aber das ist er von der Brüstung daneben auch, wo er nichts kostet, nicht von nur mittelmäßigem Essen und erst recht nicht von einem miefig-spießigen Ambiente samt ungepflegtem Kellner verdorben wird.

Also dann doch lieber zum Fast-Traumessen ohne Blick (im Sommer aber auf einer Terrasse). Die Preise sind auch kaum höher und für die gebotene Qualität sehr anständig. Dabei hält man die **Hostellerie du Prieuré** (*Tel. 04 90 75 80 70; Di, Mi und Do mittags zu*) von außen eher für einen Nobelschuppen. Das ist sie aber nicht, haben Sie keine Schwellenängste! Noch besser und im Sommer, wenn die große Terrasse an der Dorfstraße bewirtet wird, lebhafter Treffpunkt des Luberon, geradezu der Mittelpunkt geselligen Genießens ist das **Restaurant Le Fournil**, mitten im Ort. Die Küchenleistung ist überdurchschnittlich und die Bedienung sehr freundlich, wahrscheinlich fühlen wir uns gerade deshalb dort so wohl (*leider muss man im Sommer wenigstens einen Tag vorher unter Tel. 04 90 75 83 62 oder bei einer persönlichen Vorsprache reservieren; montags geschlossen*).

Bonnieux ist nicht nur das größte der Dörfer am Luberon-Nordhang (1.385 Einwohner), von hier aus hat man auch den bereits erwähnten schönsten Blick ins Tal und auf die gegenüberliegenden Hänge, wo man sogar die roten Ockerfelsen von Roussillon ausmachen kann. Außerdem gibt es an der Durchgangsstraße ein **Bäckereimuseum** (*Musée de la Boulangerie*). Und an den beiden Ostertagen treffen sich die, welche sonst samstags nach dem Markt von Apt ein Gläschen zusammen trinken, die sich den Luberon zur zweiten Heimat auserkoren haben, auf dem **Töpfermarkt**, und stellen dar, auf welch vielfältige Weise Keramik verkitscht, aber auch kunstvoll herzustellen ist.

Bonnieux wäre nicht ein Lieblingsort, könnte man von hier, am Fuße des beherrschenden Bergkamms, nicht auch zu erlebnisreichen Wanderungen starten. Vor allem zum Zedernwald, den Sie mit Hilfe der Wanderkarte so leicht erreichen dass ich Sie nicht ein weiteres Mal mit einer Streckenbeschreibung anöden möchte.

Den **Zedernwald** (*Massif des Cedres*), eine wirklich eindrucksvolle Natursehenswürdigkeit, können Sie leicht mit dem Wohnmobil anfahren, wenn Sie südlich von Bonnieux von der D 36, der Straße nach Lourmarin, abbiegen und dem Wegweise folgen. Sie gelangen so auf die Luberon-Kammstraße, die bis zu den Zedern für Autos frei gegeben ist. Im Sommer knöpft man Ihnen kurz vor dem Ziel Eintrittsgeld ab und ermahnt Sie, hier oben nicht die Nacht zu verbringen (was wegen der Waldbrandgefahr ernst zu nehmen ist). An der bald folgenden Barriere müssen Sie sich entscheiden, ob Sie Ihr Stahlross satteln, um auf der Kammstraße zu radeln - auf der Michelin-

Karte ist das Sträßchen als schwarzer Strich eingezeichnet -, oder ob Sie lieber auf Schusters Rappen die Zedern bestaunen. Wir wählen letzteres und lassen uns von den Wegtafeln eines Naturlehrpfades leiten, vorbei an prächtigen Aussichtsstellen und riesenhaften Zedern (hoffentlich hat ihnen ein Sturm, der ansonsten den Luberon ziemlich zerzaust hat, nicht zuviel geschadet). Ein gewisser Monsieur Renou hat die Bäume vor langer Zeit hier in eigentlich unnatürlicher Umgebung kultiviert, weil die Zedern besonders Waldbrand resistent sind. Die Kolosse haben sich dann so gut vermehrt, dass man heute vom Luberon aus an der Geburtsstätte dieser Zedernart, im Atlasgebirge, Aufforstungshilfe leisten darf. Die gut beschilderte Strecke dauert etwa 2 Stunden und ist ein sehr lohnendes Urlaubserlebnis.

Wir haben auch schon beschauliche Nachmittage damit zugebracht, dass wir das Wohnmobil seitlich der Kammstraße geparkt haben, um uns auf den Wiesen mit einem Buch und an der großartigen Fernsicht zu erfreuen.

Glockenkäfig in Lacoste - im Hintergrund Bonnieux

Genauso aufregend wie Bonnieux ist **Lacoste**, das mit der krokodilmäßigen Freizeitkleidung nichts zu tun hat, in das aber die Leute mit dem Reptil auf den Klamotten ganz gut passen. Einheimische, die hier dauerhaft leben, sind nämlich so gut wie ausgestorben. Dafür tummeln sich Künstler und Zweithausbesitzer, welche die verfallenen Gemäuer aber ganz ordentlich wieder hergerichtet haben und in einem netten Straßencafé am Hang im Freien sitzen können, wo sie und einen zauberhaften Blick auf das gegenüberliegende Bonnieux genießen. Zudem ist Lacoste das Luberon-Dorf, das den Übernachtungsplatz mit dem schönsten Blick vorweisen kann. Ich würde sogar sagen, von der Lage her ist er einer der schönsten Schlafplätze in der Provence. Gemeint ist der Parkplatz der Burgruine. Deren früherer Schlossbewohner, hat Geschichte geschrieben: Hier lebte nämlich ab dem Jahre 1771 der Marquis de Sade, damals gerade 31 Jahre alt, also im besten Mannesalter. Dass er aber in dieser Zeit das gelebt hat, was er später in realistisch, exakter Darstellung von Perversionen zu Papier gebracht hat, scheint nicht bewiesen. Schon gar nicht, dass er, wie gelegentlich zu lesen ist, die Jungfrauen des Dorfes zu Orgien ins Schloss abgeschleppt hat. Tatsache ist jedoch, dass er 27 Jahre seines Lebens in Gefängnissen oder Irrenhäusern verbringen musste, wo er auch die meister seinen obszönen Romane geschrieben hat. Einmal wurde er sogar zum Tode verurteilt, später jedoch begnadigt. Es darf allerdings bezweifelt werden, dass dafür allein sein exzentrisches, sittenloses Leben verantwortlich war; denn der „göttliche Marquis" fiel auch durch aufklärerisches und demokratisches Gedankengut auf, was in diesen Zeiten allein schon zu Kerker und mehr gereicht hat.

Sein Schloss oder das, was noch davon übrig ist, kann man leider nicht besichtigen. Der vorletzte Schlossbesitzer, angeblich ein Lehrer, hat Jahre damit zugebracht, die Ruine zu restaurieren. Sehr weit ist er nicht gekommen, zu oft wurde er abgelenkt. Der Schulmeister frönte nämlich noch einer weite-

Stellplatz an der Burg von Lacoste

ren Leidenschaft: Er vertrieb Wohnmobile von der riesigen Wiese seitlich seines Hobbys. Womöglich hat das sinnlose Unterfangen den Pauker so entnervt, dass er angesichts des Treibens vor seiner Ruine einen Ausweg nur noch darin gesehen hat, die Immobilie im Jahre 2001 zu verhökern. An keinen Geringeren als an Pierre Cardin. Der wird sich noch wundern. Was hier zuletzt abgegangen ist, lieber neuer Schlossherr, war nicht in meinem Sinn! Und die *WOMO-Reihe* propagiert auch nicht das Dauercampen in verschwiegenen Buschnischen mit Stromgenerator und Campingplatzgehabe! Wer derart die Traumplätze malträtiert, muss sich nicht wundern, wenn der Modezar alsbald nicht nur das geplante Kulturzentrum etabliert, sondern auch eine neuzeitliche Stahlbarriere. Ich wette, der Countdown läuft. Wir werden ihn betrauern, und noch unseren Enkeln vorschwärmen vom

---

WOMO-Stellplatz: Lacoste

WOMO-Zahl: >5; **Ausstattung**: Gaststätte und Geschäfte (im Dorf), im Grunde, aber nicht in der Realität einsam, Traumsicht;
Zufahrt: fahren Sie in Lacoste (auf der D 109, weder auf der D 106 noch auf der D 103!) bergauf, Richtung Ménerbes, und an der Kreuzung hinter der Haarnadelkurve nach rechts ab zum Château (kleiner Wegweiser)

Bei weitem nicht so schön, in jeder Beziehung aber störungsfrei übernachten Sie in **Ménerbes**. Dort ist der Rundblick längst nicht so frei - wohl aber von verschiedenen Stellen des Ortes selbst, der Schlafplatz ist jedoch ortsnah, geräumig, zudem eben, nicht einsam, aber doch schön gelegen und mit Blick ins Tal:

WOMO-Stellplatz: Ménerbes

WOMO-Zahl: >5; **Ausstattung**: Toilette, Wasser, Gaststätte, Geschäfte;
Zufahrt: man kommt automatisch am Stellplatz vorbei, wenn man von Osten auf der D 109 oben in Ménerbes eintrifft. Es handelt sich um den großen Platz, unterhalb der Straße, am Beginn des Dorfes und im Schatten großer Bäume. Sie können ihn nicht verfehlen

---

Ménerbes ist nicht nur geschichtsträchtig, es ist auch ein Dorf, in dem die Einheimischen noch nicht deutlich in Unterzahl geraten sind, wo es noch Metzger und Bäcker gibt und nicht nur Kunstgewerbeläden. Dabei streckt es sich ausgesprochen malerisch auf einem Hügel und darf sich sogar zu den ‚*Schönsten Dörfern Frankreichs*' zählen - und ist es auch tatsächlich (was nicht selbstverständlich ist). Außerdem wohnte hier Herr Mayle, bis es ihn angekotzt hat, dass ständig Amis oder weißhäutige, englische Landsleute in seinem Pool stierten. Ob Mr. Mayle, wenn er in seinem neuen Domizil, bei Lourmarin (Tour 7), wo er nach einem Zwischenjahr in New York sesshaft geworden ist, die Kontoauszüge betrachtet, Ménerbes nur in guter Erinnerung hat, muss also bezweifelt werden. Ich konnte nicht klären, ob das **Korkenzieher-Muse-**

um (*Musée du Tire-Bouchon*), 2 km westlich von Ménerbes, auf Herrn Mayle zurückzuführen ist, weil dieser, so jedenfalls sein vielbeschriebenes Eingeständnis, besonders häufig und geübt mit diesem Werkzeug hantiert hat.

Ménerbes

Interessant ist auch die Geschichte der auf steilen Fels gebauten Burg: Hugenotten konnten sich hier fünf Jahre lang vor den katholischen, königlichen Truppen verschanzen, bevor sie sich im Jahr 1579 ergeben mussten. Sie wurden danach aber nicht, wie andernorts, niedergemetzelt, man gewährte ihnen stattdessen freien Abzug, was zu dieser Zeit, 19 Jahre vor dem Edikt von Nantes, mit dem in Frankreich wenigstens für eine Zeit lang Religionsfreiheit herrschte, eine Ausnahme war. Weniger gut erging es den Waldensern, einer Sekte, die von Petrus Waldus, einem Lyoner Kaufmann, im 12. Jahrhundert gegründet worden war. Seine Anhänger lebten nach dem Vorbild Jesu in Armut und wurden wegen ihrer Praxis der Laienpredigt schon im 12. Jahrhundert exkommuniziert. Der damalige Papst sah in ihnen eine Bedrohung für den wahren Glauben und überzeugte sogar Kaiser Friedrich I., Barbarossa, zu einem Kreuzzug gegen die Waldenser und andere Sektierer. Die Anhänger von Waldus mussten flüchten, und einige von ihnen verschlug es auch in den Luberon, wo sie ihre Lehre weiterverbreiten konnten. Dies wurde dem Papst im Laufe der Jahrhunderte zu gefährlich, zumal er befürchten musste, dass die Ketzerei auf seine provenzalischen Besitztümer übergreifen würde; das damals noch der Kirche gehörende Avignon war nicht fern. Außerdem musste sich Franz I., König von Frankreich, profilieren. Er hatte gute Kontakte zu deutschen, protestantischen Fürsten, ihm drohte daher ebenfalls Ungnade beim Papst. Also bewies er glaubensstrengen Katholizismus und sorgte für eine Ausrottung der Waldenser. Einer seiner Feldherren, ein gewisser Jean Meynier d'Oppède, war nicht zimperlich und rottete im Jahre 1545 rund 3.000

Familien auf grausamste Weise aus. Frauen und Kinder wurden in Scheunen verbrannt, hunderte von Männern kamen auf die Galeeren. Und einige Dörfer wurden so zerstört, dass sie von der Landkarte verschwunden sind. Auch in der Burg von Ménerbes hatten Waldenser Zuflucht gesucht.

Der blutrünstige Baron wohnte ganz in der Nachbarschaft, im Schloss des heutigen **Oppède-le-Vieux**. Von seinem Stammsitz sind heute nur noch relativ schlecht erhaltene Ruinen übrig, und auch die meisten Gebäude des Dorfes waren bis in die siebziger Jahre des 20. Jahrhunderts Trümmerhaufen. Dann aber kamen auch hierher diejenigen, welche man in der ganzen Provence unter dem Oberbegriff „Künstler" zusammenfasst; also Leute, die Hand anlegen und so manch verträumtes Häuschen wieder aufbauen – und es danach nicht selten zu Wahnsinnspreisen wieder vertickern.

Inzwischen kommen auch die WOMOs, die auf dem Parkplatz vor dem Dorf ihr Nachtlager aufschlagen:

WOMO-Wanderparkplatz: Oppède-le-Vieux

WOMO-Zahl: >5;   **Ausstattung**: Toilette mit Wasser (am Parkplatz im Ort), Gaststätte, Wanderwege, etwas einsam, schöne Sicht;
Zufahrt: beschilderter Parkplatz seitlich der D 176 westlich des oberen, alten Ortsteils. Der von mir früher beschriebene Stellplatz mitten im Ort ist wegen einer Einfahrtsschranke, die allenfalls gelegentlich offen steht, nur noch Einheimischen zugänglich

---

Eine eigentümliche Mischung von Verlassenheit, Freundlichkeit und Aufbruchstimmung liegt heute über dem Dorf, in dem noch aus einigen Fenstern Dornen und Efeu wachsen, wo manch anderes Häuschen aber perfekt restauriert ist. In Oppède konnten sich im 2. Weltkrieg auch Franzosen und Flüchtlin-

Opède-le-Vieux

ge vor den deutschen Besatzern verkriechen, worüber es sogar ein Buch gibt. Spazieren Sie hoch zur teilrestaurierten Kirche (durch das Tor am Platz 10 Minuten), die am Wochenende geöffnet ist und wo Sie unter der Kanzel noch eine echte römische Säule betrachten können. In Oppède-le-Vieux mischt sich aber auch die Vergänglichkeit mit dem Zeitgeist. Es wird nicht mehr lange dauern, dann ist alles edel restauriert - und längst nicht mehr so stimmungsvoll.

Wir haben gerade in Ménerbes genächtigt und können daher über die angenehme Nachtruhe in Oppède nur mutmaßen. Aber dafür machen wir hier eine besonders aussichtsreiche, rund 12 km lange Wanderung hinauf zur über 700 m hohen Kammstraße des Petit Luberon. Im Sommer würde ich davon eher abraten, denn der Hang von Oppède bis zum Kamm ist steil und nur stellenweise bewaldet. Das macht aber gerade im Frühjahr den Reiz aus. Bei den Verschnaufpausen stehen wir über einem wahnsinnigen Panorama: So ziemlich alles zwischen hier und dem Mont Ventoux liegt uns zu Füßen.

Wir keuchen seit Oppède auf dem rot-weiß markierten Pfad bergauf und können uns überzeugen, dass hier allerhand getan wird, um dem etwas spärlichen Wald wieder auf die Sprünge zu helfen. Oben auf der Kammstraße gehen wir nach rechts (der vielfach beschilderte *Bastidon du Pradon* ist eine frei zugängliche Schutzhütte, in der noch die leergegessene Linsendose des letzten hier schlafenden Wandersmannes herumsteht). Es begegnen uns keine Wandergesellen, sondern nur Radfahrer, und zwar in großer Anzahl. Die hier recht gut ausgebaute Straße ist vernünftigerweise für den Autoverkehr gesperrt, weshalb ein Radler nach dem anderen schwitzend, an uns vorbei surrt.

Interessant ist die Zisterne, an der wir bei der Wanderung vorbeistiefeln. Wer in Südfrankreich wandert, sieht überall solche Regenwasserauffangbehälter, zu denen kleine Wassergräben und Rinnsteine so geführt sind, dass sie die Niederschläge in die großen Behältnisse leiten. Im Sommer herrscht in ganz Südfrankreich Waldbrandgefahr und ohne das Wasser der Zisternen wäre der Kampf gegen das Feuer noch aussichtsloser.

Kurz hinter diesem Reservoir verlassen wir bei einem gelben Markierungszeichen den Kammweg nach rechts und durchqueren einige Wiesen, die jetzt, Ende März, von kleinen gelben Narzissen übersät sind. Etwas beschwerlich ist der steinige Abstieg, der ordentliche Wanderschuhe verlangt. Auf halber Höhe hat man wieder das typische Luberon-Erlebnis, einen Superblick auf Oppède und Ménerbes. Aber dafür sind wir schon ziemlich wacklig in den Knien, als wir uns auf dem kleinen Platz von Oppède bei einem Kaffee erholen (*Dauer etwa 3 Stunden; Karte: TOP 25, 3142 OT, Cavaillon – Fontaine-de-Vaucluse*).

Noch lange bleiben wir in dem netten Café von Oppède-le-Vieux sitzen. Wir reden über die Geschichte des Dorfes, wir dösen in der warmen Frühlingssonne, und irgendwie hält uns die Ahnung hier fest, dass es nur wenige Landstriche in Südfrankreich gibt, die das angenehme Flair des Luberon-Nordhangs besitzen.

Das geschah bei einer unserer ersten Luberon-Fahrten. Inzwischen haben wir erlebt, wie richtig unser damaliger Verdacht war. Wir haben uns weiter umgesehen und dürfen Ihnen in dieser neuen Auflage des Reiseführers eine kleine, besonders feine Luberon-Ergänzung liefern: Wenige Kilometer westlich von Oppède-le-Vieux erreichen Sie das Dorf **Maubec** und, etwas ausgelagert direkt am Fuß des Berghangs, einen weiteren, den <u>alten</u> Ortsteil (auf der Michelin-Karte nur mit Mühe zu erkennen - aber auf unserem Titelfoto). Jenseits, also <u>südlich</u> dessen, finden Sie in stimmungsvoller Lage den netten

> ### Campingplatz: Maubec (*Municipal*)
> **Ortszentrum**: 0,3 km; **Zeiten**: April bis Oktober; **Ausstattung**: schöner Blick von schattigen Terrassen; **Zufahrt**: am besten vom westlich gelegenen Robion (beschildert)

und vorher, also <u>nördlich</u> an der Straße vom neuen Dorf (und Blick wie auf dem Titelfoto), den

> ### WOMO-Stellplatz: Maubec
> **WOMO-Zahl**: >5;   **Ausstattung**: Mülleimer, Gaststätte, Wanderwege; **Zufahrt**: vom neuen Dorf Maubec auf die romantisch am Berghang erbauten Häuser des alten Maubec zufahren; der Stellplatz liegt dann am Ende der Straße vor den Häusern und seitlich eines Sportplatzes.

Sie werden bei der Auswahl Ihres Schlafplatzes Entscheidungsschwierigkeiten haben. Denn schon im nächsten, westlichen Dorf, in **Robion**, wartet eine weitere Versuchung, der Sie sich hemmungslos ergeben sollten. So schön wie im Luberon ist es, auch wenn ich mich wie eine Gebetsmühle wiederhole, in der Provence nämlich nur selten. Besonders,

Dorfplatz von Robion

wenn Sie sogar noch zwischen zwei Stellplatzalternativen aussuchen dürfen, der behüteten am Ortsrand und der wilden in freier Natur. Fangen wir mit dem Dorf Robion an; weil es noch nicht von Zweithausbesitzern dominiert ist. Im Café, seitlich des großen Platzes an dem von einer Platane beschatteten Brunnen, sitzen noch die Einheimischen, die sich auch noch nicht daran gewöhnen müssen, dass heutzutage dort Souvenirs verkauft werden, wo einst Metzger oder Bäcker ein Auskommen hatten. In der Nähe dieses Platzes liegt auch der

> ### WOMO-Wanderparkplatz: Robion (*Ort*)
> **WOMO-Zahl**: >5;   **Ausstattung**: Toilette und Wasser (in der Mauer gegenüber der Kirche), Mülleimer, Geschäfte, Wanderwege; **Zufahrt**: fahren Sie in den alten Ortsteil von Robion; Sie finden den Stellplatz jenseits des Dorfplatzes und links der Kirche, wenn Sie von der D 2 bei einer der beiden Ampeln zum Ort hin abbiegen und dem Wegweise *‚Théatre'* folgen; Sie stehen am Rande des Waldes und neben einem kleinen Freilufttheater

An diesem Stellplatz starten wir auch die nachgenannte Wanderung, weil hier das WOMO unter Aufsicht parkt. Als Ausgangspunkt kommt aber genauso der Pichnickplatz an der **Quelle des Boulon** in Frage (die Wanderung führt daran vorbei), den ich Ihnen empfehle, falls Sie nachts lieber einsam stehen oder auf einer lauschigen Wiese den Tag mit sonnen, lesen oder Ball spielen vertrödeln möchten. Sie müssen lange nach einer dafür gleich gut geeigneten Stelle suchen:

> ### WOMO-Picknickplatz: Robion (*Boulon-Quelle*)
> **WOMO-Zahl**: >5; **Ausstattung**: Bänke und Tische, Mülleimer, Wanderwege, einsam aber in toller Natur, für überdimensionierte WOMOs nicht geeignet;   **Zufahrt**: zunächst wie zum vorgenannten Stellplatz; dann vor der Kirche links vorbei und nach 50 m zwischen Kirche und Freilufttheater, bei einem Steinbrunnen, nach rechts auf eine schmale Straße (*Chemin de Boulon*); von dort fahren Sie am Waldrand ca. 450 m nach Süden bis zur Picknickwiese (hohe Wohnmobile auf überhängende Zweige achten)

Die Quelle des Boulon, in der ich allerdings erst ein Mal Wasser gesehen habe, entspringt am hinteren linken Ende der Wiese in einem kleinen Felsbassin; es handelt sich um eine Karstquelle ähnlich der bei Fontaine-de-Vaucluse (Tour 3). Nun zur Wanderung, einer der schönsten in diesem Buch:

an der Boulon-Quelle

Ihr Beginn liegt in Robion, wo wir auf dem Sträßchen nach Süden laufen, das ich Ihnen zuletzt als Zufahrt zum Picknickplatz beschrieben habe. Dort gehen wir über die Wiese (eigentlich zweigt der gelb markierte Weg 100 m vor der Wiese nach links in Richtung ‚Castelas' ab, aber die Wiese sollten Sie sich ansehen) und suchen in der hinteren linken Ecke dieser Wiese, bei der „Quelle" (siehe oben), die Markierung, was uns zunächst misslingt. Wenn man sich in der genannten Ecke – und nur dort – etwas umsieht, kann eigentlich nichts schief gehen, so dass Sie nun , geleitet von der Markierung, steil bergauf klettern. Bald stehen Sie oberhalb der

Grasfläche vor einer wilden Felswand, dem *Cirque de Boulon*. Wenn Sie nun stur dem Wanderzeichen vertrauen, unterqueren Sie atemberaubende Felsüberhänge, in denen angeblich in vorgeschichtlicher Zeit Menschen wohnten. Heute dient das unzugängliche Gestein Greifvögeln, darunter Uhus, und Raben sowie Dohlen als Nistplatz, die Sie beneiden werden, weil jene das ganze Jahr über die schöne Aussicht auf Cavaillon von ihrem Nestrand genießen können. Nach einer knappen Stunde lassen Sie dann die letzten großen Felsen hinter sich und erreichen die Bresche von Castelas, eine enge Passage unterhalb des Luberon-Kamms an seinem westlichen Ausläufer. Seitlich des steinigen Pfades, der Sie nun abwärts führt, wird die Natur ruhiger, teilweise sogar

lieblich. Am Ende des Abstiegs naht dann die große Stunde des Schnappschuss-Fotografen, der genussvoll darauf wartet, wie Sie sich an einer Kette eine kurze Felsstufe hinabhangeln (was auch unsportlichen Schwindelanfälligen gelingt !).

Auf bequemem Waldweg erreichen Sie schnell die ersten Häuser des Dorfes Taillades. Dort schon können Sie am Rand der Felder nach Robion zurück stiefeln, sinnvoller ist jedoch ein kleiner Abstecher nach Taillades. Die Wanderung dauert dann höchstens 3 Stunden (*Karte: TOP 25, 3142 OT, Cavaillon – Fontaine-de-V.*).

Lassen Sie die Reise entlang des Luberon-Nordhangs mit einer klitzekleinen Attraktion ausklingen, mit dem Blick vom Vorplatz – nein, nicht der Gebetsmühle - der niedlichen Kirche von **Taillades**. Seien Sie nicht allzu traurig, wenn Sie danach dem Luberon-Nordhang den Rücken kehren. Auch auf der Südseite des Gebirges, unserer 7. Tour, wird es Ihnen gefallen und auf dem Weg dorthin wird Sie am nördlichen Ortsrand von Taillades, am Rand der D 31, noch ein riesiges Mühlrad beeindrucken.

Tour 7: Zwischen Luberon und Durance

Cavaillon - Lourmarin - Cucuron - Étang de la Bonde
Ansouis - La Tour-d'Aigues

Stellplätze:	bei der Schlucht von Régalon, in Lourmarin, am Étang de la Bonde, in La Tour-d'Aigues, in Grambois, in St. Martin-de-la-Brasque
Campingplätze:	bei Lourmarin und Cucuron
Besichtigen:	Schlucht von Régalon, Dorf und Schloss von Lourmarin, Cucuron, Abtei Silvacane, Schlösser von Ansouis und La Tour-d'Aigues
Essen:	Restaurants *Moulin de Lourmarin* und *Ollier* in Lourmarin; *Hôtel l'Étang* in Cucuron
Wandern:	durch die Schlucht von Régalon
Karte:	Seite 100

Vielleicht erledigen Sie erst mal ein paar Einkäufe, bevor Sie sich wieder dem Vergnügen hingeben. Das nahe **Cavaillon** (21.500 Einwohner) eignet sich nämlich für die praktischen Dinge des Lebens, weshalb es hierher eher den Luberon-Neubürger zum Zwecke der Versorgung als den Touristen zur Besichtigungstour verschlägt. Die vielen Geschäfte und Supermärkte rühren von der wirtschaftlichen Bedeutung, die Cavaillon dem größten Obst- und Gemüsemarkt Frankreichs verdankt, speziell den hiesigen Melonen. Mich beeindruckt das wenig, denn Gemüse und Obst werden in der Provence im großen Stil insbesondere dann vermarktet, wenn dies noch rentabel ist. Also vor der Saison, wenn es Monsieur Dupont in Paris nach Erdbeeren und Tomaten gelüstet, obwohl noch gar keine Erdbeeren- und Tomatenzeit ist. Monsieur wird etwas fade Früchte auf dem Teller haben, er wird auch einiges dafür bezahlen müssen. Es wird ihn jedoch weiter nach Erdbeeren gelüsten, solange sie nicht in seinem Garten wachsen. Die Folgen sind ausgedehnte Treibhaus- und Folientunnelanlagen in ganz Südfrankreich, eine ungeheure Energieverschwendung durch das Beheizen solcher Gewächsfabriken, eine vollkommene Abhängigkeit der Bauern vom Erfolg der Unzeitproduktion - und der große Umschlagplatz in Cavaillon. Aber insoweit lebt der provenzalische Bauer in guter Gesellschaft mit seinen Kollegen aus Spanien, Italien und der Rheinebene. Nur finde ich das Phänomen eher traurig, und so biegen wir, wenn es unsere Vorräte erlauben, dort um die Luberon-

Westspitze, wo unsere 6. Tour geendet hat. Das geht leider nicht auf der schmalen Aussichtsstraße, der Route de Vidauque, da diese nur bis 2 to erlaubt ist. Wir nehmen stattdessen die breite D 973.

Vielleicht haben Sie Lust auf eine Natursehenswürdigkeit, vielleicht ist es auch einfach nur heiß. Jedenfalls erfahren Sie eine Abkühlung in der **Schlucht von Régalon**, einem bei Franzosen besonders beliebten Ausflugsziel. Die Gorges sind auf der Michelin-Karte eingezeichnet. Man kann in der Nähe parken und dann zu Fuß durch die teilweise nur 80 cm schmale Klamm klettern. Das dauert mit Rückweg eine gute Stunde und ist eine spektakuläre, aber problemlose Leibesertüchtigung (nicht nach langanhaltenden Regenfällen oder bei Gewittergefahr, weil dann das sonst ausgetrocknete Bachbett plötzlich Wasser führt !). Der Parkplatz ist auch ein netter

Schlucht von Régalon

WOMO-Picknickplatz: Schlucht von Régalon

WOMO-Zahl: >5; **Ausstattung**: Wasser an der Sackgasse vor dem Parkplatz nach links, nach etwa 300 m auf der linken Seite, Bänke und Tische, Mülleimer, Wanderwege, einsam;
Zufahrt: von der D 973 beim Wegweiser ‚Gorge du Régalon‘ abbiegen und bis zum Parkplatz unter jungen Bäumen; **Parkgebühr**: im Sommer.

Weil Schlucht und Gegend so toll sind, haben wir zwei Wanderungen getestet: Als Ausgangspunkt bietet sich **Mérindol** an, wo man oberhalb des heutigen Dorfes noch die traurigen Ruinen des alten Ortes besichtigen kann. Dieser wurde, wie man auf einer Tafel im Dorf nachlesen kann, bei den Waldenser Kreuzzügen zerstört (Näheres siehe bei der 6. Tour).

Für die **erste** Wanderstrecke nimmt man ab Mérindol für den Hinweg zur Schlucht am besten den gut markierten GR 6, der später auf den GR 97 mündet. Man steigt dann durch die Schlucht ab. An deren Ende gehen Sie ein paar hundert Meter durch ein Gelände aus Wiesen und Büschen, das im Süden an einem Wäldchen endet. Dort hinein führt ein Fußweg, den man aber recht bald an einem kleinen Wegweiser auf einem Pfad nach links ins Gehölz wieder verlässt. Sie laufen nun an den Mauern einer verfallenen Ruine vorbei und stoßen danach auf einen Fahrweg und die Häuser des Weilers Champeau. Mit Hilfe der Wanderkarte (TOP 25, *3142*

OT, Cavaillon - Fontaine-de-Vaucluse) gelangen Sie nun auf geteerten Straßen zurück nach Mérindol, man kann sich dann kaum noch verlaufen. Der Weg ist ab der Schlucht nicht mehr markiert, aber mit der Karte gut zu finden (wo zwei Alternativen für den Heimweg eingezeichnet sind). Die Strecke ist etwa 14 km lang und teilweise ohne Schatten.

Die **andere** Wanderung beginnt am vorgenannten Picknickplatz. Folgen Sie dem Wegweise zur Schlucht und danach dem zum ,*Vallon de la Galère*'. In einem westlichen Bogen gewinnen Sie Höhe und gehen dann zum Gehöft *Les Mayorques*. Ein Stück davor verlassen Sie die rot-

weiße Markierung, Sie werden stattdessen mit gelbem Strich zurück zum Parkplatz geleitet. Auf der bestens markierten Strecke, die auf der schon erwähnten Karte eingezeichnet ist, haben Sie phantastische Fernsichten, und Sie laufen durch eine prachtvolle Luberon-Landschaft (*3 Stunden*).

Auf dem weiteren Weg nach Osten muss ich blasen: Eine Polizeikontrolle stoppt nämlich hinter Mérindol jedes Auto und reicht Alkoholteströhrchen durch das Fenster - am helllichten Mittag! In Frankreich sind nämlich, wie früher auch bei uns, stichprobenartige Alkoholkontrollen unzulässig, solange man nicht in einen Unfall verwickelt ist, so dass es auch nicht ungewöhnlich ist, beispielsweise auf der Autobahn, hinter der Zahlstelle, einer ganzen Reihe alkoholtestender Gendarmen zu begegnen. Obgleich ich seit rund 15 Stunden keinen Tropfen zu mir genommen habe, werde ich doch ein wenig nervös.

Lourmarin

Etwa 8 km östlich von Mérindol verlassen wir die D 973 und fahren wieder auf den Luberon zu. Unser Ziel ist **Lourmarin**, das bekannteste, überlaufenste und - jedenfalls in der Hochsaison – durchaus auch mal weniger liebenswerte Luberon-Dorf. Im Winter zählt die Einwohnerschaft ganze 800 Köpfe, Anfang August, wenn der Auftrieb am größten ist, sind es an die 4.000. Das ist noch nicht einmal ein besonders großer Zuwachs, die Badeorte am Meer sind da ganz Anderes gewohnt. Aber hier reicht es auch schon, um das außerhalb der Saison reizvolle Dorf südlich des Luberon fast zu ruinieren. Zumindest ist es übertrieben, wenn Ihnen die Reiseliteratur von malerischen Gassen, in der Sonne dösenden Hunden, gemütlichen Tavernen und folkloristischem Schmuck vorschwärmt.

Dummerweise habe ich Lourmarin exakt in dieser Unzeit zum ersten Mal bereist und in den Vorauflagen meine Mission darin gesehen, Sie zu warnen. Vor wenig einladenden und hoffnungslos überfüllten Kneipen, deren Mehrzahl auf schnelle und überteuerte Abfütterung aus war, und in denen eifrige Ober auf die wohlhabende Klientel der Ferienvillen lauerten.

Ich saß auf einer von ferne ganz schönen Restaurant-Terrasse. Vor mir dampft ein grauenhaftes *Daube*, ein an sich klassischer, provenzalischer Fleischeintopf, in dem normalerweise Rind- oder Lammfleisch stundenlang geschmurgelt wird, der jedoch in den meisten Fremdenverkehrsorten mit dem traditionellen Schmorbraten nur den Namen gemeinsam hat und allein der beschleunigten Neubesetzung des Essenstisches dient. Das einzig stimmungsvolle waren die unaufhörlich zuckenden Blitze am Luberon, über dem sich ein mächtiges Gewitter zusammengebraut hatte. Und spannend war allenfalls, ob es in den Gulaschtopf regnet, bevor dieser leergelöffelt war.

Mir kamen die Zeiten in den Sinn, als der Schriftsteller und Nobelpreisträger Albert Camus Ende der 50er Jahre in einem malerischen, und damals noch abgeschiedenen Dorf in der später nach ihm benannten Gasse ein Haus bezog (die Nr. 5 wird heute noch von der Familie bewohnt, weshalb dort noch keine Gedenktafel angeschraubt worden ist), von dem er am 4. Januar 1960 mit dem Auto nach Paris startete. Er ließ sich aus Zeitgründen den Zug ausreden und raste nach einem Reifenplatzer in Burgund an einen Baum (auf dem Friedhof von Lourmarin kann man heute sein Grab finden).

Kurz, es war mir seinerzeit völlig unverständlich warum Lourmarin in die Gruppe der ,*Schönsten Dörfer Frankreichs*' aufgenommen worden war.

Aber ich habe an meinem Erfahrungsschatz gearbeitet. Und das Resultat war, dass ich unlängst, als ich mit Freunden, die zum ersten Mal mit dem WOMO die Provence besucht haben, ausgerechnet den Stellplatz von Lourmarin als Treffpunkt vereinbart habe. Nachdem ich davon geschwärmt hatte, wie *très jolie* der Ort in der Nachmittagssonne vor der Kulisse des Grand-Luberon liegt.

Aber das Treffen fand in den Osterferien statt, und ich hatte mich zwischenzeitlich vom Saulus zum Paulus gewandelt, weil ich ein Jahr zuvor dem Charme erlegen war, den Lourmarin im Spätsommer versprüht hatte. Dieselbe Faszination hat sich dann auch im Frühjahr entwickelt, weshalb ich Ihnen heute das Luberon-Dorf - in der richtigen Zeit – wärmstens empfehlen darf. Nicht ohne Grund hat auch der schon häufig erwähnte Peter Mayle inzwischen hier Wurzeln geschlagen.

Gut möglich, dass ein wesentlicher Beitrag der Überzeugungsarbeit, bei Ihm wie bei meinen Freunden und bei mir, von einem begnadeten, jungen Küchenchef geleistet worden ist, der in der **Moulin de Lourmarin** (*Tel. 04 90 68 06 69; mittwochs mittags und außerhalb der Saison auch dienstags geschlossen; zwei Michelin-Sterne*) Phantastisches leistet.

Das Beste, was mir in der Provence je aufgetischt wurde! Verlegen Sie Weihnachten, Ihre Beförderung, den Hochzeitstag und tunlichst auch noch einen runden Geburtstag auf ein Datum (aber nicht auf einen Dienstag), kratzen Sie die stillen Reserven aus Ihrem geheimsten WOMO-Versteck (Sie werden sie leider brauchen), reservieren Sie rechtzeitig (in der Hochsaison schon mehr als eine Woche vorher), lassen Sie sich nicht von der distinguierten Atmosphäre einschüchtern (sitzt man erst mal und hat man einen *Apéritif* intus, kann man die aufmerksame und gleichzeitig lässige Freundlichkeit des Bedienungspersonals genießen) und vertrauen Sie dem Herrn im schwarzen Kittel. Der ist der Weinkellner und kennt den Umfang Ihrer Geldbörse besser als Sie. Er wird Sie wegen Ihrer Weinwahl loben, auch wenn sie ihn innerlich schmerzt (schlechte Weine führt ein solches Haus nicht, allenfalls preiswerte). Und es wird ihm gelingen, Sie umzulenken, auf ein fruchtiges Gewächs aus dem Luberon (vielleicht vom Weingut *Canorgue* aus Bonnieux) oder, wenn er Ihr Portemonnaie etwas dicker taxiert, auf einen weißen *Châteauneuf-du-Pape*. Danach ist nur noch Genuss angesagt, die Freude daran, wie die Küche den *Kräutern der Provence* den Respekt zollt, der solchen Kräutern gebührt. Und ganz zum Schluss, nach Käse und Dessert (das nicht ganz beim kulinarischen Höhenflug mithalten kann), und während Ihr leider gar nicht so voluminöser Brustbeutel über Ihrem umso volleren Bauch noch verhalten klagt (nicht nur, weil Sie sich noch einen *Digestif* reingesemmelt haben), werden Sie die Dame am Empfang noch nach einer Visitenkarte fragen. Sie wollen sich nämlich im

nächsten Jahr hier mit Freunden treffen, die noch nie in der Provence waren!

Liebe Leser, die Ihr nur am WOMO-Resopal-Tisch speist, verzeiht mir, dass ich so die *Contenance* verloren habe! Das kommt in diesem Buch nicht nochmals vor.

Aber da wir gerade beim Essen sind, Picknicker bitte abermals weghören, noch eine ebenfalls löbliche Adresse: Im **Restaurant *Ollier*** bekommt man auch nicht gerade preiswerte, aber erschwingliche und überzeugende Menüs bei freundlicher Stimmung, im Sommer sogar im Garten hinterm Haus (*Tel. 04 90 68 02 03; von Mitte Februar bis Mitte März und Dienstagabend sowie mittwochs geschlossen*). Beide *Etablissements* finden Sie unübersehbar im Ortszentrum.

Nicht weit davon entfernt liegt auch ein idealer Stellplatz:

WOMO-Stellplatz: Lourmarin (*Ortseingang*).
WOMO-Zahl: >5; **Ausstattung**: Toilette, Wasser, Mülleimer, Gaststätten, Geschäfte, im Sommer zeitweise wegen eines Karussells nicht zu benutzen;
Zufahrt: der Parkplatz zwischen nördlicher Ortseinfahrt und Sportplatz ist nicht zu verfehlen

---

Lourmarin - Stellplatz am Ortseingang

Bei unserer ersten Lourmarin-Visite, im August, als wir noch Lourmarin-Greenhörner waren und auf dem vorgenannten Stellplatz ein Jahrmarkt die Touristen abzockte, mussten wir improvisieren. Wir stellten uns an den Rand der alleeartigen Auffahrt des auf einer flachen Anhöhe gelegenen **Schlosses**. Dort saß ich dann auf der herausgeklappten Trittstufe der

WOMO-Tür. Als das Gewitter näher kam und die Blitze den vor mir liegenden Ort in ein kurzes Licht tauchten, konnte ich mich damals schon fast mit den Lourmarin-Lobern solidarisieren. Die Schlossallee sowie der Blick von dieser, vielleicht noch das Schloss haben mich schon dereinst ein wenig eingefangen. Später im Bett, das Gewitter war nun ganz nahe, rumpelte es fortwährend auf unserem Dach. War das der Schlossgeist? Das seit der französischen Revolution verlassene und von da an verfallende Renaissanceschloss wurde nämlich schon früher für Generationen zum Übernachtungsplatz, als die nach Stes. Maries-de-la-Mer (Tour 9) ziehenden Zigeuner dort ihr Nachtlager aufschlugen. Ein Haarwasserfabrikant namens Vibert ließ das Schloss aber dann im Jahre 1920 restaurieren, weshalb die dadurch vertriebenen Zigeuner den Palast mit einem Fluch belegt haben. Am nächsten Morgen glänzten Schloss, Dorf und die umliegenden Olivengärten wieder im Sonnenschein, und auf unserem Dach lagen massenweise Pinienzapfen, die der Gewitterwind von den Bäumen gerissen hat.

WOMO-Stellplatz: Lourmarin (*Schlossallee*)

WOMO-Zahl: 2-3;   **Ausstattung**: Gaststätten, Geschäfte, nur als Notbehelf zu empfehlen;
Zufahrt: beim nicht zu übersehenden Schloss; auch auf dem Parkplatz zwischen Schloss und Ort kann man nächtigen

---

Das Schloss dient heute übrigens als Begegnungszentrum für Künstler sowie Stipendiaten der Akademie für Kunst und Wissenschaft von Aix als Wohnsitz. Im Rahmen einer Führung kann man einen Teil besichtigen. Wer - wie wir in diesem Urlaub - in kurzer Zeit mehrere französischsprachige Schlossführungen über sich ergehen lässt und die sprachlichen Feinheiten in der Regel doch nicht mitkriegt, wird den nicht billigen Eintrittspreis für Wichtigeres sparen (*Führungen ¾ Std. täglich um 11, 14,30, 15,30 u. 16,30 – im Mai, Juni u. Sept. auch um 17,30 Uhr; im Juli/August alle 30 Minuten von 10-11,30 und 15-18 Uhr; von November bis März dienstags geschlossen; 5 €*).

Ich möchte nicht ausschließen, dass Sie sich trotz meiner Warnungen sogar im Hochsommer in Lourmarin verliebt haben und sich ein Dauerquartier wünschen, den

---

Campingplatz: Lourmarin (*Les Hautes Praires*)

Ortszentrum: 1 km;   **Zeiten**: April bis Oktober;
Ausstattung: Schwimmbad, Laden, Restaurant;
Zufahrt: südlich des Ortes an der Straße nach Cucuron (beschildert),

wobei Sie dann allerdings einen Fußmarsch von etwa 1 km bewältigen müssen, wenn Sie sich am Abend im Ort getummelt haben und sich danach auf den Heimweg begeben. Vielleicht zieht es Sie von dort auch gar nicht mehr nach Lourmarin, weil nämlich der elsässische Koch der Campingplatzkneipe sein Handwerk beherrscht, und weil das öffentliche Schwimmbad neben dem Zeltplatz Ihre Kids nicht mehr los lässt. Ein Schönheitsfehler sind jedoch die hohen Hecken, mit denen die Stellplätze parzelliert sind und die Ihnen die Sicht nehmen.

Deutlich schöner, sehr ruhig, aber nicht so ortsnahe, ist der

> **Campingplatz: Cucuron (*Le Moulin à Vent*)**
> **Ortszentrum**: 2,2 km; **Zeiten**: April bis Ende September;
> **Ausstattung**: schöne Lage; **Zufahrt**: südlich von Cucuron, an der D 182.

Einen dritten Campingplatz entdecken Sie etwa 800 m östlich von Cucuron.

Cucuron

Das diametrale Gegenstück zum touristisch aufgepäppelten Lourmarin ist, 7 km weiter nach Osten, **Cucuron**. In dem urwüchsig gebliebenen Dorf ist die Welt das ganze Jahr über noch in Ordnung, wenngleich auch hier schon heftige Aktivitäten der Makler zu beobachten sind. Der (noch) ruhige Ort liegt wie gemalt vor den Hängen des Luberon, was man besonders gut vom Fuß der Burgruine betrachten kann, weshalb so mancher Film, in dem die Stimmung des dörflichen Lebens im Luberon eingefangen werden sollte, in den schmalen Gassen gedreht worden ist. Wie erwähnt haben die Ferienhausbesitzer auch dieses Dorf nicht übersehen, was schon eher auf die Reiseliteraten zutrifft. Der schattige Dorfplatz besteht haupt-

in Cucuron

sächlich aus einem von Platanen gesäumten, in Stein gefassten und einstmals als Löschteich gedachten Weiher, um den sich so pittoresk die Häuser gruppieren, dass man dort ständig Maler hinter ihren Staffeleien sieht. Zwischen Bassin und Häusern ist gerade noch Platz für ein bisschen Straße und für die stoffgedeckten Tische eines sympathischen Restaurants. Das **Hôtel l'Étang** überrascht zwar nicht mit kulinarischen Leckerbissen, geschenkt bekommt man hier auch nichts, aber die Romantik ist angesichts der großen Bäume und des Wasserbeckens unübertrefflich (*Tel. 04 90 77 21 25; außerhalb der Saison mittwochs geschlossen*). Ihren Höhepunkt

am Löschteich von Cucuron

erreicht die Idylle dienstags; dann wird der Étang sogar von Marktständen eingerahmt.

Von Cucuron fahren wir ein Stück rückwärts, um südlich von Cadenet die alte **Zisterzienserabtei** von **Silvacane** mit ihren klaren Formen und ihrem schönen **Kreuzgang** zu betrachten. Sie gehört neben Sénanque (Tour 4) und Le Thoro-

net (Teil 2) zu den drei bedeutenden Zisterzienserklöstern in der Provence, wobei die Lage von Silvacane in der Nähe einer alten Hauptdurchgangsstraße eher ungewöhnlich, hier aber darauf zurück zu führen

Silvacane

ist, dass bereits vor der Besiedlung durch die Zisterzienser eine Bruderschaft existierte (Näheres zu den Zisterziensern und ihrem Baustil siehe bei der 4. Tour). In Silvacane sind die zisterziensischen Prinzipien gut, aber nicht ganz so deutlich wie in Sénanque oder Le Thoronet zu erkennen, was allerdings nicht daran liegt, dass Teile der Klosteranlage nach der französischen Revolution als Bauernhof genutzt wurden, der Kapitelsaal sogar bis 1949.

Auch fehlt der Abtei teilweise jener Reiz, der bei den anderen Klöstern aus der Verschmelzung von Baustil und Landschaft entsteht (*1. April - 30. Sept. tägl. von 9-19 Uhr; sonst tägl. außer dienstags 10-13 und 14-17 Uhr; 5 €*).

In der Nähe fährt man an dem Bassin de St. Christophe vorbei, einem kleinen See ohne Stellplatz. Es herrscht Badeverbot, und das Gewässer ist eingezäunt, weil es Bestandteil des *Canal de Marseille* ist, eines in der Südprovence weit verzweigten Bewässerungssystems, das unter anderem Marseille mit Trinkwasser versorgt.

Vom Zaun frustriert fährt man weiter nach Osten, um sich in den **Étang de la Bonde** zu stürzen. Leider kommt auch dort keine rechte Freude auf. Die hier vorwiegend aus leicht hügeligen Weinfeldern und Obstplantagen geprägte Landschaft am Fuße des Grand-Luberon ist noch das Schönste, den darin eingebetteten See kann man mehr oder weniger vergessen. An seinem wie ein Strich verlaufenden westlichen Ufer gibt es jede Menge Tretboote und sogar so etwas wie einen Sandstrand, zu dem man aber nicht hinfahren kann; es sei denn, man ist Dauermieter auf dem dahinter liegenden Campingplatz oder man hat dort einen der wenigen für den kurzen Aufenthalt freigehaltenen Plätze ergattert. An den restlichen Uferteilen ist der See ziemlich verschilft, und die wenigen Parkmöglichkeiten sind dreckig, nahe an der Straße und wenig einladend. Ich wundere mich, dass der See überall als Badesee empfohlen wird, zumal der Einstieg ins Wasser auf dem schlüpfrigen Untergrund ziemlich unangenehm ist. Ich war auch bei einer späteren Recherche nicht angetan, ich überlasse es aber Ihnen, ob Ihnen der

> ### WOMO-Badeplatz: Étang de la Bonde
> **WOMO-Zahl**: > 5;   **Ausstattung**: Mülleimer, Gaststätte, Badestelle;
> **Zufahrt**: Parkplatz an der Südseite des Sees

doch gefällt. Interessanter sind das kleine Dorf **Ansouis** und vor allem das dortige Schloss, eines der schönsten in der Provence. Auch hier ist nach meinem Geschmack wieder die Lage in der Landschaft das Entscheidende, wenngleich das Gebäude selbst und auch das Innere durchaus sehenswert sind. Dort wohnt leibhaftig noch eine Herzogin der Adelsfamilie Sabran, die hier seit Jahrhunderten - abgesehen von einer Zeit

Ansouis

zwischen der französischen Revolution und dem 19. Jahrhundert - ansässig ist. Zwei Mitglieder haben auch schon Geschichte geschrieben: Elzéar und seine Frau Delphine. Beide wurden im Jahr 1299 verheiratet - in diesen Kreisen wohl eher vermählt, der Graf war 14, seine Frau 16. Delphine fühlte sich einem zuvor abgegebenen Keuschheitsgelübde verpflichtet, woraufhin beide bis zu ihrem Lebensende jungfräulich bzw. -männlich blieben. So ist es jedenfalls überliefert. Der Graf wurde heilig gesprochen, die Gräfin, als Frau kein Wunder, nur selig. Beide haben aber auch einen Großteil ihrer Habe den Armen geschenkt. Das Schloss blieb weiterhin im Besitz der Familie, man kann es im Rahmen einer dreiviertelstündigen Führung besichtigen (*im Sommerhalbjahr tägl. von 14 bis 18 Uhr, im Juli/August auch um 11 Uhr; 5 €*).

Manch einen interessiert in der Nähe des Schlosses vielleicht noch das private *Musée Extraordinaire*, wo ein Taucher Unterwasserfunde und Fossilien aus dem Luberon zur Schau stellt (*½-stündige Führungen von 14 bis 18 oder 19 Uhr; dienstags geschl.; 3,50 Euro*). Reizvoll ist auch die Wehrkirche aus dem 13. Jahrhundert. Wer in der ruhigen Zeit Ansouis bereist, wird womöglich mit Vergnügen auf einem der kleinen Parkplätze - zum Teil mit schöner Aussicht - **übernachten** (nicht für große WOMOs; Dickschiffern ist die Zufahrt hoch in den Ort ohnehin nicht zu raten).

La Tour-d'Aigues

Dafür dürfen die Kapitäne von WOMO-Kreuzern den Parkplatz eines anderen **Schlosses** anfahren. Sie müssen es sogar, denn das um 1550 erbaute Château von **La Tour-d'Aigues** (3.300 Einwohner) ist eine der bedeutenden Sehenswürdigkeiten der Region südlich des Luberon. Der Stil unterscheidet sich deutlich von dem der anderen Schlösser des Landesteils, weil er die Handschrift seines italienischen Baumeisters, Ercole Nigra, und die der Renaissance trägt. Sogar Katharina von Medici verweilte hier im Jahre 1579. Aber zwei Feuersbrünste, 1782 und, nach einem Wiederaufbau, 1792, während der Revolution, haben den Palast bis auf die Außenmauern vernichtet. Vor ein paar Jahren hat man mit Restaurierungsarbeiten begonnen, und das historische Gemäuer ist inzwischen von Anfang Juli bis Ende August Kulisse des ‚Festival du Sud Luberon'. Das ganze Jahr über kann man ein Fayencen- und ein regionales Museum besichtigen (Juli/August tägl. 10-13 und 14,30-18,30 Uhr, sonst außer Dienstagnachmittag, Samstag- und Sonntagmorgen 9,30-12 und 14-17 Uhr; 4 €). Und der Parkplatz davor, der Dorfplatz, eignet sich bestens für die Nacht:

WOMO-Stellplatz: La Tour-d'Aigues

WOMO-Zahl: >5;   **Ausstattung**: Mülleimer, Gaststätten, Geschäfte, nicht in der Nacht auf Dienstag (Markt);
Zufahrt: der Platz vor dem Schloss, mitten im Ort, ist nicht zu verfehlen; wenn Markt ist oder bei Veranstaltungen kann man u.U. auf den Platz seitlich des Schlosses, auf jeden Fall auf einen beschilderten Parkplatz nördlich (200 m) ausweichen

Grambois

Auch in diesem Teil der Provence sind Sie nicht von den augenblicklichen Verhältnissen eines einzigen Stellplatzes abhängig. Verbringen Sie die Nacht, wo es Ihnen am meisten zusagt. Zum Beispiel am Rand des auf einer Bergkuppe malerisch thronenden **Grambois**:

WOMO-Stellplatz: Grambois

WOMO-Zahl: höchstens 5; **Ausstattung**: Mülleimer, Gaststätte, Geschäfte, für WOMO-Riesen nicht geeignet; **Zufahrt**: von der D 956 hochfahren bis zum Ortseingang des Dorfes; dann links der Straße

Oder, wenn Sie Ihre Urlaube in einem umgebauten Reisebus verleben und sonst nirgends Platz finden, in **St. Martin-de-la-Brasque**:

Céreste

Von hier bietet sich die Weiterfahrt nach Norden an, durch den Luberon nach Céreste (Tour 5 und mit Stellplatz). Wahrscheinlich kurven Sie aber nach Süden, nach Aix-en-Provence. Ich bitte um Nachsicht, dass ich diesen Teil der Provence samt der Montagne-Ste.-Victoire aus Platzgründen in Teil 2 (erscheint voraussichtlich zu Beginn des Jahres 2003) verlagern musste, ebenso wie das reizvolle Gebiet am Ste. Baume-Massiv. Wer mich darum bittet (Adresse am Anfang des Buches) bekommt - möglichst per e-mail - einen Vorabauszug dieser Touren (falls mich die Nachfragen nicht überschwemmen).

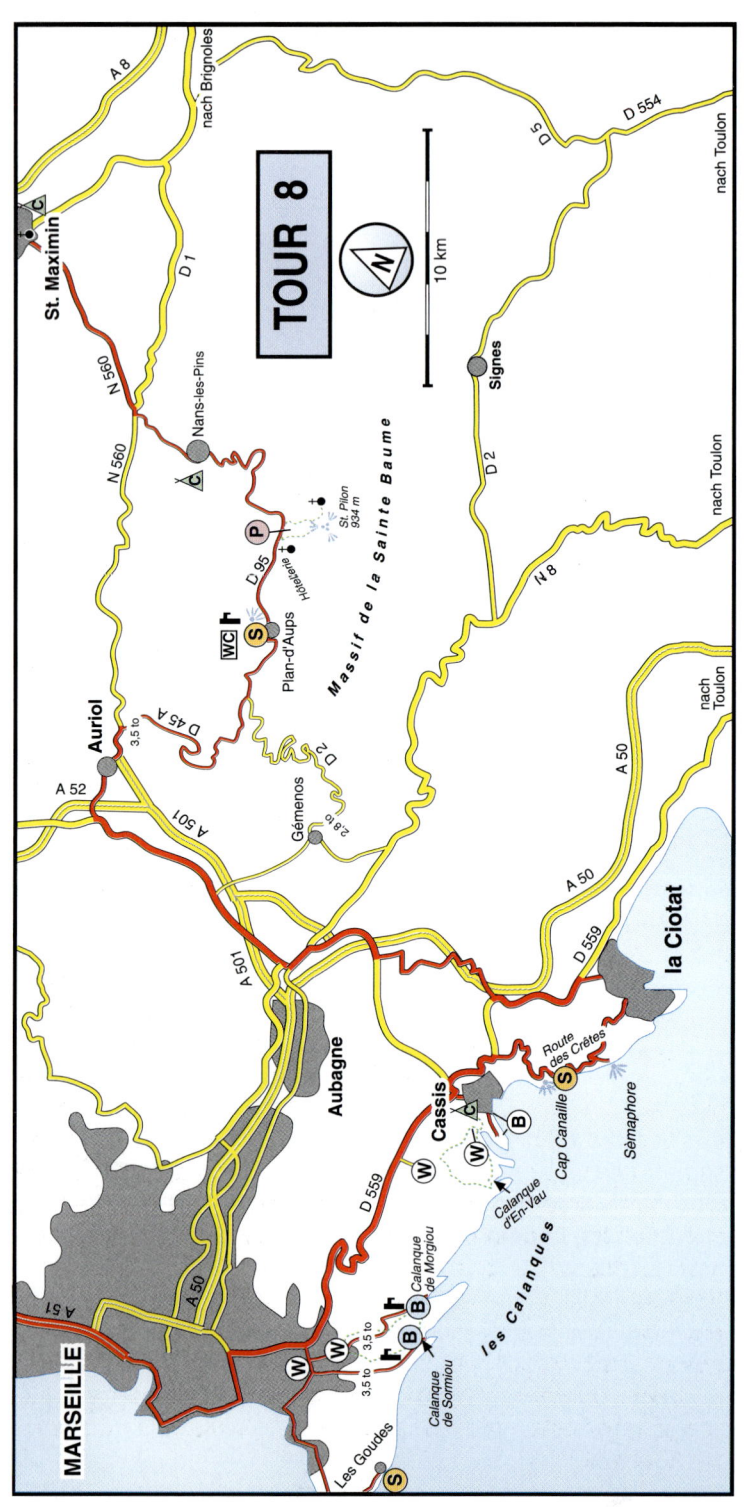

Tour 8: Les Calanques - die etwas andere Côte d'Azur

La Ciotat - Cassis - Marseille

Stellplätze:	in den Calanques Morgiou oder Sormiou, vor Les Goudes
Campingplätze:	in Cassis
Besichtigen:	Hafen von La Ciotat, Route des Crêtes zwischen La Ciotat und Cassis, Cassis; die Meeresarme der Calanques, Marseille
Essen:	Restaurants *Chez Vincent*, *Nino* und *Romano* in Cassis
Wandern:	von Cassis durch die Calanques, zu den Calanques von Morgiou und Sormiou

In Teil 2 werde ich Sie noch intensiver vor der Provence-Küste warnen. Sie dürfen auch bei dieser Tour keine Wunder erwarten. Zumindest keine vom Meer berauschten Stellplätze. Und schon gar nicht im Hochsommer. Dennoch gehören die Ziele dieser Tour zu den Highlights der Provence.

Da ich das Gebiet um Aix ebenso wie das Ste. Baume-Massiv aus Platzgründen in Teil 2 verschieben musste (siehe am Ende der 7. Tour) und dadurch im Tourenablauf dieses Buches leider ein Bruch entstanden ist, müssen Sie nach der 7. Tour mit langem Anlauf zur Küste eilen und gespannt hoffen, dass sich das auch lohnt.

Bei uns stellt sich dort aber schon in der Nebensaison erst einmal Frust ein, weil wir an einem strahlenden Apriltag östlich von La Ciotat einfach nur ein wenig am Strand sitzen wollen. Das gelingt uns dann zwar, nachdem wir mit größter Mühe einen Parkplatz für unser WOMO gefunden haben. Aber das ist bereits zu jener Zeit schwierig und nicht unbedingt empfehlenswert. Es erinnert mich zudem an Jahre vorher, als ich im Sommer ein längeres Stück an der Côte d'Azur, der Küste zwischen Marseille und Italien, entlang getuckert bin, die stark zersiedelt ist, und an der einem meist nur die Campingplätze oder landeinwärts gelegene Parkplätze bleiben. Ich werde Ihnen in Teil 2 dieses Reiseführers mehr davon berichten, wie man sich mit dieser Küste arrangiert. Einstweilen und in diesem Buch wollen wir das westliche Ende der Côte d'Azur erkunden. Auch dort ist es nicht ganz einfach, die WOMO geeigneten Stellen herauszukitzeln. Es gelingt uns trotzdem - mit Abstrichen:

Nach unseren zwei Stunden am Strand ist wenigstens noch ein Bummel durch **La Ciotat** (30.000 Einwohner) angesagt, und ein Café am Hafen. Um uns herum sitzen Scharen junger Männer mit kurzgeschorenen Köpfen und trinken Bier. Es sind Fremdenlegionäre, die Ausgang haben. In der nördlich von La Ciotat gelegenen Stadt Aubagne ist nämlich seit der Unabhängigkeit Algeriens, wo die Legion bis 1962 stationiert war, deren Hauptkaserne beheimatet, die nicht nur diese Stadt, sondern auch La Ciotat prägt. Eigentlich wollten wir hier auf einem WOMO-Parkplatz (*Le Pétanque*) übernachten, an dem es angeblich keine Barriere gibt, den wir aber wegen diverser Bauarbeiten mehrfach nicht gefunden haben, er liegt aber nicht am Hafen und nicht am Meer. Zudem wissen wir am Nachmittag nicht so recht, wie wir den restlichen Tag rumkriegen sollen. Wir könnten unter stillgelegten, riesigen Werftanlagen flanieren (in La Ciotat war einst eine bedeutende Werft-Industrie zu Hause, bis die Schiffsbaukrise kam), aber der morbide Schrott ist alles andere als erbaulich. So geben wir nach der zweiten Innenstadtrunde auf, was keine schlechte Fügung ist.

Das klingt nun für Sie, liebe Leser, gar nicht erfreulich, und Sie fragen sich, weshalb ich La Ciotat überhaupt erwähne. Schließlich mögen Sie keinen Reiseführer lesen, der Ihnen berichtet, wo es in der Provence mit dem Wohnmobil <u>nicht</u> empfehlenswert ist. Das stimmt, aber Sie sollen nach La Ciotat fahren. Um ein Stündchen die Vergänglichkeit unserer Technik zu betrachten und um anschließend am Hafen nach Westen zu starten. Nun geht es nämlich bergauf, und zwar in jeder Beziehung, wenn Sie statt der Nationalstraße die D 141 nehmen, die so genannte *‚Route des Crêtes'* (beschildert und in

Stellplatz am Cap Canaille

dieser Richtung für alle WOMO-Größen problemlos; die Strecke ab Cassis, also in umgekehrter Richtung, ist wegen einer kurzen, starken Steigung hinter Cassis nicht ganz so einfach). Zweimal muss man auf ihr mindestens anhalten: Zunächst, nach einem kleinen Abstecher, am Sémaphore, und dann neuerlich am **Cap Canaille**, der höchsten Klippe Frankreichs. Beides sind (auf der Michelin-Karte eingezeichnete) Aussichtspunkte, beide bieten eine prächtige, beinahe atemberaubende Sicht. Nur Schwindelfreie trauen sich bis an den vordersten Rand der Steilküste, wo man gut erkennen kann, wie schön die Lage vom Cassis ist. Einsamkeitsfanatiker, die eine Liste der schönsten Aussichts-Stellplätze Europas führen, können hier gleich unter mehreren Alternativen auswählen:

WOMO-Stellplatz: Route des Crêtes

WOMO-Zahl: >5; **Ausstattung**: sehr einsam, aber eine unübertreffliche Aussicht; **Zufahrt**: ab La Ciotat auf der , *Route des Crêtes'*

Meine Zuneigung zu **Cassis** (8.000 Einwohner) beginnt Anfang April an zwei strahlenden Sonnentagen zu sprießen. Zu dieser Jahreszeit kommt wirklich gute Laune auf, wenn man sein WOMO geparkt hat (dazu gleich später) und sich danach in eines der Lokale oder Cafés am Hafen setzt. Die Mischung stimmt dann auf den Punkt: Eine pittoreske Kulisse, nicht zu viele Fremde, jede Menge richtiger Einwohner und eine Infrastruktur, die nicht nur für den Tourismus geschaffen ist. Über all' dem thront dann auch noch eine malerische Burganlage, die Ferienbehausung der Familie Michelin. Mit Reiseführern

Cassis - mit Burganlage

lässt sich also doch Geld verdienen! Jedenfalls, wenn man nebenher auch noch Landkarten und Reifen verkauft!

Ein paar Jahre später stelle ich Ende August die Liebe auf die Probe. Und sie besteht den Test mit Bravour. Ich räume ein, die Superhochsaison ist vorbei, aber ich bin sicher, auch dann würde mein Urteil nicht angekratzt: Cassis ist einer meiner Lieblingsorte an Frankreichs Mittelmeerküste. Cassis ist sogar ein **WOMO-Lieblingsort**, auch wenn ein Stellplatz fehlt.

Cassis

Zurück in den April. Unsere Stimmung ist bestens, als wir eine schwere Wahl treffen müssen. Wo sollen wir essen? Die Restaurants liegen am Hafen alle nebeneinander und gleichen sich so sehr, dass am ersten Abend unser Zufallsvotum zum Flop wird. *Ousteau de la Mer* heißt die Kneipe, das Essen ist mäßig, die Kellner sind blasiert und in den Streit des deutschen Ehepaars am Nachbartisch, ganz dicht neben uns, hätten wir uns fast noch eingemischt.

Unsere Wahl am zweiten Abend hingegen ist ein Volltreffer. ***Chez Vincent*** (*Tel. 04 42 01 35 19; meistens braucht man nicht zu reservieren; außerhalb des Hochsommers donnerstags und freitags mittags geschlossen*) liegen die Preise zwar leicht über dem Durchschnitt der anderen Lokale, aber die **Bouillabaisse**, die berühmte Fischsuppe, wird hier fabelhaft zubereitet. Man bekommt sie, was auch in ihrer Heimat, der Nähe von Marseille, keine Selbstverständlichkeit ist, ohne Vorbestellung. Jedoch nur, wenn man für zwei Personen ordert. Das empfiehlt sich ohnehin schon wegen des Knofis, der in der *Rouille*, einer Knoblauchmayonnaise, hochdosiert zum Einsatz kommt. *Vincent* lässt zuerst die Brühe auftischen, in die geröstetes Weißbrot mit eben jener Geschmacksbombe gelegt wird. Seien Sie nicht enttäuscht, wenn eine überaus dünnflüssige Suppe in Ihrem Teller dampft - und halten Sie an sich. Denn der mit der gehaltvollen Knoblauchmasse durchsetzte Sud schmeckt nicht nur nach Meer, sondern auch nach mehr. Von einer Fischsuppe war doch die Rede, aber wo sind die Fische? Sie sind des Mahls zweiter Teil und kommen, wenn der unkundige Tourist den Suppentopf nahezu ausgelöffelt und sich den Bauch schon fast voll geschlagen hat. Ist die Bouillabaisse gut gemacht, steht nun eine reichhaltige Platte auf den Punkt gegarter Fische vor Ihnen. Da der Koch *chez Vincent* sein Handwerk versteht, wird das Festessen unvergessen bleiben, wenn Sie noch einen schönen, trockenen Weißwein, zum Beispiel aus der Lage *Cassis*, dazu süffeln.

Über die Bouillabaisse sind schon ganze Bücher geschrieben worden, vor allem zur Frage, welche Fische unverzichtbar sind. Angeblich sind es Drachenkopf (*rascasse*), Seeaal (*congre*) und Knurrhahn (*grondin*). Aber das sollte man nicht so eng sehen, Seeteufel (*baudroie*) tut es auch, und wichtig ist eigentlich nur, dass die Fische festes Fleisch haben. Da jene ausnahmslos teuer sind, ist eine echte Bouillabaisse selten unter 60 Euro (für zwei Personen) zu haben. Versuchen Sie sie nur in einem Restaurant, in dem viele Franzosen sitzen und das sich ganz dem Meer verschrieben hat. *Chez Vincent* ist eines dieser Lokale, in dem niemand einen Fleischgang bestellt. Äußerst appetitlich kommen auch die Meeresfrüchte-Platten daher, die, auf einer Art Drahthocker in die Mitte des Tisches gestellt, den staunenden Gourmets mit allerlei Krustentieren den Mund wässrig machen.

Bei anderer Gelegenheit haben wir auch die **Restaurants Romano** und **Nino** getestet. Und wir sind uns fast nicht einig geworden, wo die Bouillabaisse am besten schmeckt (meine Stimme bekommt *Vincent*), und ob die Brühe traditionell nicht doch gemeinsam mit den Fischen gereicht werden muss, wie *Romano* es zelebriert, der bei unserem letzten Restauranttest, als ich mich wieder im Dienste des Lesers opfern musste, leicht abgefallen ist (bei einem weitern Opfergang hat sich *Chez Gilbert*, der zwar gut besucht wird, als indiskutabel erwiesen, obgleich sich sein Betreiber als Traditionalist der Bouillabaisse rühmt; seine Fische schmeckten aber muffig und nach Spüllappen). In einem herrscht jedoch völliger Gleichklang: In Cassis <u>muss</u> man wenigstens einmal abends am Hafen tafeln. Der Stimmung wegen, die bei *Vincent* am besten rüber kommt. Es muss ja nicht unbedingt die teure Bouillabaisse sein.

Nach derlei Genüssen fährt man natürlich nicht mehr weiter, man hat sein Wohnmobil schon nachtfertig. Aber wo?

Akribisch haben wir nach einem Stellplatz gesucht, zuerst am Hafen und dann, ebenfalls in Meeresnähe, weiter westlich. Aber es kam so, wie wir es befürchtet haben, überall drohen Verbotsschilder oder hindern Barrieren. Auch auf der kleinen Halbinsel, westlich des Ortes, vor vielen Jahren sicher ein Stellplatz-Traum, ist nichts zu machen. Also mieten wir uns für die Nacht auf dem Campingplatz ein:

> ### Campingplatz: Cassis (*Les Cigales*)
> **Ortszentrum**: 1 km; **Zeiten**: 15.3. bis 15.11;
> **Ausstattung**: Laden, Restaurant; **Zufahrt**: auf der D 559 nördlich um Cassis Richtung Marseille fahren, bis an einer Ampel das Campingplatzschild auftaucht

Der ist schon in den Osterferien gut besucht und noch im Spätsommer häufig voll (keine Reservierung, reisen Sie vor 16 Uhr an und Sie finden Einlass, weil die meisten Urlauber nur ein paar Tage bleiben). Der Zeltplatz liegt etwa einen Kilometer vom Meer entfernt, so nahe also, dass man auch seinen vollen Bauch ohne größere Anstrengungen, wenn auch bergauf, heimwärts schleppen kann (15 Minuten). Ich kenne schönere und ruhigere Plätze, aber nur wenige mit einem vergleichbaren Flair, fern einer spießigen Liegestuhlurlauberei. Es hebt einfach meine Stimmung, wenn viele junge Leute, die nicht schon im Januar zum x-ten Mal ihren Stellplatz reservieren, vor kleinen Zelten köcheln und auch mal in der Campingplatzkneipe per Aushang eine Mitfahrgelegenheit suchen.

Ist der Campingplatz voll, bleibt Ihnen bis zum nächsten Morgen, wenn wieder Urlauber abgereist sind, nur der Rand einer Seitenstraße, die Sie sicher finden werden, wenngleich man auch dort hier und da noch ein Verbotsschild übrig hatte. Die eine Nacht werden Sie rumkriegen!

Muss man wegen dieser Bedingungen auf **Badetage** verzichten? Nein! Packen Sie auf dem Campingplatz die Badesachen ein (möglichst in einen Rucksack) und laufen Sie eine halbe Stunde bis zum Meer; runter zum Hafen und dort nach rechts, westwärts. Den im Sommer überfüllten, kleinen Strand von Bestouan lassen Sie selbstbewusst links liegen. Wozu, sagen Sie sich, brauche ich Sand? Ihr Ziel sind die flachen Felsenplatten, auf denen Sie, je nach Gusto auch splitternackt, wunderbar in der Sonne braten können. Wenn es Ihnen zu heiß wird, ziehen Sie sich unter Bäume in den Schatten zurück. Gehen Sie jenseits des Strands von Bestouan bergauf, am Hotel *Roches Blanches* vorbei, und nehmen Sie danach die erste (Privat-)Straße nach halblinks. Voilà! Zum Baden gibt es ein Seil als Meer-Einstiegshilfe und einen Superblick zum Cap

Badeplatz bei Cassis - im Hintergrund Cap Canaille

Canaille haben Sie auch noch. Den Rückweg versüßen Sie sich schließlich mit einem Eis am Hafen.

Auch per Wohnmobil (zum Parken - nicht zum Übernachten) lässt sich die Felsenküste, ein paar hundert Meter weiter östlich, ansteuern: Fahren Sie in Cassis zunächst Richtung ‚*Calanques*' und später Richtung ‚*Presque Ile*'. Beim Durchfahrtsverbot biegen Sie links ab und suchen am Straßenrand einen Parkplatz, der Ihnen im Sommer aber nur am nicht zu späten Morgen oder über Mittag, wenn die Franzosen zu Tisch sitzen, einigermaßen sicher ist.

Am besten lassen Sie aber die ganze Zeit Ihr WOMO auf dem Campingplatz, wo es auch weitgehend vor Dieben sicher ist. Hier startet man dann auch zur Wanderung, einem Unterfangen, das ein wesentlicher Grund für die Reise nach Cassis ist. Wenn Sie sich sonst nie aufraffen können, in Cassis müssen Sie einfach eine Ausnahme machen, denn die **Calanques**, ein zerklüftetes Felsengebirge, ist wegen seiner fjordartigen Meereseinschnitte eine der schönsten Natursehenswürdigkeiten Südfrankreichs - und im Sommer (!) nur mit dem Boot oder zu Fuß zu erreichen:

Die Wanderstrecke beginnt am Hafen und führt, rot-weiß markiert, nach Westen. Hinter dem Strand von Bestouan wendet sich der Weg nach schräg rechts in die Gasse *Traverse du soleil*. Nachdem man ein Villenviertel durchquert hat, kommt man an den ersten und tiefsten Meeresarm, die *Calanque de Port-Miou*, wo in einem natürlichen Hafen ganzjährig Segelboot neben Segelboot vertäut ist. Die Straße weicht nun einem Pfad, der an diesem Fjord entlang führt und sich an dessen Mündung langsam bergauf schafft. Hier gab es früher auch mal viel Wald, der aber 1979 und 1990 abgebrannt ist. Das Fehlen von Bäumen hat immerhin den Vorteil, dass wir nun wunderschöne Blicke zurück nach Cassis und auf die

Küste genießen. Es folgt die *Calanque de Port-Pin* (im Sommer schöner Badeplatz), von der man auf eine Art Hochplateau gelangt. Bald sehen wir den schönsten Meeresarm, die *Calanque d'En Vau,* tief unter uns, und der Pfad verschwindet. Er geht nämlich plötzlich schwindelerregend steil bergab, so halsbrecherisch, dass mein Wanderfreund Muffensaußen verspürt und auch mit gutem Zureden nicht zum Abstieg zu bewegen ist. Da die *Calanque d'En Vau* aber die schönste ihrer Gattung ist, müssen wir einen weniger schwierigen Abgang suchen. Mit der Wanderkarte ist das nicht kompliziert. Wir bleiben auf der Höhe und wandern weiter bis zu einer Zisterne. Dort kann man dann absteigen (der Weg ist auf der Karte grün gemalt) und, wieder auf dem rot-weiß markierten Weg, gemütlich an den bezaubernden Strand der *Calanque d'En Vau* schlendern.

in den Calanques

Hier ist erst mal Mittagspause angesagt, ehe wir ein kleines Stück in das Tal zurück laufen, uns aber dann links halten, um zum *Belvédère d'En Vau* aufzusteigen, das seinem Namen alle Ehre macht. Die Strecke ist hier blau markiert und auf der Wanderkarte ebenfalls eingezeichnet, genauso wie der weitere Weg nach Norden zum *Col de L'Oule,* wo wir uns rechts halten, ein Stück Richtung *Calanque d'En Vau* stiefeln, um dann einem rot-weiß markierten Waldweg nach Nordosten zu folgen, der ausweislich der Wanderkarte durch den *Vallon de la Gardiole* führt. Wer besonders gut zu Fuß ist, kann auf diesem Weg bis zum *Col de la Gardiole* weiterwandern, um sich von dort zurück nach Cassis zu begeben. Diese Strecke ist uns aber zu weit, weshalb wir westlich der Jugendherberge (auf der Karte als *A.J. La Fontasse*) einen nicht markierten Fahrweg aussuchen, der in einigen Windungen hoch zur Jugendherberge führt.

Die Karte zeigt Ihnen nun zwei Alternativen, auf denen Sie zurück nach Cassis gelangen, beide stoßen nach einiger Zeit wieder auf eine markierte Strecke, die Sie sicher an den Hafen zurück bringt. Meine Beschreibung klingt komplizierter als sie in Wirklichkeit ist, allerdings ist die Wanderkarte des ign, *Les Calanques,* im Maßstab 1:15.000, die Sie in Cassis überall kaufen können, unverzichtbar! Sie ist derart präzise, dass Sie im Gelände der Calanques, einer Mischung aus ruhigen Wegen und Schwindel erregenden Pfaden, unbesorgt einen ganzen Urlaub lang wandern könnten.

Nichts liegt Ihnen ferner als wandern. Aber die **Calanques** möchten Sie dennoch erleben. Immerhin handelt es sich um den einzigen, großflächig unbebauten Abschnitt der Côte d'Azur, der wegen des Bauverbotes auch hoffentlich so bleibt und der erahnen lässt, wie es früher auch weiter westlich ausgesehen haben könnte. Dann bleibt nur das **Boot**. Sie können sich in Cassis ein Motorboot mieten (auch ohne Führerschein), oder Sie besteigen eines der zahlreichen Ausflugsschiffe, das Sie durch alle Fjorde schippert.

Calanque d' En Vau

Vielleicht verbinden Sie die Bootstour mit dem Fußweg. Im Juli/August dürfen nämlich wegen der Waldbrandgefahr nur Anlieger mit dem Auto die auf der Michelin-Karte eingezeichneten Sträßchen im westlichen Teil befahren. Sie können sich von den Ausflugsdampfern in jeder Calanque absetzen lassen und heim laufen. Gute Schuhe sind aber nötig. Das gilt sogar, wenn Sie sich zu vereinbarter Uhrzeit in einer bestimmten Calanque wieder an Bord nehmen lassen. Die Boote halten nämlich nicht am Strand, weshalb man etwas klettern muss. Getestet haben wir die Überfahrt zur **Calanque d'En Vau**, von der wir zurück gewandert sind (Weg siehe oben). Der Heimweg dauert gemütliche 1 ½ Stunden (kaufen Sie sich die Wanderkarte). Diese Calanque ist wegen ihres türkisgrünen, klaren Wassers vor einem Kiesstrand allein schon die Reise nach Cassis wert, wenn man morgens beizeiten aufbricht; ab dem frühen Mittag liegt die Meerenge nämlich im Schatten!

Inzwischen habe ich auch die Zufahrtsmöglichkeiten zu weiteren Calanques erkundet und die erstaunliche Entdeckung gemacht, dass man mit dem WOMO, bringt dieses nicht mehr als 3,5 to auf die Waage, bis fast ans Meer fahren darf. Zwar nicht im Hochsommer, aber immerhin in den von uns ge-

Calanque de Morgiou

testeten Zeiten, an Ostern, im Frühsommer und vermutlich auch wieder ab September. Und man darf hier sogar übernachten, was mich wirklich überrascht hat und was vielleicht schon nicht mehr gilt, wenn Sie zur Tat fahren (schreiben Sie mir):

WOMO-Badeplatz: Calanque de Morgiou

WOMO-Zahl: > 5; **Ausstattung**: Toilette, Wasser, Mülleimer, Gaststätte, Wanderwege, Badestelle;

Zufahrt: suchen Sie im Süden von Marseille den Wegweiser zunächst *‚Baumettes'* und dann *‚Calanque Morgiou'* und fahren Sie am berüchtigten Gefängnis von *Baumettes* vorbei stets geradeaus. Sie gelangen dann automatisch auf das Zufahrtssträßchen zur Calanque (siehe Michelin-Karte). Wenn die Schranke geschlossen ist, haben Sie Pech und müssen umkehren (Sie sollten nicht auf dem Parkplatz seitlich bleiben, weil hier erhöhte Einbruchgefahr angesagt ist). Gibt die Barriere den Weg frei, fahren Sie weiter bis zum Hafenparkplatz von Morgiou und suchen sich ein schattenloses Plätzchen

Genauso überrascht, ja geradezu irritiert, bin ich, als ich bemerke, dass man auch in die Nachbarcalanque fahren und dort ebenfalls, wenn auch etwas beengter, übernachten kann:

WOMO-Badeplatz: Calanque de Sormiou

WOMO-Zahl: allenfalls 5; **Ausstattung**: Toilette, Wasser (?? beides habe ich nicht notiert), Mülleimer, Gaststätte, Wanderwege, Badestelle;

Zufahrt: in den Süden von Marseille (wie oben) und kurz vor Erreichen des Gefängnisses nach rechts (Westen) abbiegen (Wegweiser *‚Sormiou'*); nach ca. 900 m links abbiegen und immer in südlicher Richtung der Straße bis in die Bucht folgen. Falls die Schranke geschlossen ist, sollten Sie auch hier umkehren. Im hinteren Teil der Bucht gibt es einige, wenige Stellplätze

Calanque de Sormiou

Ich würde die vorgenannten Plätze nur früh am Tag ansteuern, damit mir ausreichend Zeitreserven bleiben, falls es mit der Zufahrt oder der Stellplatzsuche nicht klappt. Die Parkplätze in Marseille sind wegen des Einbruchsrisikos nicht zu empfehlen. Letzteres müssen Sie auch im Auge behalten, wenn Sie die folgende, ansonsten wunderbare Wanderung in die **Calanques** von **Morgiou** und **Sormiou** wagen.

Wir parken an einer gut einsehbaren Stelle südlich des Gefängnisses; nicht auf der großen Fläche an der Zufahrt zur Calanque de Morgiou (ein Leser hat mir von einer eingeschlagenen Scheibe berichtet), am besten im Blick der Zuchthauswärter, und laufen auf der Straße bis fast zur Barriere. Karte und Markierung schicken uns bei den letzten Häusern nach links ins Gebüsch. Wir folgen nun immer den Wegzeichen bis wir nach etwa 1 1/4 Stunden beim netten Fischerdörfchen Morgiou am Meeresrand stehen.

Am Hafen haben Sie nun zwei Möglichkeiten: Die Waghalsigen entschei den sich für den Pfad, der am rechten Buchtufer nach vorne aufs Kap führt, der nicht nur weiter ist, son- dern auch schwierig scheint. Die schlichten Wanderer, denen jede Kletterei Schweißausbrü- che beschert, stiefeln auf der Dorfstraße etwa 300 m

Sormiou

zurück (also auf dem Hinweg) und schlagen sich dann bei der Markierung ins Gebirge. Nun gehorcht man artig den Wanderzeichen, der Karte und dem Verlauf des Pfades bis man auf dem Kamm steht, ein Stück Fels umrundet und dann die Bucht von Sormiou unter sich sieht, einen Traum von Sicht und Naturgefühl. Jetzt kann absolut nichts mehr schief gehen, wenn man beim steilen Abstieg vorsichtig tritt.

Nach einer kurzen Entspannung bei den Häuschen von Sormiou ist der Heimweg kein Problem. Am linken, östlichen Rand der Calanque findet man die Markierung, die einen zurück nach Marseille nicht im Stich lässt. Wenn das Auto noch unversehrt ist, werden Sie sich noch nach Jahren an eine der schönsten Wanderungen Ihres Lebens erinnern (höchstens 3,5 Stunden; Karte: ,Les Calanques' im Maßstab 1:15.000 muss sein).

Nach den mehr oder weniger langen Fußmärschen legen wir erst einmal wieder einen ruhigeren Tag ein und nehmen uns **Marseille** vor. Das machen wir allerdings kurz. Marseille ist mit 800.000 Einwohnern die zweitgrößte Stadt Frankreichs, und wenn man alle Sehenswürdigkeiten abklappern möchte, reicht ein Tag bei weitem nicht. Für mehrere Tage ist uns der Moloch aber dann doch nicht schön genug, und so muss ich wieder mal den Mut zur Lücke in meinem Reiseführer beweisen. Ein Zeit raubender Programmpunkt ist die Parkplatzsuche in der Nähe des alten Hafens (*Vieux Port*), zumal ich dort unsere fahrende Behausung einigermaßen sicher abstelle. Der Altstadtbereich ist nämlich so, wie man es erwartet und überall liest, ein Schmelztiegel der unterschiedlichsten Volksgruppen, vor allem vieler Afrikaner. Es wird uns schon ein wenig unheimlich, als wir durch den Souk, das Viertel hinter

dem Hafen, spazieren, das mich mehr an eine frühere Reise nach Marokko als an Frankreich erinnert, das dennoch sehenswert ist. Zum Hafen hin kommen wir dann an einer großen Anzahl von Fischständen vorbei, einem

Vieux Port

Feinschmeckertraum, der uns die Grenzen unseres Zweiflamm-Kochers aufzeigt. Der alte Hafen ist trotz eines nachgebauten und zur Besichtigung freigegebenen Segelschiffs aus nachmittelalterlicher Zeit eher eine Enttäuschung. Man sucht dort nach alten Häusern, die es aber nicht mehr gibt, nachdem sie im 2. Weltkrieg von den Nazis einfach in die Luft gesprengt wurden. Man wollte den Partisanen in den verwinkelten Gassen den Unterschlupf erschweren. Vergebens suchen wir das romantische Café mit Fischgeruch, tätowierten Seemännern und deren Bräuten. Und als wir das braune Getränk dann in einer Eckkneipe rühren, die sich durch nichts von Tausenden ähnlicher in der französischen Provinz unterscheidet, pfeifen wir auf weitere Highlights. Wir verkneifen uns den Blick von der hoch gelegenen Kirche Notre-Dame-de-la-Garde, auf das Haus, wo zum ersten Mal die ‚Marseillaise', die französische Nationalhymne, gesungen wurde und auf alle anderen im Grunde doch nur mittelmäßigen Sehenswürdigkeiten, die uns die Literatur empfiehlt. Wir suchen wieder unser WOMO und sind froh, als wir am frühen Nachmittag wohlbehalten das städtische Getümmel hinter uns lassen können. Wir bleiben an der Küste und freuen uns auf etwas ruhigere Gefilde. Der Wunsch geht allerdings im Hochsommer nur bedingt in Erfüllung.

Les Goudes

Es ist auch fraglich. ob Sie in dieser Zeit am **Cap Croisette**, südlich von Marseille, beschauliche Abende verbringen können. An Ostern hingegen habe ich mit Freude notiert, dass man mit dem WOMO ungehindert (das geht wohl auch im Hochsommer) in die westlichste Calanque von **Les Goudes** fahren darf. Man durchquert zwar ärmliche Randgebiete von Marseille, und Weicheier sind im Fischerdorf auch fehl am Platz. An der steinigen Steilküste ist Baden nicht unbedingt angesagt, nachdem man sein Reisemobil schattenlos geparkt hat. Aber die wenigen Häuser samt Hafen sind sehr malerisch und kurz davor finden Sie zwei Parkplätze mit Superblick aufs Meer, wie Sie diese an der Côte d'Azur ein weiteres Mal lange suchen müssen (ein weiteres Foto von einem Platz kurz vorher siehe Seite 223):

(ein weiteres Foto von einem Platz kurz vorher siehe Seite 223)

WOMO-Stellplatz: Les Goudes

WOMO-Zahl: >5; **Ausstattung**: Mülleimer, Gaststätte, Wanderwege; **Zufahrt**: südlich von Marseille mit der Michelinkarte bis Les Goudes in Sichtweite ist; rechts der Straße liegen dann vor Les Goudes zwei problemlos anfahrbare Parkplätze nacheinander; in Les Goudes gibt es kaum Wendemöglichkeiten, weshalb Sie vorher parken müssen

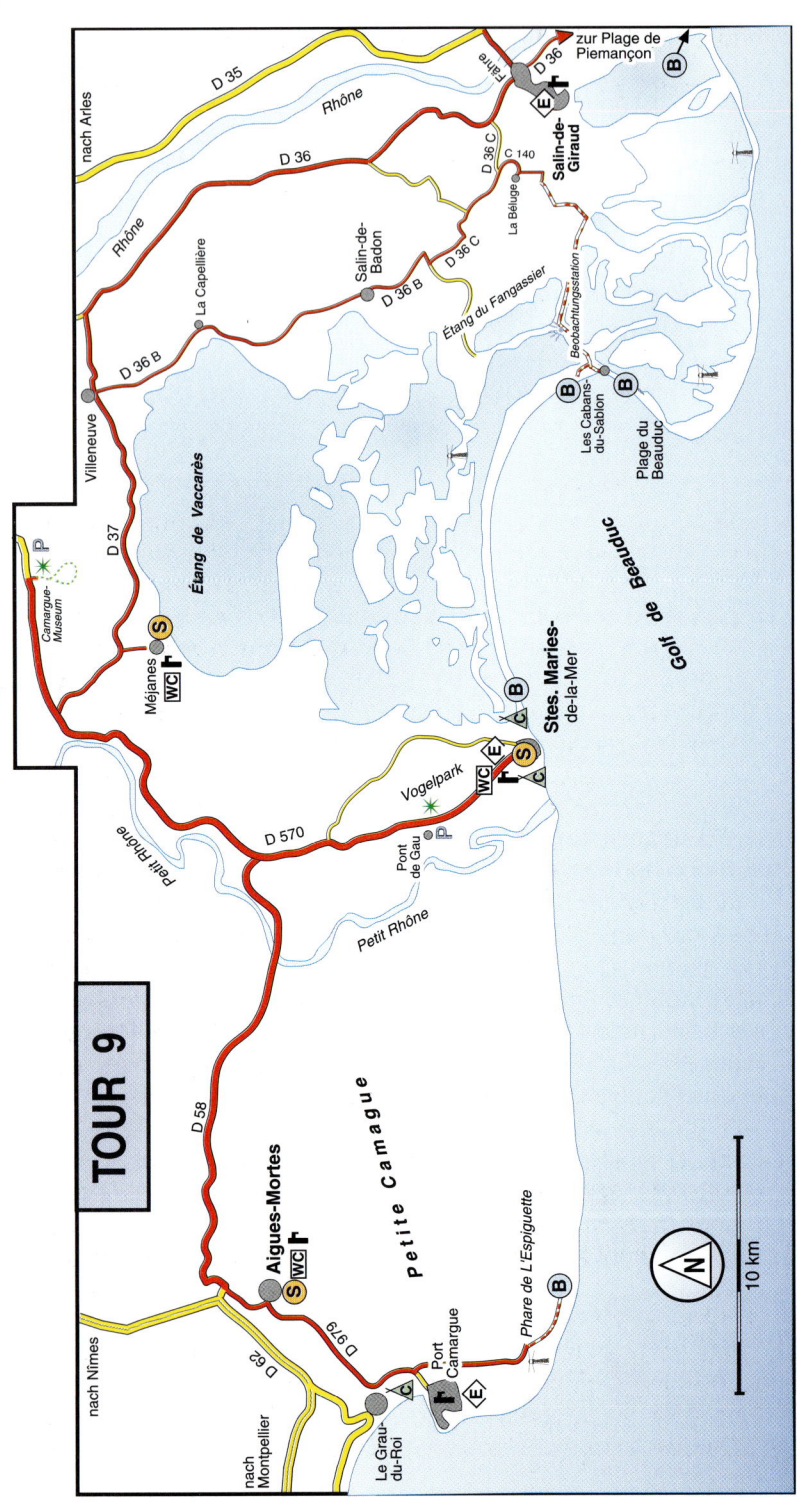

TOUR 9

zur Plage de Piemançon

nach Arles

D 35

Rhône

D 36

Rhône

D 36 B

Villeneuve

D 37

Camargue-
Museum

Étang de Vaccarès

La Capelière

Salin-de-
Badon

D 36 B

D 36 C

D 36 C

C 140

La Bélugue

Étang du Fangassier

Beobachtungsstation

Salin-de-
Giraud

Les Cabans-
du-Sablon

Plage du
Beauduc

Golf de Beauduc

Méjanes

WC

Stes. Maries-
de-la-Mer

Vogelpark

D 570

Pont
de Gau

Petit Rhône

Petit Rhône

D 58

Petite Camague

Aigues-Mortes

WC

D 979

Le Grau-
du-Roi

Port
Camargue

Phare de L'Espiguette

nach Nîmes

D 62

nach
Montpellier

N

10 km

Tour 9: Strände, Flamingos, Mücken

Camargue - Les Stes. Maries-de-la-Mer - Aigues-Mortes

Stellplätze: in Méjanes; in und bei Stes. Maries; an den Stränden von Beauduc, Piémanson und Napoléon, in Aigues-Mortes

Campingplätze: in und bei Stes. Maries

Besichtigen: Wehrkirche von Stes. Maries; Vogelpark bei Stes. Maries; Camargue-Museum; Flamingobeobachtungsstation; Hüttendorf Cabanes du Sablon; Saline von Salin-de-Giraud; Aigues-Mortes

Essen: *Hostellerie Pont de Gau* bei Stes. Maries

Einige Dinge wollen wir von vornherein einmal klarstellen: Wer während der Hochsaison in die Camargue fährt, muss mücken- und hitzefest sein und es ertragen, dass der Sand in allen Ritzen knirscht! Die Bildbandidylle werden Sie nirgends finden, keine Cowboys jagen durch spritzende Tümpel der untergehenden Sonne entgegen. Die wilden Pferde sind eine Legende, und Sie werden auch nicht deren wehende Mähnen vor einem glutroten Sonnenball fotografieren. Die schwarzen Stiere weiden nur hinterm Stacheldraht, und wenn Sie keine Frustrationen ertragen können, lassen Sie Ihre Fotoausrüstung am besten im Geheimfach. In einem Punkt muss ich Sie nicht enttäuschen: Wir führen Sie zu Schwärmen von Tausenden von Flamingos, aber das sparen wir uns noch etwas auf.

Zuerst sollen Ihre Erwartungen noch weiter gedämpft werden: Der größte Teil der Camargue ist nämlich nichts sagend, die Langeweile wird touristisch aufgepäppelt. Die Camargue ist außerhalb der Schutzzonen, die man gar nicht oder nur schlecht betreten bzw. befahren kann, hauptsächlich Reisanbaugebiet, das Größte in der EU. Im 2. Weltkrieg witterte der Pastis-Fabrikant Ricard das Reisgeschäft, nachdem die Vichy-Regierung die Herstellung des Anisschnapses verboten hatte. Die französische Regierung sprang nach dem Verlust der Reisanbaugebiete in den Kolonien schnell mit Fördermitteln ein, so dass sich bis Anfang der 60er Jahre die Reisanbaufläche verhundertfachte. Aus Sumpfland wurde wässriges Agrarland, und das gesamte Ökosystem der Camargue geriet durcheinander, weil der Grundwasserspiegel anstieg und die Versalzung abnahm. Als in der Folgezeit die Reisnachfrage zurückging und in deren Folge eine systematische Be- und Entwässerung unterblieb, verkehrte sich der Effekt, und weite Teile der Camargue drohten zu versalzen. Die Reisbauern mussten daher erneut kräftig subventioniert werden, um das ökologische Gleichgewicht annähernd zu halten. Dabei setzt man energisch auf die Chemie, denn um den Reis an Ort und Stelle aussähen zu können, müssen alle anderen Pflanzenarten künstlich ausgemerzt werden.

Aber auch die Weinbauern gehen nicht leer aus. Der so genannte Sandwein (*vin de sable*) ist aber nur von mäßiger Qualität, weshalb die Nachfrage stetig sinkt. Da aber Reis- und Weinfelder nun mal den touristischen Charme eines Betonsteins besitzen, da andererseits die typische Camargue rund um den großen Lagunensee Étang de Vaccarès nur von Wissenschaftlern betreten werden darf und eingezäunt ist, mussten die Produzenten der Tourismusindustrie kräftig nachhelfen. Am schlimmsten bei Méjanes, an der Nordwestecke des Étang, wo Monsieur Ricard eine Vorzeigefarm aus dem Boden gestampft hat (Näheres dazu unten).

Aller Orten werden „Safari-Touren" angeboten, bei denen kamerabewaffnete Urlauber auf Jeeps durch die Lande kutschiert werden. Mir wäre es peinlich, ein solches Gefährt zu besteigen, weshalb ich auch nicht beurteilen kann, ob mir deshalb bislang das wahre Camargue-Erlebnis entgangen ist. Auch einen Ritt auf einem der kleinen, weißen Pferde würde ich mir nicht zumuten, obgleich unzählige Pferde-Ranchs am Rande der Straße zum naturnahen Abenteuer einladen.

Der Gipfel allen touristischen Unheils ist das Städtchen **Les Stes. Maries-de-la-Mer**. Seine 2.200 Seelen vermehren sich im Hochsommer bis auf 80.000. Das kann nicht gut gehen! Aber auch außerhalb der Saison drängen sich hier am Wochenende Menschenmengen in Volksfeststärke durch die Gassen. Vorbei an alledem, was Touristenherzen erfreuen könnte (aber meistens gar nicht erfreut) und was Touristenmägen strapaziert. Ein Horror, den man aber mal erlebt haben muss. Im Gegensatz zum stadtnahen **Campingplatz** (*La Brise*, fast ganzjährig, Strandnähe) der nicht nur wegen der Moskitoschwärme eher an ein Sträflingslager erinnert. Besser, aber 2,5 km westlich von Stes. Maries liegt der

> **Campingplatz: Les Stes. Maries (*Le Clos du Rhône*)**
> **Ortszentrum**: 2,5 km; **Zeiten**: März bis September; **Tel**: 04 90 97 85 99; **Ausstattung**: schmaler (!) Strand, Schwimmbad, Laden, Restaurant; **Zufahrt**: westlich von Stes. Maries an der Mündung des Petit Rhône (beschildert)

Man kann bei Les Stes. Maries sogar frei am Strand stehen, und sich auf 12 km sein Plätzchen (eher einen Platz) nach Belieben aussuchen. Schon vor über 30 Jahren habe ich, damals noch im Zelt, einen aussichtslosen Kampf gegen die Moskitos geführt. Ab Ende Mai vertreibt man sich die Abende mit der Enträtselung des unlösbaren Suchspiels ‚*Wie kommen 20 Stechflieger durch die Mückenschutzbarrieren*?' Ohne chemische Abwehr, eine Portion Gleichmut und einen Reisepartner mit „süßerem Blut" ist der Krieg nicht zu gewinnen.

Man muss an dieser Stelle einmal loben, dass die Verantwortlichen den WOMO-Tourismus am Strand zulassen (an der Côte d'Azur ist man wesentlich rigider) und sogar noch zwei weitere Stellplätze anbieten. Alle sind schattenlos, aber zumindest zwei sind rechte

---

WOMO-Badeplätze: Les Stes. Maries (*Plage Est*)

WOMO-Zahl: > 5; **Ausstattung**: Toilette, Wasser , Mülleimer, Strand; **Zufahrt**: folgen Sie zunächst dem Wegweiser ‚*Camping La Brise*' und dann dem zum ‚*Plage Est*' (so heißt unser Strand); **Parkgebühr**: im Sommer 6 €, einmalig bei jeder Zufahrt.
Der **zweite Platz** liegt direkt vor dem Campingplatz ‚*La Brise*', vom Strand durch eine Straße getrennt; **Parkgebühr**: im Sommer 6 €, einmalig bei jeder Zufahrt.

Und landeinwärts gibt es noch den

WOMO-Stellplatz: Les Stes. Maries (*Ortseingang*)

WOMO-Zahl: >5; **Ausstattung**: Entsorgungsstation, Mülleimer, Gaststätten, Geschäfte; **Zufahrt**: am nördlichen Ortsrand an der Straße nach Arles; **Parkgebühr**: im Sommer 6 €, einmalig bei jeder Zufahrt.

Außer Mücken und Stränden gibt es in Les Ste. Maries auch Sehenswertes. Allem voran die alte **Wehrkirche** (*12-14 Uhr Mittagspause*), in welcher die - nicht zu besichtigenden - Reliquienschreine der beiden Marien, Maria-Jakobäa, einer Tante Jesu, und Maria-Salome, der Mutter der Apostel Johannes und Jakobus, aufbewahrt werden. Die beiden Marien, dazu noch Maria Magdalena, Schwester des auferweckten Lazarus - nach den drei heiligen Marien ist der Ferienort benannt - und neben weiteren Christen auch Maximinius (siehe Teil 2), wurden im Jahre 40 n. Chr. in einem kleinen Holzboot bei der Flucht aus Palästina aufs Meer getrieben und sind nach langer Irrfahrt, so die fromme Legende, ausgerechnet in der Camargue gestrandet. Mit im Boot saß die Dienerin Sarah, die heutige Schutzheilige der Zigeuner (weil sie deren Hautfarbe hatte). Ihre Reliquien lagern in der Krypta der Kirche. Der niedrige Raum ist derart von brennenden Kerzen vollgestellt, dass es einem den Atem verschlägt und man sich wundert, dass überhaupt noch ein Quäntchen Sauerstoff übrig ist. Dort steht auch die mit bunten Tüchern verhüllte Statue,

das tausendfach ge-
küsste Abbild Sarahs.
Trotz der vielen Touri-
sten wirkt das dunkle
Innere der Kirche feier-
lich. Lohnend ist auch
die Sicht vom **Kirchen-
dach**, von dem man vor
allem bei Sonnenunter-
gang einen schönen
Blick über das Touri-
stengewimmel und Tei-
le der Camargue hat.
Man erkennt dann auch
deutlich den Wehr-
gang, von dem sich die
Bevölkerung früher
verteidigen konnte.

auf dem Dach der Wehrkirche

Sie fragen uns nach
den **Zigeunerwallfahr-
ten**, deren bekanntere
am 24. und 25. Mai je-
den Jahres Tausende
von Zigeunern und
noch mehr Touristen
anlockt. Am 24.5. werden nach der Nachmittagsmesse um 16
Uhr der doppelte Reliquienschrein und die Statue der Sarah
zum Meer getragen, am nächsten Tag folgt eine Prozession
mit dem Schiffchen. Eine zweite Wallfahrt steigt an dem
Sonntag, der dem 22. Oktober am Nächsten liegt, an ihr
nehmen hauptsächlich provenzalische Pilger teil. Ich kenne
weder die eine noch die andere. Ich habe mir aber sagen
lassen, dass der Rummel im Mai die folkloristischen und
religiösen Aspekte weitgehend überdeckt. Das ist dann auch
die Zeit der Langfinger (das hat nichts mit den Zigeunern zu
tun, sondern mit den vielen Touristen). So sehr sie den
Tourismus fördern, so wenig gerne sind Sinti und Roma das
restliche Jahr in Stes. Maries gesehen. Während des 2.
Weltkrieges hatte man in der Nähe sogar ein ‚Zigeuner-KZ'
installiert.

Nach einer kampfbetonten Nacht an der *Plage Est* zählen
wir die Schnakenleichen und erweitern unseren zoologischen
Horizont. Bekanntlich hat die **Camargue** mehr zu bieten als
Insekten. Den besten Einblick in die vielfältige Vogelwelt
bekommen Sie im ***Parc Ornithologique*** *(Vogelpark ; von 9
Uhr bis zum Einbruch der Dunkelheit; 5 €)*, 5 Kilometer nördlich

von Stes. Maries, seitlich der D 570. Hier kann man die Wassertiere der Camargue fast hautnahe kennen lernen und fotografieren: Flamingos, Reiher, Löffler, Enten und Raubvögel. Zum großen Teil stelzen die Tiere im natürlichen Lebensraum.

Neben dem Vogelpark liegt das empfehlenswerteste **Lokal** der Gegend, die ***Hostellerie Pont de Gau***, wo ein erstaunlich preiswertes und gut zubereitetes Tagesmenu serviert wird (*Tel. 04 90 97 81 53; im Winterhalbjahr mittwochs geschlossen*). Wer sich die Kanne gegeben hat, schläft auf dem Parkplatz des Vogelparks.

Kurz danach und 10 km von Les Stes. Maries entfernt sehen Sie schon von der Straße aus die bunten Wagen des **Musée Tsigane** (*Zeiten wechselnd; 3 €*), das sich mit der Zigeunerkultur beschäftigt.

Bevor wir den Étang de Vaccarès umfahren, genehmigen wir uns zunächst einen etwa 6 km langen Abstecher nach Norden, Richtung Arles. Ziel ist das **Camargue-Museum** (*Musée Camarguais; 9,15-16,45 Uhr, letzter Einlass 1 Stunde vor Schließung; 5 €*), das auf der Michelin-Karte als *Mas du P. de Rousty* eingezeichnet und eigentlich, von der Ausstellung in einer ehemaligen Schäferei abgesehen, gar kein Museum ist. Eher ein Naturlehrpfad durch Felder, Weiden und Sümpfe. 4 km ist die Strecke lang und, wenn man keine spektakulären Vogelbekanntschaften erwartet, ein schönes Zeugnis, wie es früher im Umkreis eines bäuerlichen Betriebes und in der Camargue einmal ausgesehen hat. Ein Programmpunkt für trübe Stunden und Gift für einen heißen Hochsommermittag!

Danach kehren wir um und biegen nach Osten auf die D 37 ein. Nördlich des **Étang de Vaccarès**, eines Binnensees,

im Camargue-Museum

gestehen wir uns bei **Méjanes** ein, dass das von Paul Ricard in die Landschaft geklotzte Ensemble nur wenig Freude macht. Nicht ohne Grund sah ich die Arena für (unblutige) Stierkämpfe, die Reitställe und die Restaurants stets gähnend leer. Genauso wie das Eisenbähnchen, das vorgaukelt, ins Naturschutzgebiet zu fahren, aber nur eine höchst uninteressante Runde dreht. Aber für die Nacht (viele Moskitos) darf man Ricard für seine Schnapsidee danken:

> ### WOMO-Stellplatz: Méjanes
> **WOMO-Zahl**: >5; **Ausstattung**: Toilette, Wasser, Mülleimer, Gaststätte; **Zufahrt**: zwischen Arles und Les Stes. Maries nach Méjanes abbiegen

Auf der Weiterfahrt um den Étang kommen wir dann tatsächlich an Herden schwarzer Stiere vorbei. Diese grasen zwar hinter Stacheldraht, aber immerhin ähnelt ihr Lebensraum nicht einer Kuhweide. Besonders eindrucksvoll ist die

Landschaft am östlichen Teil des Binnenmeers, wo es beim Gehöft La Capellière ein Informationszentrum gibt. In der Ferne stehen hier und da Flamingos im Wasser, und zur Freude der Fotografen hat man auch eine Herde weißer Pferde in die Landschaft gestellt.

Richtig lohnend wird die Camargue-Tour, als wir südlich der wenigen Häuser von Salin-de-Badon nach rechts in westlicher Richtung von der D 36c abbiegen. Nicht geeignet ist die erste Abzweigung, 3,5 km südlich von Salin-de-Badon, da man hier nach wenigen Kilometern nicht mehr weiterfahren darf. Wir bleiben stattdessen weitere 4,5 km auf der D 36c, um dann 8 km südlich von Salin-de-Badon auf eine Straße abzubiegen, die mit ,de la Béluge' und der Nummerierung C 140 bezeichnet ist. Die Abzweigung und das Haus von La Béluge sind sogar auf der Michelin-Karte eingezeichnet. Die Straße ist nur am Anfang asphaltiert und weicht nach 2 km einer Schotterpiste. Fahren Sie am Ende des Asphalts rechts und erschrecken Sie nicht über den miserablen Wegezustand am Anfang (neuerdings mit Hilfe von Spendengeldern frisch geschottert). Die insgesamt 10 km lange Piste wird später besser, bei Regen kann sie aber unbefahrbar werden, zumal Sie dann nicht die Tiefe der Löcher erkennen können. Verzagen Sie nicht, die Mühe lohnt sich!

Sie werden Wegweiser zur ,*Observation des Flaments'* (*Flamingobeobachtungsstation*) erkennen. Es handelt sich hierbei um ein kleines Häuschen seitlich der Piste, wo ein freundlicher Verwalter ein Fernrohr aufgestellt hat (etwa 9 km nach der Abzweigung von der D 36c). Das Teleskop ist auf die größten **Flamingoschwärme** Europas, den einzigen Nistplatz in Frankreich, gerichtet. Der nette Herr erklärt uns, dass am dortigen Brackwasser, dem Étang du Fangassier, 12.000 Flamingos leben, deren Nester wir haarscharf erkennen können. Wir sehen sogar die frisch geschlüpften Jungen. Auch direkt neben der Piste stelzen unerwartet viele Flamingos durchs Wasser, mehr als wir uns jemals erträumt hätten. Das Gebäude ist leider kürzlich abgebrannt, und ohne Fernglas sieht man nur wenig. Ich unterstelle aber, dass die Attraktion wieder in Betrieb genommen wird (berichten Sie mir bitte).

Noch sind wir nicht am Ende der Flamingo-Road. Denn hundert Meter nach der Beobachtungsstation zweigt die Piste nach links zum Meer ab. Man kann den Weg eigentlich nicht verfehlen, zumal auch ein Wegweiser auf das am Strand gelegene Restaurant hinweist. Das ist Bestandteil des **Hüttendorfes Cabanes du Sablon**, von dem man nicht weiß, ob dort nun Obdachlose, Urlauber oder Abenteurer wohnen. Vermutlich trifft alles zu, die meisten der 1.200 Einwohner sind hier nur

am Strand von Beauduc

zeitweise sesshaft, sie haben sich Behausungen gebaut, die eine Mischung von Behelfsmäßigkeit und Spießertum ausstrahlen und insgesamt wenig einladend wirken. Schon mehrfach sollte das bunte Durcheinander behördlich geräumt werden. Aber die auf Nachbarschaftshilfe angewiesenen Bewohner mobilisierten die Öffentlichkeit, unter deren Druck die Obrigkeit - vorerst - nachgab.

Beim Dorf sollten Sie noch nicht umkehren, sondern sich nach links orientieren. Der Untergrund der Piste besteht nun aus festem, feuchtem Sand, den man gefahrlos unter die Räder nehmen kann. Sie müssen vielleicht etwas herumkurven, um den Weg nach Südosten zu finden, möglicherweise verändert sich die Streckenführung auch von Jahr zu Jahr. Am besten wird es wohl sein, am Hüttendorf bald nach links zu fahren, um dann links hinter den Hütten den Weg zu suchen. Die Ansiedlung scheint nun etwas unterbrochen, ehe man nach wenigen hundert Metern auf die nächsten Baracken stößt. Vor diesen biegt man dann nach rechts zum Meer hin ab, um sich danach bei passender Gelegenheit wieder nach links zu orientieren. Zwischendrin überquert man auch einmal eine flache Meerespfütze. Irgendwann hat man die merkwürdigen Behausungen hinter sich gelassen und steht am weiten **Strand von Beauduc**. Bei meiner letzten Recherche fand ich den Strand schöner, den Sie erreichen, wenn Sie vor Erreichen des Hüttendorfes beim ersten Auftreffen auf den Strand nach rechts abbiegen. Sie kommen dann an das östliche Ende des in Stes. Maries beginnenden Strandes.

An der Plage de Beauduc findet man, jedenfalls außerhalb der Hauptsaison, in der wir noch nicht dort waren, gute Bedingungen für ein paar Tage Badeleben. Der Strand ist sehr breit und weitläufig und ist ein beliebtes Ziel französischer Wohnmobilisten. Man darf sich nicht daran stören, dass es verschie-

dentlich auch ungepflegte Ecken gibt und manch ein Urlauber seinen ausrangierten Wohnwagen hier einfach hat stehen lassen, oder ihn nur am Wochenende benutzt. Besonders bei Windsurfern scheint diese Ecke sehr beliebt zu sein. Ich möchte mir nicht ausmalen, wie es im Juli/August zugeht, aber sogar dann dürften sich hier noch ordentliche Stellplätze finden lassen. Für mich ist der Strand von Beauduc der beste Ort für freies Übernachten an den Stränden der Provence. Sie sollten wegen der schwierigen Anfahrbedingungen aber unbedingt ausreichend Vorräte und Wasser bunkern und nur bei stabilem Wetter losfahren:

> **WOMO-Badeplatz: Plage de Beauduc**
> **WOMO-Zahl**: > 5;   **Ausstattung**: Gaststätte, Strand pur;
> **Zufahrt**: oben im Text beschrieben

Einen ähnlichen Strand gibt es auch noch an der **Plage de Piémanson** (auch *Plage d'Arles* genannt) südlich von Salin-de-Giraud, deren 10 km lange Zufahrt auf der Michelin-Karte eingezeichnet ist und die wegen ihres Asphaltbelages problemlos bewältigt werden kann. Dieser Strand liegt allerdings noch näher an der Rhône-Mündung, die allerlei Gift ins Meer schwemmt, weshalb dort das Baden ein zweifelhaftes Vergnügen ist. Jedenfalls darf man auch hier auf dem befahrbaren Strand meilenweit frei stehen:

> **WOMO-Badeplatz: Plage de Piémanson**
> **WOMO-Zahl**: >5;   **Ausstattung**: (Wasser, Toilette und Entsorgungsstation in Salin-de-Giraud), Mülleimer, Gaststätte, Strand;
> **Zufahrt**: von Salin-de-Giraud auf der D 36 d bis zum Strand

Versorgungsmöglichkeiten gibt es im interessanten Arbeiterdorf **Salin-de-Giraud** (am Platz in der Ortsmitte finden Sie Wasser und eine Toilette, eine Entsorgungsstation in der Rue de la Bouvine, wo man auch **übernachten** kann - beschildert), wo man im 19. Jahrhundert Meersalzgewinnungsanlagen erbaut hat. Die aus halb Europa und Nordafrika zusammengetrommelten Werktätigen wohnten in einer quadratisch und hierarchisch angelegten Siedlung, fast jedes Haus hat einen

Garten und einen kleinen Stall. Die Saline, die größte in Europa, ist auch heute noch in Betrieb. Man kann sich ansehen, wie Meerwasser, teils gepumpt und teils auf natürlichem Wege, in flache Teiche geleitet wird, wo es infolge Verdunstung eindickt. Zum Teil kommt das Meerwasserkonzentrat zur Weiterverarbeitung in die angeschlossene Fabrik, zum Teil werden die Salztafeln auch an Ort und Stelle geerntet.

Nordöstlich des Ortes können Sie auf einer Autofähre für rund 4 Euro die Rhône überqueren (was sonntags nachmittags von West nach Ost wegen langer Autoschlangen Geduld erfordert), falls Sie von hier aus zu unserer 8. Tour weiterfahren und die Gegend um Marseille, Frankreichs größtem Mittelmeerhafen, erkunden möchten. Auf der anderen Rhône-Seite dürfen Sie fortsetzen, was Sie gerade am westlichen Ufer beendet haben, ein wildes Strandleben auf festgefahrenem Sand:

> ### WOMO-Badeplatz: Plage Napoléon
> **WOMO-Zahl**: > 5;   **Ausstattung**: Mülleimer, Gaststätte, Strand;
> **Zufahrt**: durch Port-St.-Louis 7 km bis zum südlichen Strand.
> Am Südrand von **Port-St.-Louis** kommt man an einem **weiteren Stellplatz** - am Rhôneufer - vorbei

Falls sie von unserer 8. Tour kommen, werden Sie dort die vorliegende Tour beginnen und sie in **Aigues-Mortes** beenden. Insoweit ist unsere Camargue-Tour möglicherweise literarisch etwas gekünstelt. Nur eines scheint uns sicher zu sein: Sie werden den mittelalterlichen Ort am Rande eines Salzsees bei Ihrer Südfrankreich-Reise nicht ausklammern. Nicht ohne Grund, denn die Stadt (4.500 Einwohner) gilt als eine der

Aigues-Mortes

besterhaltenen mittelalterlichen Wehranlagen Europas.

Zu Beginn des 13. Jahrhunderts, als sich die Macht des französischen Königs erstmals bis an die Mittelmeerküste erstreckte, gab es hier nur ausgedehnte Sümpfe. Und das Meer lag noch näher, denn die Rhône hatte vor annähernd 700 Jahren noch nicht so viel Material an die Küste geschwemmt. Ludwig IX. musste daher nur einen kurzen Kanal graben lassen, um bei Aigues-Mortes einen Hafen zu bauen, der wichtig war, um von dort mit bunt zusammengewürfelten Mannschaften, die man später Kreuzfahrer nannte, in See zu stechen. Die Heiden auf der anderen Seite des Mittelmeers, in Nordafrika, sollten zu Christen umgekrempelt werden, und außerdem erhoffte man sich reiche Beute. Kreuz*fahrer* waren keine Kreuz*ritter* und nur zum Teil gelernte Soldaten. An einem Kreuzzug beteiligte man sich damals nicht nur des Krieges wegen, sondern um dem Herrgott zu gefallen, um Vergebung für die Sünden zu erhoffen. In noch früheren Zeiten war man weiter im Norden, beispielsweise in St. Gilles, losgefahren, aber der Zulauf an gottesfürchtigen Kriegern forderte größere Schiffe und einen meernahen Hafen. Den musste man mit einer Wehranlage befestigen, und so entstand am Reißbrett eine Stadt, die noch im Bau war, als sie nur für kurze Zeit geschichtliche Bedeutung erlangte. Ludwig schiffte sich dort in den Jahren 1248 und 1270 zu zwei Kreuzzügen ein, was ihm den Beinamen „*der Fromme*" einbrachte. Dass diese Feldzüge, bei denen es sich um den 6. und 7. und damit um die beiden letzten Kreuzzüge handelte, gar nicht so heilig waren, sondern in erster Linie politischen und wirtschaftlichen Zwecken dienten, habe ich schon angedeutet. Auch für Ludwig waren sie weniger erfreulich: Beim Ersten geriet er in ägyptische Gefangenschaft und konnte nur durch ein hohes Lösegeld befreit werden, während des Zweiten starb er an der Pest, bevor er das Ziel erreicht hatte. Seiner Hafenstadt ging es nicht viel besser, denn Mitte des 14. Jahrhunderts nahm die Einwohnerschaft von 15.000 - was in der damaligen Zeit so etwas wie eine Großstadt war - wieder rapide ab. Die Versandung der Hafenanlage war nicht aufzuhalten, die ungesunde Umgebung der nahen Sümpfe tat ihr Übriges. Die Stadt, die zu keiner Zeit militärisch angegriffen worden war, wurde wieder geräumt und ihrem Schicksal inmitten der *toten Gewässer* (lateinisch: *aquae mortuae* - daher der Name!) überlassen. Auch in der näheren Umgebung mochte niemand siedeln, so dass die Befestigungsanlagen nicht mal als Steinbruch herhalten mussten.

Nur der gewaltige Befestigungsturm, die **Tour de Constance**, in dem Ludwig schon gewohnt haben soll, wurde später wieder in Betrieb genommen. Er diente als politisches

Gefängnis, vor allem für lebenslänglich inhaftierte Hugenotten. Die berühmteste von ihnen, Marie Durand, wurde hier als 17-jährige eingekerkert und erst mit 52 Jahren wieder freigelassen - mit ungebrochenem Glauben.

Tour de Constance

Der Turm ist heute Hauptanziehungspunkt der Stadt, und bietet den besten Überblick über die Stadt, ein Freilichtmuseum. Man lässt sich diesen auch hoch bezahlen, 5 Euro pro Person, um ein paar steinerne Treppen emporklettern zu dürfen. Durch die Kasse (*Juni - August von 9,30-20 Uhr, sonst kürzer*) führt aber auch der Weg auf die mächtige **Stadtmauer**, die zwar rundum noch lückenlos erhalten ist, jedoch nur etwa zur Hälfte begangen werden darf. Der Spaziergang auf dem Wall ist aber ein touristische „Muss", weil man dabei den besten Eindruck davon bekommt, wie die Stadt auch heute noch hinter den Salzseen liegt. Südlich der Mauer sieht man die weißen Haufen der Salinen, aber auch die Weinfelder der

Aigues-Mortes / Blick von der Mauer

Kellerei Listel, die es verstanden hat, ihr mäßiges Produkt in ganz Frankreich gut zu vermarkten. Überraschend ist in der anderen Richtung der Blick zwischen die Häuser, weil man sich wundert, dass in dieser Stadt wenige Meter abseits der fast schon unerträglichen Tourismusaufbereitungsgassen noch richtige Menschen richtig wohnen; mit Hinterhöfen, kleinen Gassen, Werkstätten und allem, was zum normalen Leben dazugehört.

Der Bummel, bzw. das Geschiebe durch die Hauptgassen ist weniger angenehm, hier schlägt die Geschäftswelt gegenüber den Touris erbarmungslos zu. Nur der baumbestandene und von Kneipen gesäumte Platz im Südteil der Stadt kann außerhalb der Hauptsaison ein wenig Atmosphäre ausstrahlen. In seiner Mitte steht ein Denkmal Ludwigs; rabenschwarz lackiert, was mich an den Pesttod des Königs erinnert.

Seinen offiziellen Wohnmobilstellplatz, der in der Nachbarschaft der berühmten Sehenswürdigkeit gerne und gut besucht wird, hat Aigues-Mortes inzwischen verlagert und lässt sich das Parken bezahlen:

WOMO-Stellplatz: Aigues-Mortes

WOMO-Zahl: >5; **Ausstattung**: Toilette, Wasser, Entsorgungsstation, Mülleimer, Gaststätten, Geschäfte;
Zufahrt: Parkplatz an der Mauer auf der Nord- und Ostseite des Ortes (beschildert); **Parkgebühr**: 6 € - ab der 6. Stunde bleibt der Preis gleich.
Kostenlos und **ruhiger** steht am Canal du Rhône; an der Straße von Saintes-Maries unmittelbar vor Aigues-Mortes und <u>vor</u> der Kanalbrücke links an den Rand des Kanals

---

Von beiden Plätzen können Sie abends in das Städtchen laufen, in dem dann fast nur noch Einheimische den Dreck der Touristen zusammenkehren - und das Geld zählen. Das von uns früher empfohlene **Restaurant** hat arg abgebaut. Sie müssen sich also auf Ihr eigenes Gespür verlassen. Gut bewertet wurde zuletzt das **Dit Vin**.

Vielleicht haben Sie nun Lust auf die weitere Languedoc-Küste bekommen, auf Le Grau-du-Roi oder den lang gezogenen Strand am Leuchtturm von Espiguette, wo man frei stehen kann. Hoffentlich haben Sie sich dann mit Band 22 der *WOMO-Reihe* eingedeckt, *Mit dem Wohnmobil ins Languedoc und Roussillon*, aus dem ich bei meiner obigen Beschreibung von Aigues-Mortes von mir selbst abgeschrieben habe. Als kleinen Bonus. Obwohl nämlich Aigues-Mortes schon westlich der Rhône, und damit im Languedoc liegt, kann kein Provence-Reiseführer auf dieses Touristen-Mekka verzichten.

Tour 10: Arles - Frankreichs größte Gemeinde

Arles - St. Gilles - Kloster Montmajour

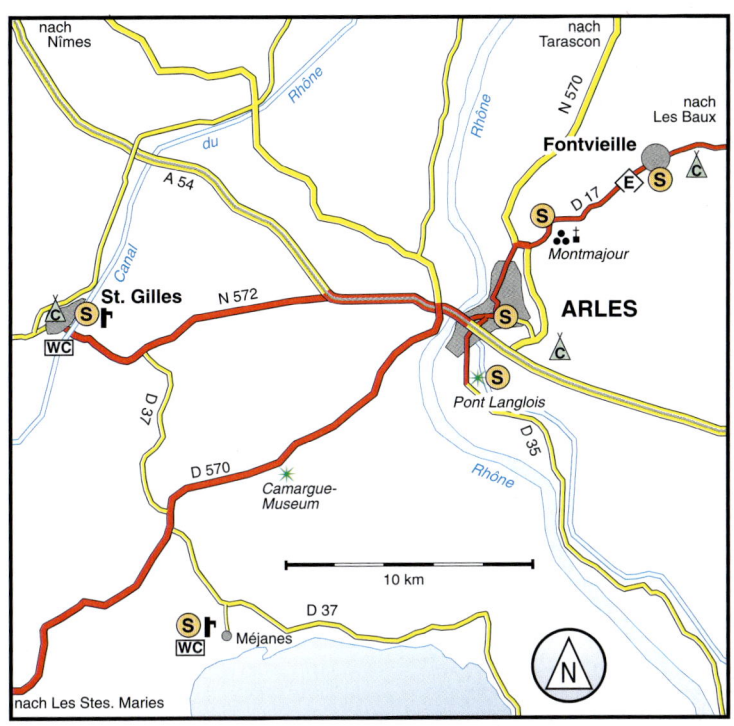

Stellplätze:	in und bei Arles, in St. Gilles, beim Kloster Montmajour
Campingplätze:	in St, Gilles
Besichtigen:	in Arles: Arena, antikes Theater, Kathedrale St. Trophime, Altertumsmuseum, Kryptoportikus, Musée Réattu, les Alyscamps; Zugbrücke von Langlois; Kirchenportal von St. Gilles; Kloster Montmajour;
Essen:	*Hostellerie des Arènes* in Arles

Es ist schon später Vormittag, als wir nach längerem Suchen in **Arles** (50.000 Einwohner) einen Parkplatz in Altstadtnähe ergattert haben (günstige Parkmöglichkeiten gibt es an der Stadtmauer oder in Bahnhofsnähe). 21 Jahre war ich nicht mehr in dieser mehr als 2.500 Jahre alten Stadt, und ich spüre deutlich eine bange, innere Unruhe, als ich durch die erste Altstadtgasse laufe. 21 Jahre haben andernorts das Gesicht einer Stadt verändert, es touristisch glatt gebügelt. Werde ich in Arles noch diese eigentümliche Mischung antreffen, von geschichtlicher Bedeutsamkeit und ganz normalem Alltagsleben, von zur Schau gestellter Kunst und Gammeligkeit, von Touristentrubel und stillen Winkeln? Welche Schneisen wurden von den Urlauberlawinen auf dem Weg nach Les Stes. Maries und La Grande Motte geschlagen? Es ist kaum zu glauben, aber mir ist, als wäre ich gerade gestern noch hier gewesen; die erwarteten Wunden finde ich nicht. Und als ich am Nachmittag auf den breiten Rundbögen der **Arena** sitze, vor dem unvergleichlichen Panorama der blass-roten Dächer mit der breiten, grauen Rhône dahinter, kehrt sogar die Begeisterung zurück, die mich überkam, als ich mit 17 Jahren zum ersten Mal hier saß. Über kaum eine provenzalische Stadt wurde so viel geschrieben wie über Arles, aber der Platz auf den Arkaden der Arena kommt überall zu kurz. Noch grandioser ist die Sicht von einem der im Mittelalter angebauten Wachttürme, aber dort kann man nicht sitzen und die Stadt auf sich wirken lassen.

Arles - auf der Arena

Natürlich ist auch die Innenseite des Amphitheaters sehr eindrucksvoll, wenn man bedenkt, dass hier einst 26.000 Menschen Platz fanden. Zu deren Belustigung wurden Tiere aufeinander gehetzt, Gladiatoren töteten sich gegenseitig mit dem Schwert, oder es wurden Minderheiten wie die Christen zur Zerstreuung des Volkes hingerichtet. Blutig geht es in Les Arènes bisweilen auch heute noch zu, wenn im September spanische Stierkämpfe stattfinden. Diese wechseln sich ab mit der unblutigen provenzalischen Spielart, bei der geschickte und mutige Akteure dem Stier eine Blumenkokarde zwischen den Hörnern wegschnappen. Dauerhafte Stahlgerüste ersetzen die im Laufe der Jahrhunderte weggebrochenen steinernen Zuschauerränge, auf denen im Mittelalter, wie auch auf dem elliptischen Grund der Arena, Häuser erbaut waren, zu deren Schutz die Türme dienten, die man heute noch sieht. Erst im 19. Jahrhundert wurde die kleine Stadt im Inneren des Amphitheaters wieder abgerissen.

Passen Sie auf, wenn Sie mit Kindern unterwegs sind, auf den Arkaden gibt es keinerlei Sicherungen, weshalb ich diese auch bei starkem Mistral lieber meiden würde. Wenn Sie in Arles einiges besichtigen wollen, kaufen Sie sich möglichst die Sammeleintrittskarte (*billet forfaitaire - 8 €*), mit der man eine Menge Geld sparen kann, zumal sie auch für die Museen gilt.

Mit ihr kommt man auch in das **antike Theater**, wo in römischer Zeit hauptsächlich Schauspiele und Tragödien aufgeführt wurden. In der Provence sind wir aber von der gewaltigen Bühnenwand des Theaters von Orange (1. Tour) verwöhnt, mit der das von Arles nicht mithalten kann, obgleich es in der Antike mit 12. 000 Plätzen kaum kleiner war.

Angenehm überrascht bin ich von der **Kathedrale St. Trophime**, denn die schönste romanische Kirchenfassade der Provence wurde inzwischen vom Dreck der Jahrhunderte und vom Ruß der Autoabgase befreit. Schließlich ist das Bauwerk in die UNESCO-Liste des Weltkulturgutes aufgenommen. Das Kirchenportal wird in Südfrankreich nur einmal erreicht, in St. Gilles, das wir am Ende dieser Tour bereisen werden und das, weil westlich der Rhône, schon im Languedoc liegt. Kaiser Barbarossa schritt hier in Arles durch jenes Tor, als er in St. Trophime zum König der Provence gekrönt wurde. Leicht vergisst man nach dem großartigen Erleben der Skulpturen den **Kreuzgang** der Kathedrale, den viele vergeblich von deren Inneren aus suchen. Den Eingang findet man stattdessen ein paar Meter seitlich des Kirchenportals, wenn man dem

Arles - St. Trophime

Wegweiser ‚Cloître' folgt (*9-19, im Winter kürzer und mit Pause von 12,30-14 Uhr; 2,50 €*). Sie dürfen in der Provence viele Sehenswürdigkeiten auslassen - aber niemals den Cloître von St. Trophime, den schönsten Kreuzgang der Provence. Ausdrucksstarke Kapitelle erzählen Geschichten aus der Bibel, und vor allem bei Sonnenschein entsteht ein reizvolles Licht- und Schattenspiel. Man fühlt sich sofort entrückt in eine stille, eigene Welt, in die erstaunlich wenige Touristen eintauchen. Achten Sie einmal darauf, ob Ihnen aufgefallen wäre, dass der schönere Teil des Kreuzgangs romanisch ist, während die beiden weniger interessanten Flügel aus der Zeit der Gotik stammen.

Kreuzgang von St. Trohime

Als ich wieder aus dem Kreuzgang heraustrete auf den sonnenüberfluteten Platz davor, zieht es mich schon sehr nach links in Richtung zum Boulevard des Lices und den dortigen Straßencafés. Oder soll ich mir noch ein Museum antun? Zum Glück überwinde ich die Urlaubsträgheit, wenngleich der Weg weiter geworden ist. Wo früher nur ein paar Schritte quer über den Platz, vorbei am ägyptischen Obelisken, genügten ist heute schon ein kleiner Fußmarsch angesagt. Denn das **Musée de Arles Antique (Altertumsmuseum)** wurde zwischenzeitlich in einen kühnen dreieckigen Neubau auf einer Halbinsel zwischen Rhône und Arles-Fos-Kanal verlegt. Am besten gehen Sie an der Rhône entlang nach Süden. Das Museum liegt dann jenseits der großen Straßenbrücke, der N 113. Wenn man schon in der ehemals römischen Hauptstadt Galliens weilt, sollte man auch die bedeutsamste Sammlung römischer Kunst in Frankreich anschauen. Obwohl der berühmteste Fund, das 2 m hohe Standbild der Venus von Arles, nur ein Gipsabdruck ist, deren Original in Pariser Louvre steht. Man hatte sie Ludwig XIV. geschenkt. Sehr interessant sind auch die Sarkophage, die ursprünglich alle einmal an der Gräberallee Les Alyscamps aufgestellt waren. Da man in Arles diesen antiken Friedhof ebenfalls besichtigen sollte, ist es wirklich sinnvoll, sich im Museum ein paar der steinernen Särge anzuschauen (*April - Sept. 9-19, sonst bis 18 und Mittagspause zwischen 12 und 13,30 Uhr; 4 €*).

Nur kurze Strecken muss man bewältigen, will man in den so genannten **Kryptoportikus** herabsteigen, eine unterirdische Säulenhalle aus antiker Zeit. Vermutlich bunkerten die Römer hier Getreide, bevor sie dieses aus der fruchtbaren

Provinzia ins heimische Reich weitertransportierten. Der Kornspeicher liegt mitten im Zentrum, seitlich des Rathauses (*im Sommer. 9-19, sonst kürzer und mit Pause von 12,30-14 Uhr; 2 €*).

Nur der Vollständigkeit halber, weil wir gerade bei den Museen sind, und weil es unmittelbar an den Kryptoportikus grenzt: Das provenzalische Heimatkundemuseum **Museon Arlaten** (*Mittagspause von 12,30-14 Uhr, montags geschl.; 4 €*) wurde von dem Schriftsteller Frédéric Mistral gestiftet. Der bekam nämlich im Jahre 1904 den Literatur-Nobelpreis und spendierte das damit verbundene Geld für eine Sammlung aus Hausrat, Möbel, Trachten, Spielzeug und Krippefiguren. Sogar die Wiege Mistrals ist zu sehen, und zum Teil stammen die Beschriftungen noch von seiner Hand; etwas für Regentage und leider ziemlich verwahrlost.

Und noch ein Museum: Ich muss gestehen, dass ich es ins **Musée Réattu** am Rhône-Ufer (von St. Trophime geradeaus) bislang selbst noch nicht geschafft habe. Was mich eigentlich wundert, denn dort gibt es eine größere fotografische Abteilung, die unter anderem dazu beigetragen hat, dass Arles Sitz der französischen Nationalschule für Fotografie wurde und dass alljährlich im Juli in der Stadt ein Festival der Fotografie stattfindet. Außerdem beherbergt das Museum 57 Picasso-Zeichnungen aus den Jahren 1970/71 und ein paar Werke weiterer Künstler, darunter Dufy und Rousseau (*Mittagspause von 12,30-14 Uhr; 2,50 €*).

Vermutlich werden viele von Ihnen es nach St. Trophime und der Arena nicht bis hinunter an die Rhône schaffen, zumal die Cafés am Boulevard des Lices zur Einkehr animieren. Vor allem mittwochs oder samstags, wenn unter den Platanen des Boulevard Marktstände französisches Vivre vermitteln. Nur eines muss Ihnen klar sein: Die viel zitierten schönen Frauen von Arles werden Sie nicht entdecken, denn das weibliche Geschlecht ist hier nicht hübscher als anderswo.

Vom Boulevard des Lices ist es nicht weit zu einer anderen bekannten Allee von Arles, zur Gräberstraße **Les Alyscamps**. Die Einheimischen nennen sie auch *Allée des Sarcophages*, womit auch schon gesagt wäre, was es hier zu sehen gibt: Die Römer bestatteten einstmals ihre Toten in einem riesigen Friedhof außerhalb der antiken Stadt. Später wurde hier ein Heiliger, der hingerichtete Genest, beerdigt und an seinem Grab eine Kapelle errichtet. Viele fromme Christen hatten nun den Wunsch, in der Nähe des Himmlischen ihre letzte Stätte zu finden. So wurden die Toten von weit her gebracht und in teilweise prächtige Steinsärge gebettet. Angeblich wurden die Leichen sogar einfach in Holzsärgen ins Rhônewasser gelegt, damit die Totenfischer von Arles die Verstorbenen aus dem Wasser angeln und besagtem Friedhof übergeben konnten. Das Beerdigungsgeld klemmte man den Verblichenen kurzerhand zwischen die Zähne. Die kostbaren Steinsärge und Grabmale sind heute in alle Winde verstreut (zum Teil im Altertumsmuseum - siehe oben). Aber einen schwachen Eindruck bekommt man auch noch heute beim Gang durch die von Sarkophagen gesäumte Pappelallee. Die Kapelle am Ende der Gräberstraße, sie heißt heute St. Honorat, ist unvollendet und wird zurzeit restauriert.

Ursprünglich war der Friedhof viel größer als heute. Aber der Bau einer Eisenbahnlinie ließ ihn im 19. Jahrhundert auf die heutige Größe schrumpfen. Man kann von der Altstadt zu Fuß hierher laufen (beschildert, südlich des großen Boulevard bergab) oder auch fahren. Meist ist direkt vor dem großen Friedhofstor ein Parkplatz frei (*9-19, im Winter kürzer und mit Pause von 12,30-14 Uhr; 2,50 €*).

Sie werden im Zusammenhang mit Arles noch den Maler **Vincent van Gogh** vermissen, von dessen Bildern so viele Postkarten überall in der Stadt verkauft werden. Zurecht, denn Vincent malte, nachdem er im Februar 1888 von Paris hierher kam, rund 400 Bilder, ehe er sich im Mai 1889 in die „Irrenanstalt" von St. Rémy (11. Tour) begab. Aber von ihm sind in Arles nur Postkarten zu sehen. Nicht ein einziges Bild von ihm befindet sich in der Stadt, woran sich vermutlich angesichts der heutigen Preise auch nichts mehr ändern wird. Das ‚*gelbe Haus*', in dem er wohnte (in der Nähe des Bahnhofs), wurde im 2. Weltkrieg zerbombt, es ist heute nachgebildet und Ort einer miesen Kneipe. Nur das alte Krankenhaus, das ehemalige Hôtel Dieu, ist heute ein Haus der Künste und scheint der einzige Bezugspunkt zu Vincent zu sein. Denn als er sich in Arles ein Ohr abschnitt (manche Quellen erwähnen nur ein Ohrläppchen, was aber gewiss unbedeutsam ist), wurde er hier verbunden. Grund genug, um dem Gebäude heute van Gogh's Namen zu geben.

Und ob es sich beim **Pont de Langlois** tatsächlich um die hölzerne Ziehbrücke handelt, die van Gogh vielfach gemalt hat, wird auch bezweifelt. Tatsächlich habe ich den Eindruck, dass die heutige Brücke deutlich anders aussieht als die auf den Bildern. Natürlich fahren auch wir an den kleinen Kanal im Süden von Arles, zu dem wir von der D 35 beim Wegweiser nach links abbiegen (die Brücke ist auf der Michelin-Karte eingezeichnet), um eine leicht angegammelte Ziehbrücke am Rande eines Industriegebiets zu finden. Und dann, provenzalischer Alltag: Ein Reisebus entlädt seinen Inhalt, ein paar Männer pinkeln an die nahen Büsche, der Rest strebt mit

Pont de Langlois

knipsbereiter Kamera der Brücke zu; man bittet mich, das WOMO wegzufahren, es steht in der Schusslinie. Genau sieben Minuten später hupt der Busfahrer, die Leute steigen ein, und weiter geht's - ich wette, zur Mühle von Daudet (Tour 11). Das sind Momente, an denen ich genau weiß, warum ich den Wohnmobilurlaub so schätze, denn jetzt ist es ganz still an dem kleinen Kanal, und der Pont de Langlois gehört nur uns.

Es ist später Nachmittag, und an einem Randweg des Kanals hat sich nahe der Brücke tatsächlich ein WOMO schon nachtfertig gemacht. Etwas einsam und kein richtiger Übernachtungsplatz, aber auch keine schlechte Idee:

WOMO-Stellplatz: Pont de Langlois
WOMO-Zahl: >5;   **Ausstattung**: nichts, und etwas einsam ist es auch, aber man ist meistens nicht allein;
Zufahrt: im Süden 4 km von Arles, Richtung Port-St.Louis; östlich der Rhône, von der D 35 beim Wegweiser abbiegen

Einen anderen, wirklich empfehlenswerten Stellplatz kenne ich in Arles sonst nicht, obgleich wir schon ausgiebigst gesucht haben. Wer gerne in der Stadt schläft, nimmt den geräumigen Parkplatz nahe Les Alyscamps, wo meistens auch andere WOMOs stehen:

WOMO-Stellplatz: Arles (*Les Alyscamps*)
WOMO-Zahl: >5;   **Ausstattung**: Gaststätten, Geschäfte;
Zufahrt: im südöstlichen Teil der Altstadt, Wegweiser ‚*Les Alyscamps*'. Als **weitere Möglichkeit** kommt der Parkplatz beim Bahnhof, nahe der Rhône und nördlich der Altstadt, in Frage

Der Campingplatz an der Straße nach St. Martin-de-Grau ist eine Enttäuschung: Unschön gelegen und von der Altstadt relativ weit entfernt. Man fährt am besten zum Kloster Montmajour (siehe unten) oder weiter nach Osten bis nach Fontvieille (siehe 11. Tour).

In <u>ganz</u> Arles haben wir uns jedoch zugegebenermaßen noch nicht auf die Stellplatzsuche gemacht. Denn die Stadt ist die flächengrößte Gemeinde Frankreichs. Bis ans Meer und über die halbe Camargue hat der Herr Bürgermeister das Sagen.

Wegen der fehlenden Übernachtungsmöglichkeiten sind auch unsere Restauranterfahrungen in Arles beschränkt: Die **Hostellerie des Arènes** (*Tel. 04 90 96 13 05; die letzten Tage im Juni, im Dezember und Januar, mittwochs und außerhalb der Saison auch dienstags abends geschlossen*) ist leicht zu finden, und zwar, wie der Name vermuten lässt, östlich der Arena, unmittelbar an der Straße, die um dieselbe herum führt. Die Plätze auf der Terrasse sind leider meist ausgebucht, von ihnen blickt man nämlich auf das Amphitheater. Auch sonst ist das Lokal sehr gut besucht, weshalb man unbedingt reservieren sollte, die Preise sind erfreulich niedrig, und die Art des dort aufgetischten Essens habe ich schon mal an anderer Stelle als „ehrlich" bezeichnet.

Zur Übernachtung empfiehlt es sich auch, 16 km westlich und schon im Languedoc, das Städtchen **St. Gilles** (10.000 Einwohner), trotz nach unserer Erstauflage eingetretenem Stellplatzexitus. Aber seine Funktion als Etappenort hat Tradition, als nämlich hier vom 11. bis zum 13. Jahrhundert die Jakobspilger auf dem Weg ins spanische Santiago-de-Compostela eine Pflichtrast einschoben. Nicht ohne Grund:

Im 7. Jahrhundert lebte an dieser Stelle ein gottesfürchtiger Einsiedler mit Namen Ägidius (französisch: *Gilles*), der es sich zum Lebensinhalt gemacht hatte, die Tiere im Rhône-Delta vor den adligen Jägern zu schützen. Dabei traf ihn, so erzählt es die Sage, ein Pfeil des jagenden Königs und durchbohrte die Hand. Majestät bereute und baute ein Kloster, in dem der später heilig gesprochene Ägidius seine letzte Ruhestätte fand. Die Krypta mit dem Grab des Heiligen, sie gibt es heute noch, zog bald darauf die Massen an und brachte den Ort auf Platz 4 der Pilgerweltrangliste (Jerusalem, Rom, Santiago-de-Compostela und St. Gilles) und machte St. Gilles mit damals 40.000 Einwohnern zur Großstadt (woran man sieht, welch pekuniäre Auswirkungen die Frömmigkeit im Mittelalter hatte). Für manche endete dort die Reise, andere schleppten sich auf dem Jakobsweg weiter bis nach Santiago. Sogar viele Kreuzfahrer versammelten sich in der Stadt, die damals einen der östlichsten Häfen Frankreichs aufzuweisen hatte, von dem man sich per Schiff ins heilige Land auf den Weg machte.

St. Gilles - Basilika

Jedenfalls muss in dieser Zeit wesentlich mehr los gewesen sein als heute. So viel, dass man über dem Grab des heiligen Einsiedlers eine große **Basilika** errichtete und deren Hauptportal reich mit Figuren schmückte. Diese Kirchenfassade ist weltberühmt und gilt als Hauptwerk der Bildhauerkunst in Frankreich. Mit einer großen Anzahl von lebensnahen Skulpturen werden Bibelszenen von Kain und Abel bis zu Judas dargestellt. Fünf verschiedene Künstler mussten 20 Jahre lang meißeln, um ein wirklich beeindruckendes Kunstwerk zu schaffen. Leider ist ein Teil der Gestalten schon reichlich verwittert oder zerstört. Daran ändert auch das milde Nachmittagslicht nichts, die beste Zeit für das obligatorische Foto. Aber der Gesamteindruck der Fassade ist zu allen Zeiten großartig. Romanisch im reinen Wortsinne, denn die Bögen

der Tore und die Anordnung der Säulen erinnert stark an die Bauweise der Römer. Zudem erhebt sich die Kirchenwand hinter dem davor liegenden Platz wie die Bühne eines antiken Theaters. Auch der Sarg des Heiligen ist in der Krypta noch zu sehen; daneben, in Stein, eine Hirschkuh, die Ägidius dereinst mit Milch versorgt haben soll. Und alles haben Sie fast alleine für sich.

St. Gilles ist nämlich ein verschlafenes Provinznest mit Cafés und ordinären Eckkneipen, vor denen die Kids lungern und von der aufregenderen Welt träumen. Es ist auch gar nicht so lange her, da konnte man auf dem großen Parkplatz (mit Toilette) mitten in der Stadt hervorragend frei übernachten. Aber das ist leider vorbei. Kaum sind wir nämlich mit unserem Wohnmobil dorthin eingebogen, werden wir auch schon von einem grimmigen Wächter auf den Campingplatz geschickt, der in unmittelbarer Nachbarschaft, ebenfalls im Herzen des Ortes, anzutreffen ist. Der Eifer des Parkplatzhüters kommt nicht von ungefähr, denn auf dem Zeltplatz gibt es auch in der Hochsaison noch viel Raum, so dass wir dort, wenn auch zögernd, unser Nachtlager aufschlagen. Ich muss allerdings zugeben, dass der Campingplatz recht gefällig und - ein unschätzbarer Vorteil - mitten in der Stadt, aber doch ruhig gelegen ist:

> **Campingplatz: St. Gilles (*La Chicanette*)**
> **Ortszentrum**: 0,3 km;   **Zeiten**: 1.4. - 30.10.;
> **Zufahrt**: in St. Gilles an der Durchgangsstraße beschildert

Wer das Geld sparen möchte, kann sich auch frei an den auf der Michelin-Karte eingezeichneten Kanal stellen:

> **WOMO-Stellplatz: St. Gilles**
> **WOMO-Zahl**: >5;   **Ausstattung**: Toilette, Wasser (zumindest auf dem großen Parkplatz im Zentrum), Mülleimer, Gaststätten, Geschäfte;
> **Zufahrt**: Biegen Sie am östlichen Ortseingang, von Arles kommend, von der N 572 gleich nach der Brücke links ab und folgen Sie dem Schild zum Hafen ('*Port*'). Auch rechts der Brücke ist meistens noch Platz

Man steht wegen der nahen Häuser sicher, und auch von hier ist es ins Stadtzentrum nicht weit. Bestimmt tuckert auch bald das eine oder andere Mietboot an Ihrer Wohnmobiltür vorbei, denn der Hafen von St. Gilles ist eine beliebte Versorgungsstation für die Bootsurlauber.

Von Arles aus findet sich aber auch nach 6,5 km in umgekehrter Richtung, bei den Ruinen der **Abtei Montmajour**, ein Stellplätzchen mit Buschwerk:

Die Empfehlung ist neben der nahen Straße etwas laut und wegen der relativen Einsamkeit nicht Jedermanns Sache. Die guten freien Stellplätze sind in diesem Teil Südfrankreichs jedoch rar, und da die Klosterruine sowieso zu der Sorte von Sehenswürdigkeiten gehört, an der man auf keinen Fall vorbeifahren darf, bietet sich hier die Übernachtung an. Außerdem hält so ziemlich jeder Reisebus auch beim Kloster, so dass dessen Gelände tagsüber ziemlich intensiv von Touristen belagert ist. Dadurch gehen die Reize des Bauwerkes, die ohnehin eher im stimmungsmäßigen Bereich liegen, etwas verloren. Die beste Zeit für die Visite sind daher der späte Nachmittag oder der frühe Morgen.

Dann liegt das Gemäuer wie ein Klotz in der Landschaft. Eine (zum Teil restaurierte) Ruine, deren Schönheit gerade vom Ruinendasein lebt. Wenn die milde Abend- oder Morgensonne mit den Fensterlöchern spielt und das Buschwerk drumherum lange Schatten wirft, wenn die Frösche im Brackwasser offener Gräber quaken und wenn bei Einbruch der Dunkelheit ein leichter Schauer den Buckel raufkriecht, ist es die beste Besuchszeit für die Abbaye. Man steht dann zwar vor Zäunen, aber die Besichtigung im Innern kann mit dem äußeren Eindruck ohnehin nicht konkurrieren. Manche sehen das anders und schwärmen von der Stimmung in den Hallen und Gängen der im 19. Jahrhundert teilweise wieder aufgebauten Benediktinerabtei. Aber bei aller baulichen Klarheit umfängt uns auch eine gewisse Nüchternheit. Ganz im Gegenteil zum Blick vom hohen Turm der Anlage, der zu den überwältigenden Provence-Erfahrungen gehört. Denn von dort erlebt man wieder die Lage in der Landschaft: Auf einem 40 m hohen Felsen inmitten von Zypressen, Pinien und kleinen Kirchen. In der Ferne sieht man die Alpilles, auf der anderen Seite Arles und dazwischen ausgedehnte Reisfelder (*April - Sept. 9-19, sonst außer dienstags 9-13 und 14-17 Uhr; 5 €*).

Ursprünglich lebten hier Einsiedler; im 10. Jahrhundert wurde dann das Kloster gegründet, dessen Anlage im 12. Jahrhundert in etwa das heutige Aussehen hatte. Die Benediktiner begannen, die umliegenden Sümpfe trockenzulegen und richteten Ablass-Wallfahrten ein. Jeweils im Mai pilgerten die Menschen in Scharen nach Montmajour, das inzwischen auch einen Splitter vom Kreuze Christi sein Eigen nannte. Und einmal sollen es gar 150.000 Gläubige gewesen sein, die sich simultan in mehreren Kapellen Befreiung von der Schuld ihrer Sünden erhofften. Die Teilnehmer strömten damals noch in Kähnen herbei, denn das Kloster lag auf einer Insel in den zu dieser Zeit noch nicht trockenen Sümpfen. Später kam die Abtei wegen ihrer Sittenlosigkeit in Verruf - kein Wunder bei den Anfechtungen und dem Geldsegen von außen. Mit Waffengewalt wurden die Mönche von sittenstrengeren verjagt, die aber ihrerseits in einen Hofskandal, die berühmte Halsbandaffäre, verwickelt wurden. Der König selbst verfügte im Jahre 1786 die Schließung, die wenig später in der Revolution wohl ohnehin erfolgt wäre. Die Anlage diente fortan als Steinbruch, ehe man sich ihrer im 19. Jahrhundert wieder annahm. Versäumen Sie auch nicht - 300 m östlich - die Chapelle St. Croix, eine romanische Friedhofskapelle inmitten von Gräbern! Man kann sie nur auf Anfrage betreten, aber ihr Äußeres und die Lage lohnen auch.

Sie sind nun auf Besichtigungen programmiert? Gut so, bei den nächsten Touren geht es nämlich noch mehr zur Sache.

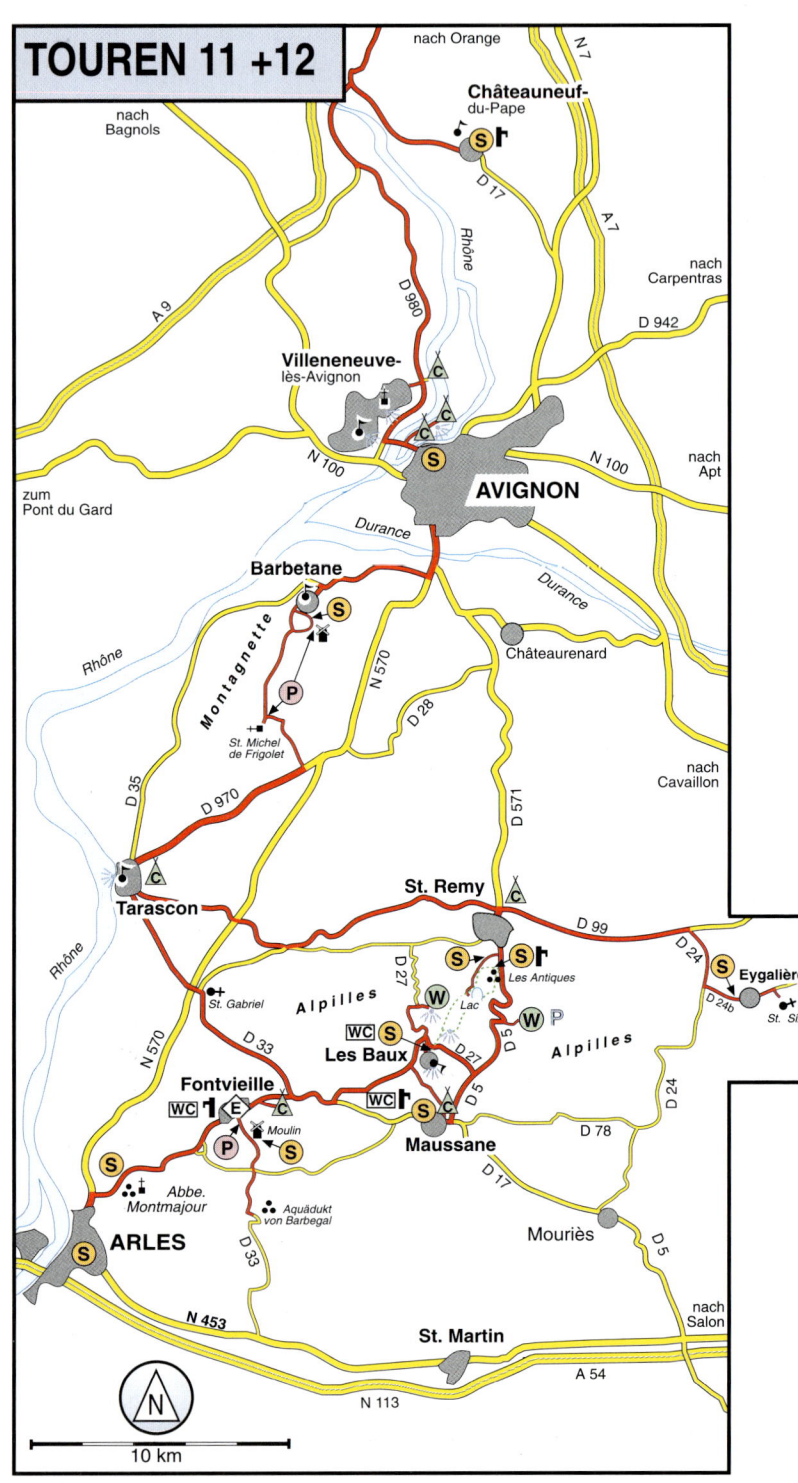

TOUREN 11 +12

nach Orange

N 7

Châteauneuf-
du-Pape
S
D 17

A 7

nach
Bagnols

nach
Carpentras

D 942

A 9

D 980

Rhône

Villeneuve-
lès-Avignon
C
C
C
S
AVIGNON

zum
Pont du Gard

N 100

N 100

nach
Apt

Durance

Durance

Barbetane
S
Châteaurenard

Rhône

Montagnette

N 570

D 28

D 571

nach
Cavaillon

P

St. Michel
de Frigolet

D 35

D 970

St. Remy
C
D 99

D 24

Eygalière
S
D 24b
St. Six

Tarascon
C

St. Gabriel

Alpilles

D 27

S
S

Les Antiques

W
Lac

W
P

Alpilles

N 570

D 33

WC
S
Les Baux

D 27

D 5

D 24

Fontvieille
WC
E
C
WC
S
C

D 78

Moulin

P
S

Maussane
S

D 17

D 5

S

Abbe.
Montmajour

Aquädukt
von Barbegal

Mouriès

D 33

ARLES
S

St. Martin

nach
Salon

N 453

N 113

A 54

N

10 km

Tour 11: Licht und Schatten

Les Baux - Maussane - St. Rémy - Fontvieille

Stellplätze:	in und bei Les Baux, in Maussane, in oder bei St. Rémy, in Eygalières, in Fontvieille
Campingplätze:	in Maussane, St. Rémy und Fontvieille
Besichtigen:	Les Baux; in St. Rémy: römische Monumente von *Les Antiques*, das antike Glanum, Museum, van Gogh-Erinnerungsweg; das Dorf Eygalières; Kapellen St. Sixte und St. Gabriel; *Moulin de Daudet* in und röm. Wassermühlen bei Fontvieille
Essen:	Restaurant *La Pitchonne in Maussane*, *Hôtel des Arts* in St. Rémy
Wandern:	von St. Rémy nach Les Baux; Spaziergang in den Alpilles

Es ist Pfingstsonntagnachmittag. Genauso könnte es auch Ostern sein oder ein beliebiger Wochentag Anfang August: Ich lese in einem Reiseführer: „Doch *trotz alledem* gehört **Les Baux** immer noch zu den bedeutendsten Sehenswürdigkeiten der Provence". Was steht hinter ‚*trotz alledem*'?

Es sind nicht etwa wanderbegeisterte Urlauber, die ihr Auto schon ganz unten im Tal, am Rand der Zufahrtsstraße parken, um sich in der Hitze einen knappen Kilometer zu Fuß den Berg hinauf zu schleppen. Auch wenn Sie großmütig an der parkenden Schlange vorbeiziehen, wird es Ihnen wenig helfen. Denn oben werden Sie und alle die anderen, die den Fußmarsch auch nicht wahr haben wollten, von gestressten Polizisten weitergewunken. Sie werden, je nach Länge Ihres WOMOs, mehr oder weniger verzweifelt einen Wendeplatz suchen, Sie werden zurückfahren und sich noch weiter unten im Tal an die parkenden Autos anschließen - 100 m weiter hinten, als noch 15 Minuten zuvor. Dafür kostet das Parken nichts, was Sie durchaus noch werden zu schätzen wissen, zieht man Ihnen doch in Les Baux noch genug Euros aus der Tasche.

Sie fühlen sich wie auf dem Rummelplatz! Alles, was Ihnen jemals an Touristenkitsch in Südfrankreich begegnet ist, in Les Baux wird es feilgeboten. Zugegeben, der Rahmen ist stilvoll, aber sind Sie wegen keramischer Klopapierhalter, wegen bunter Seifenstücke, Scherenschnitte, Lavendelsäckchen oder Ihrem mittels Computergrafik gezeichneten Konterfei hierher gereist? Sie halten links Ihre Kamera und rechts die Kinder fest an der Hand und erinnern sich verzweifelt an Ihre letzte Reise nach Les Baux. Vor vielen Jahren, im 2 CV, als Sie hier oben noch antrafen, was Sie sich vorgestellt haben, nachdem Sie gehört hatten, dass hier nur 60 Menschen leben. Vorbei, vorbei! Die Einwohnerschaft ist zwar nicht gewachsen (in ganz Les Baux leben 450 Leute), aber die jährliche Zahl der Touristen liegt bei über einer Mio! Unter den 142 *,Schönsten Dörfern Frankreichs'* ist Les Baux das am zweitmeisten besuchte; nach Riquewihr im Elsass. Das sagt alles. Fast alles, denn es gibt Nischen!

Les Baux

Sie packen die Kinder noch fester und streben eilends der Kasse am Eingang zur oberen Ruinenstadt zu. Sie entrichten Ihren Obolus, der Betrag ist Ihnen schon egal (das Geld fließt übrigens in die Kasse der Grimaldi, ihres Zeichens Fürsten von Monaco und Eigentümer der Burg von Les Baux), und Sie glauben es kaum, Les Baux kann auch an solchen Tagen wunderschön sein. Ein Verdacht, den Sie schon anderenorts in ganz Europa im Schatten berühmter Sehenswürdigkeiten hatten, bekommt weiter Nahrung: Die Touristenströme versiegen eher an den Eintrittskassen als an den Nippes-Buden. Es ist zwar im großen Areal der Felsenburg nicht menschenleer. Aber hier verlaufen sich die Gäste. Auch im größten Trubel wird man eingefangen, fast erschlagen von Landschaft, Natur und Himmel. Die Aussicht ist phantastisch, selbst wenn man sich nicht auf die obersten Bastionen traut. Dort befällt empfindlichere Naturen schon mal der Höhenkoller, besonderes bei Mistral. Wenn der scharfe Nordwind einen schier vom Sockel bläst, hat das einen doppelten Effekt: Die unter dem

Himmel vorüberfliegenden Wolkenfetzen sind so nah, dass das Gefühl von Höhe noch verstärkt wird, und am Horizont glitzert in unglaublicher Klarheit das Mittelmeer. Aber auch der Felsklotz an sich und die mit ihm verwachsenen Ruinen der Burg haben so viel Geheimnisvolles an sich, das selbst von Horden Schaulustiger nicht kaputt getrampelt werden kann. Sogar dann steht man vor dem berühmten Taubenhaus, das an eine steinerne, überdimensionale Honigwabe erinnert, meist noch alleine.

Taubenschlag

Nur um die Zukunft ist mir Bange. Man hat nämlich mit der Restaurierung des Burggeländes begonnen, was an sich schon dauerhaft den Reiz des Ortes abtöten könnte. Dazu wird noch eine Freilichtbühne geschaffen - zur Komplettierung des Sommertheaters. Als ob Les Baux nicht schon genug vermarktet wäre. Hoffentlich ist das nicht der Beginn der jüngsten Ruinierung!

Die bis dahin letzte Zerstörung der Festung ließ übrigens Richelieu bewerkstelligen, dessen Name mir aus dem Geschichtsunterricht noch irgendwie positiv im Hinterkopf haftet. Zu Unrecht, denn die Spuren seines Wirkens sind Ruinen, vielerorts in Frankreich und den Nachbarländern. Auch hier wurde von ihm im 17. Jahrhundert ein protestantischer Zufluchtsort auf Geheiß des Königs unbewohnbar gemacht, geschleift, wie man so gerne schreibt, wenn heute nur noch Steinbrocken und ein paar Treppchen übrig sind. Zu jenem Zeitpunkt war die Stadt noch nicht lange wieder aufgebaut, nachdem zuvor ein anderer König ebenfalls hier schleifen ließ. Die Herren von Les Baux, die einstmals Troubadoure, also Minnesänger, um sich scharten, waren nämlich zu Raubrittern entartet, und es bedurfte einer Allianz von Papst, König und Graf der Provence, um den schlimmsten Räuber, Raymund von Turenne, zu vertreiben. Über ihn wird die schaurige Legende berichtet, er habe seine Gefangenen vom oberen Felssporn in den Tod springen lassen und sie wegen ihrer Angst verspottet.

Die Ansiedlung wurde nach Richelieus „Erfolgen" nie mehr wieder aufgebaut und Ende des 18. Jahrhunderts vollständig verlassen. Es ist heute kaum vorstellbar, dass Les Baux in der Mitte des 20. Jahrhunderts noch fast unbewohnt war. Und wenn man einmal außerhalb der Saison und bei miesem Wetter - oder abends - durch die Dorfstraße läuft, wenn die Läden geschlossen sind und man sich auf die wieder aufgebauten Häuser mit ihren schönen Fassaden konzentrieren kann, bleibt noch eine Ahnung von der Ausstrahlungskraft auf unsere Großväter.

Zu deren Zeiten brauchte man für eine Visite auch schon sonniges Wetter, außerdem hatte man damals in der Umgebung noch Bauxit gewonnen, den Aluminiumrohstoff, der im Jahre 1822 hier erstmals gefunden und nach dem Felsenhorst benannt worden ist.

Sie werden es mir kaum glauben, dass Sie ausgerechnet zwischen den Trümmern von Les Baux einen der aufregendsten Stellplätze der WOMO-Geschichte finden. Womöglich haben inzwischen übereifrige Schilderaufsteller ihres Amtes gewaltet und Ihnen den nächtlichen Bummel durch den historischen Ort und damit ein Highlight Ihrer eigenen WOMO-Historie vermasselt. Falls nicht, greifen Sie zu! Besser stehen Sie selten:

WOMO-Stellplatz: Les Baux

WOMO-Zahl: >5;   **Ausstattung**: Toilette, Wasser (an der Zufahrt), Gaststätten, Geschäfte, Wanderwege, teilweise schräg, vielleicht nur außerhalb der Hochsaison benutzbar - meine Erfahrungen stammen aus der Osterzeit;

Zufahrt: biegen Sie von der D 27, östlich von Les Baux, ungeniert zum Ort hin ein. Das funktioniert nur abends, wenn sich der Parkplatzwächter verdrückt hat. Kurz vor den Häusern fahren Sie nach links auf einen Parkplatz bergauf. Mit viel Glück, und wenn ich Sie nicht bitten muss, mir zum Dank für den Tipp die Stelle zu räumen, stehen Sie mit einem Panoramablick vorne an der Balustrade, direkt unterhalb der Burg

---

Vermutlich war auch schon zu Großvaters Zeiten der interessanteste Weg nach Les Baux ein Wanderweg. Denn nur auf ihm lernt man das zerklüftete Kalkgebirge der **Alpilles** rundum richtig kennen. Es ist einer meiner liebsten provenzalischen Wanderwege, der auf dem Parkplatz von *Les Antiques* in St. Rémy beginnt. Man überquert dabei den flachen, aber zackigen Höhenzug der Alpilles, der die Rhône-Ebene von der Camargue trennt. So hat man nach Norden wie auch nach Süden faszinierende Ausblicke, die am Ende mit einer schönen Sicht auf die Burg von Les Baux gekrönt werden. Nur sind Hin- und Rückweg der wenig schattigen Strecke leider fast identisch:

Ruinen von Les Baux

Wir lassen uns ab St. Rémy, beim Parkplatz von *Les Antiques*, von der rot-weißen Markierung leiten, die erst ein Stück entlang der D 5 in Richtung Les Baux führt. In der ersten Kurve biegt nach rechts ein Pfad in den Kiefernwald, der bald an einem steinernen, natürlichen Schlot endet. Auf ein paar Eisenstiegen klettern wir hinab zum Stausee von Peiroou (näheres siehe dazu unten). Dieses ist das einzige etwas schwierige Stück der Strecke, das aber auch Ungeübte schaf-fen. Nachdem man sich an einem Stahlseil entlang-gehangelt hat, darf man nicht weiter zum See ab-stelgen, die Markierung zeigt vielmehr nach links um das Ufer herum. Nun beginnt der Anstieg auf ei-nem kommoden Fahrweg, und bald belohnen uns auch die ersten Panora-mablicke für die Mühe. Der weiter Weg ist gut mar-kiert: An einer Gabelung

der Autor oberhalb von St. Rémy

mit vielen Wanderzeichen nimmt man den linken Weg, den man bald wieder auf einem Pfad durch die Machie verlässt und den man leicht übersieht.

Man taucht dann langsam ein in die Unruhe des Bergnestes Les Baux, die man ebenso plötzlich wieder verlassen kann, um danach wieder in schönster Landschaft zu stehen und nur noch zu hören, wie der Wind um die Kalkzacken der Alpilles und durch die spärlichen Kiefern rauscht. Wenn Sie sonst nie wandern, machen Sie hier eine Ausnahme. Die einfache Strecke dauert bei gemütlicher Gangart 2 ¼ Stunden.

Beim Rückweg können Sie sich das Klettern beim Stausee sparen, wandern Sie einfach auf der Teerstraße in Richtung St. Rémy und nach dem See, nach einigen Kurven und dem Gefälle schlagen Sie sich nach rechts querfeldein durch ein Kiefernwäldchen. Sie werden dann bald das Dach des Julierdenkmals entdecken und vor Ihrem WOMO stehen.

Kommt man mit dem Auto nach Les Baux, rentiert sich die Anfahrt von Westen auf der D 27 (auf der Sie sich schon obigem Stellplatz genähert haben). Nicht nur wegen des Budenzaubers, der hier in einem stillgelegten Steinbruch veranstaltet wird (**Cathédrale d'Images** mit dreidimensionalen Diavorführungen; *im Sommer bis 19 Uhr; 7 €*). Fährt man daran vorbei, gelangt man nördlich des Dorfes zu einem Aussichtspunkt, den die Michelin-Karte kennt und an dem sich das Aussteigen wirklich lohnt. Hier kann man vor einem grandiosen Panorama sehr einsam, aber frei übernachten:

WOMO-Wanderparkplatz: Alpilles

WOMO-Zahl: >5;   **Ausstattung**: Wanderwege, sehr einsam, schöne Sicht;
Zufahrt: auf der schmalen D 27 von Les Baux nach Norden und etwa 3 km nördlich von Les Baux nach rechts zum Aussichtspunkt abbiegen

Stellplatz in den Alpilles

Falls Ihnen die oben geschilderte Wanderung von St. Rémy nach Les Baux zu viel ist, gehen Sie hier **ein paar Schritte** auf dem auf der Michelin-Karte südlich des Aussichtspunktes (Zufahrt siehe beim letztgenannten Stellplatz) eingezeichneten Sträßchen. Sie erleben dort schon nach wenigen Metern die Faszination der **Alpilles**. Sie können den Spaziergang beliebig, sogar bis nach Les Baux, ausdehnen.

Zum Essen bleibt in Les Baux fast nur der eigene Herd. Denn die Nobeladressen von Les Baux, alle unten im Tal, liegen preislich und mit dem nach außen gekehrten Luxus jenseits meiner Schallgrenze. Trotzdem soll der Vollständigkeit halber eines der besten Restaurants der Provence nicht unerwähnt bleiben: Das *Oustau de Baumanière*, unten im Val d'Enfer (*Tel. 04 90 54 33 07*), war einmal einer der berühmtesten Gourmet-Tempel Frankreichs. Die extrem hohen Preise der Nobelherberge sind geblieben, die Sterne stehen allerdings nicht mehr so gut, denn bei Michelin gibt es deren nur noch zwei.

Wo aber bleibt man, wenn man nicht in Les Baux schlafen möchte oder wenn die Aufsteller von Verbotsschildern , was mich nicht wundern würde, dort aktiv waren, wenn man aber dennoch in diesem schönen Stück Provence wenigstens eine Nacht bleiben, wenn man vielleicht sogar nach Les Baux wandern möchte? Man hat die Wahl, und die fällt so schwer, dass man gleich noch einen oder mehrere Tage anhängt: **Maussane-les-Alpilles**, 5 km südlich von Les Baux und eingebettet in Plantagen, in denen die besten Oliven der Provence wachsen, wurde von mir stets stiefmütterlich behandelt. Da hatte ich noch keinen Pastis auf dem gemütlichen Dorfplatz genippt, und auch der angenehme Stellplatz mitten im Ort hatte sich mir noch nicht bekannt gemacht:

WOMO-Stellplatz: Maussane

WOMO-Zahl: >5; **Ausstattung**: Toilette (hinter der Kirche), Wasser (beim Notar), Mülleimer, Gaststätten, Geschäfte, Wanderwege; **Zufahrt**: biegen Sie von der Dorfdurchgangsstraße bei einer Bank nach Süden zu einem Parkplatz ab ('P'), der Stellplatz liegt dann nach etwa 100 m rechts. **Ähnlich gut** stehen Sie hinter der Kirche, wenn Sie beim Dorfplatz von der Durchgangsstraße in die andere Richtung abbiegen

Zusätzlich gibt es einen wirklich schönen Campingplatz, von dem Sie per pedes in den Ort gelangen:

Campingplatz: Maussane (*Municipal les Romarins*

Ortszentrum: 0,2 km; **Zeiten**: 15.3.-15.10.; **Ausstattung**: Schwimmbad (0,1 km); **Zufahrt**: an der D 5 nach St. Rémy

Auch die kulinarische Antwort fällt nicht schwer, wenngleich ich mich bei der Adressenwahl fast für das Michelin besternte *La Petite France* (Richtung Les Baux) entschieden hätte. Das **Restaurant** *La Pitchonne* (*Tel. 04 90 54 34 84;*

montags geschlossen; bei der Kirche) hingegen wirkt und ist so bescheiden, dass mein Vertrauen in die Küche verhalten war. Die gibt sich auch alle Mühe, nicht durch übertriebene Teller-Arrangements oder gar durch hohe Preise aufzufallen. Nein, in der dezenten Gaststube überzeugen schnörkellose Speisen, die noch nach dem Produkt schmecken, aus dem sie zubereitet wurden. Selten habe ich ein besseres Steak in Rotwein gegessen!

Danach zerbreche ich mir beinahe den Kopf, ob ich mich gegen Maussane und für **St. Rémy** (8.500 Einwohner) entscheiden soll, als ich im Geiste feierlich das Attribut eines **WOMO-Lieblingsortes** verleihe. Das Städtchen ist ziemlich genau so, wie man sich die Provence vorstellt. Außerdem gibt es tolle Sehenswürdigkeiten; und komischerweise fahren die meisten Urlauber durch bis nach Les Baux oder wenigstens bis zum Parkplatz bei den römischen Altertümern. Lassen Sie mich der Reihe nach berichten:

St. Rémy - Les Antiques

Es dämmert schon, als wir in einem Pfingsturlaub von Les Baux herunterkommen. Wir beherzigen eine alte WOMO-

Regel, wir suchen noch vor dem Abendessen und vor Einbruch der Dunkelheit ein Schlafplätzchen. Dazu kurven wir einmal rund um St. Rémy, bevor wir an der D 5, Richtung Les Baux und etwa 200 m vor dem Ortsende von St. Rémy, nach rechts einen in westlicher Richtung zeigenden Wegweiser zur ,Barrage' entdecken. Gibt es hier einen Stausee? Tatsächlich entdecken wir auf unserer Michelin-Karte bei genauem Hinsehen eine klitzekleine, blaue Wasserfläche. Wir kommen in ein Wäldchen und zweigen dort links ab, die Straße endet dann unmittelbar am schilfigen Ufer (von der Abzweigung etwa 1,5 km), wo ein paar Angler ihr Glück versuchen. Der See liegt geradezu verwunschen zwischen Felswänden der Alpilles, aber leider steht auf einem Schild ,Camping sauvage interdit' (,wildes Camping verboten'), und es stellt sich wieder die Frage, ob die Nacht im Wohnmobil hierunter fällt. Wie meist bei solchen Schildern entscheiden wir uns für die wohnmobilfreundliche Interpretation (die uns auch immer wieder von Franzosen bestätigt wird) und beschließen, nach dem Abendessen hierher, in die Einsamkeit, zurückzukehren. Auf dem Rückweg in die Stadt entdecken wir aber eine zweifelsfrei legale Alternative, und als wir in stockdunkler Nacht aus dem Wirtshaus kommen, ist es uns ganz recht, dass wir nicht mehr an den sehr einsamen See müssen. Denn auf dem Weg dorthin fährt man an einem schönen Stellplätzchen vorbei:

WOMO-Stellplatz: St. Rémy (*ortsnah*)

WOMO-Zahl: 2-3; **Ausstattung**: Gaststätten, Geschäfte, Wanderwege; **Zufahrt**: wenn Sie von der Innenstadt kommend von der Straße nach Les Baux beim oben genannten Wegweiser ,Barrage' nach rechts abgebogen sind, stoßen Sie nach etwa 150 m auf eine rechts des Weges liegende Wiese. Darauf wachsen ein paar Bäume vor einer auffällig großen Mauer. Hier steht man total ruhig, eben und wegen der nicht weit entfernten Häuser auch sicher

---

Die Umgebung könnte zwar schöner sein, aber es ist ohnehin dunkel, und wir schlafen; außerdem fahren wir zum Frühstück einfach weiter ans Seeufer. Der Weiher heißt übrigens Lac des Peiroou, das Baden ist verboten und wäre wegen des Schilfs sicher auch unangenehm.

Es gibt aber noch Übernachtungsalternativen: Gut eignet sich auch der Parkplatz bei den römischen Monumenten *Les Antiques.* Man steht, wie wir in einem anderen Urlaub selbst getestet haben, ruhiger als man denkt, und vor dem zu Bett Gehen kann man noch ein überaus romantisches Glas Wein auf den Mäuerchen am Rand der angestrahlten römischen Bauwerke trinken:

Wer es ohne **Campingplatz** nicht aushält, findet bei St.
Rémy gleich drei Plätze, die beschildert sind, und teilweise
Erfrischung im Schwimmbad bieten.

Es wäre ein Fehler gewesen, hätten wir abends selbst
gekocht. Denn das **Restaurant *Hôtel des Arts*** muss man
einfach kennen lernen. Weniger wegen der Küche, die zwar
auch nicht übel ist, mehr aber wegen des urigen Gastraums mit
seinen altertümlichen Bildern (*30 Bd. Victor-Hugo; Tel. 04 90
92 08 50; in der ersten Novemberhälfte und im Februar
geschlossen; von Mitte März bis Ende September kein Ruhetag, sonst dienstags*). Der Boulevard Victor-Hugo ist übrigens
die platanengesäumte Straße, auf die man unweigerlich stößt,
wenn man von Les Baux auf der D 5 in Richtung Ortsmitte
fährt. Das Lokal finden Sie dann gleich rechts. Empfehlenswert sind auch die Restaurants *Alain Assaud* und *La Maison
Jaune*, beide mit anspruchsvollerer Küchenleistung.

Einer der Reize von St. Rémy liegt gerade bei den Platanen, jenem Baum, der neben der Zypresse so typisch für
Südfrankreich ist. Leider sind die bis ins späte Frühjahr laub-
losen Platanen inzwischen häufig von einem Schädling befal-
len, der im Holz amerikanischer Munitionskisten eingeschleppt
wurde. In St. Rémy sehen die Bäume aber noch gesund aus,
wie überhaupt der ganze Altstadtkern.

Bestens erhalten sind auch die beiden römischen Edelmo-
numente, die so trefflich **Les Antiques** heißen (Foto Seite
184): Das Stadtgründungstor und das Mausoleum der Julier.
Le mausolée enthält aber gar kein Grab, vielmehr wurde das
turmartige Gebäude zur Erinnerung an die bereits in der
Jugend verstorbenen Enkel des Kaisers Augustus, Lucius und
Caius, erbaut. Es gilt als das besterhaltene römische Denkmal
in der Provence, dem lediglich auf dem Dach ein steinerner
Pinienzapfen fehlt. Nicht mehr ganz so gut in Schuss ist das
rund 10 Jahre jüngere Tor. Nur Ignoranten betiteln dieses, wie
uns die heutige Reiseliteratur lehrt, als Triumphbogen. Über
den Unterschied zwischen einem solchen und einem Stadtgründungstor habe ich mich bereits bei der 1. Tour angesichts
des berühmtesten gallisch-römischen Stadtgründungstores,
dem von Orange, ausgelassen.

Die beiden Monumente von *Les Antiques* zierten einstmals die römische Stadt Glanum. Außerdem standen sie tiefer im Boden. Wie man gerade am Tor gut sehen kann, sind dessen Fundamente, die in römischer Zeit noch im Erdboden gründeten, inzwischen freigespült. Während man Turm und Tor mangels Umzäunung rund um die Uhr betrachten kann, muss man sich bei den gegenüberliegenden **Ausgrabungen von Glanum** an die Öffnungszeiten halten (*täglich 9-12 und 14-17, April-September durchgehend bis 19 Uhr; 5 €*). Hier siedelten erst Griechen, später übernahmen die Römer die Stadt, deren Ruinen seit 1921 ausgebuddelt werden. Das Ausgrabungsgelände wird hochtrabend ‚Pompeji der Provence' genannt, was angesichts der eher bescheidenen Mosaike und der für einen Laien schwer zu deutenden Mauern eine ziemliche Übertreibung ist. Nach meinem Eindruck kann man auch schlecht die einzelnen Bauten oder gar den kelto-ligurischen Ursprung des bis zu 2.500 Jahre alten Mauerwerks erkennen. Entweder kauft man sich an der Kasse einen deutschsprachigen Führer und trotzt entsprechend lange der provenzalischen Sonne, oder man verschiebt den Rundgang bis zum nächsten Jahr. Und man begnügt sich dann auch nicht mit halben Sachen und besucht zusätzlich noch das **Museum** im Hôtel de Sade in St. Rémy, wo diverse archäologische Funde der Ausgrabungsstätte zu sehen sind (*10-12 und 14-18 Uhr; 2,50 €*).

Beeindruckender als die ausgegrabenen Steine und „Trümmer" finde ich den ‚van Gogh-Weg', einen Rundgang den man am Tor von Glanum beginnen kann, und der an verschiedenen Schaukästen vorbeiführt. Dort ist dann jeweils ein Gemälde des Künstlers abgebildet, das Vincent an dem Standort der Schautafel gemalt haben könnte. Man ist erstaunt, wie wenig sich die Landschaft seit den Jahren 1889 und 1890 bis heute geändert hat. In jener Zeit nämlich lebte van Gogh freiwillig in der Nervenklinik des ehemaligen Klosters St. Paul de Mausole, das direkt neben dem Ausgrabungsgelände liegt. Eine Reihe der bedeutsamsten Bilder sind hier entstanden, so fast alle berühmten Darstellungen der flammenartigen Zypressen oder der eigentumlichen Olivenbäume. Auch das berühmte Motiv von der Iris wurde hier geschaffen, es war eine Zeit lang das teuerste Bild der Welt, und kein Mensch - außer dem Besitzer natürlich - weiß heute, wo es überhaupt aufbewahrt wird (zu van Gogh siehe auch bei der 10. Tour). Das ehemalige Kloster war bei unseren Urlauben nicht zu besichtigen. Offenbar pilgern aber Kunstfreunde hierher, denn unter den heute eher kränklichen Olivenknorzen sitzen mehrere Maler vor ihren Staffeleien.

Stellplatz bei Eygalières

Bevor wir von St. Rémy in Richtung Avignon weiterfahren, genehmigen wir uns noch einen Abstecher nach Osten, der sich vor allem für unsere Leser eignet, die ohnehin den Luberon als Etappenziel im Visier haben. Wir finden in **Eygalières** eine Menge von dem, was andere Touristen in Les Baux erwarten. Beide Dörfer thronen nämlich auf einem Fels, auch Eygalières (1.400 Einwohner) ist teilweise verfallen, nur hat der Massentourismus es noch nicht entdeckt. Und ein erfreulicher Stellplatz ist auch zu vermelden:

WOMO-Stellplatz: Eygalières

WOMO-Zahl: >5;   **Ausstattung**: Gaststätte, Geschäfte, Wanderwege; **Zufahrt**: an der D 24 b westlich des Ortes Richtung altes Dorf auf eine Wiesensenke abbiegen

St. Sixte

Sehr schön liegt auch östlich von Eygalières auf einem kleinen Aussichtsplateau die **Kapelle St. Sixte**. Dieses Kirchlein und das Dorf Eygalières sollten Sie ansteuern, wenn Sie in diesem Teil der Provence der touristisch ausgelaugten Plätze überdrüssig sind.

Das gilt auch für die romanische **Kirche St. Gabriel** (12. Jahrhundert) am westlichen Ende der Alpilles und an der D 33 nach Tarascon. Die meist verschlossene Kapelle ist für Kunstkenner interessant, das Entscheidende an ihr ist aber ihre Lage inmitten eines naturbelassenen Olivengartens. Wenn Sie im Turnus unserer Touren reisen, werden Sie St. Gabriel erst nach Fontvieille fotografieren, da es auf dem Weg von dort nach Avignon liegt.

St. Gabriel

Szenenwechsel! Wie heißt es in der Überschrift zu unserer 11. Tour? Licht und Schatten. Diese liegen auch beim nächsten Ziel wieder dicht beieinander. **Fontvieille** ist ein rechter Urlaubsort, ein fast rein französischer zwar, aber bei Autobusentladungen spielt die Nationalität ohnehin eine untergeordnete Rolle. Busse kommen aber zuhauf in dieses Städtchen. Denn mit Fontvieille (3.400 Einwohner) bringt man den Schriftsteller Alphonse Daudet (1830-1897) in Verbindung, und mit ihm die Windmühle auf dem kahlen Hügel über dem Ort. Auch wenn man diese als *Moulin de Daudet* (*Mühle von Daudet*) bezeichnet, ist sie clevere Erfindung irgendwelcher Leute, die in Fontvieille den Tourismus ankurbeln wollten. Denen war nämlich klar, daß fast jeder französische Schüler Daudet's ‚*Lettres de mon moulin*' (‚*Briefe aus meiner Mühle*') liest. Da sich der Dichter eine Zeit lang in Fontvieille, wenn auch nicht in einer Mühle, aufgehalten hat, und da hier eine ganze Anzahl verfallener sowie eine recht gut erhaltene Windmühle anzutreffen sind, konnte man den Schwindel ausbrüten, die Briefe seien in diesem einen Rundbau geschrieben worden - und nicht in Paris, wo sie wirklich entstanden sind. Zweifelhaft ist auch, ob der Meister überhaupt je eine Mühle besessen hat. Die ihm zugeschriebene gehörte ihm jedenfalls nicht. Aber das

Moulin de Daudet

tut deren Berühmtheit keinen Abbruch, und ich würde gerne wissen, ob die Urlauberscharen eigentlich an die Täuschung glauben. Es lohnt sich trotzdem, zum *Moulin* zu fahren, denn der Blick ist schön. Und wann sieht man heute noch eine Windmühle mit vier Flügeln?

Fährt man am Windmühlenparkplatz auf der D 35 weiter und an der nächsten Kreuzung links, kommt man nach 4 km zu einer Besonderheit, die erfreulicherweise im touristischen Windschatten der Mühle schlummert: Zum römischen **Aquädukt von Barbegal**. Über ihn wurde nicht, wie bei seinem berühmten Verwandten, dem Pont du Gard, (siehe Band 22 der WOMO-Reihe) Trinkwasser herangeschafft, die Wasserleitung von Barbegal diente vielmehr dem Antrieb von Wassermühlen, deren Fundament wir entdecken, wenn wir am Aquädukt entlang gehen, bis dieser in eine steile Felswand gehauen ist. Auf dem Hang darunter befanden sich 8 Mühlräder, die 16 Mühlen antrieben. Der Mechanismus der aus dem 3. nachchristlichen Jahrhundert stammenden Anlagen ist auf Schaubildern nachvollziehbar dargestellt. Der Mühlenkomplex ist eine der wenigen bekannten römischen Industrieanlagen, die

Aquädukt von Barbegal

erforderlich wurden, als den Römern die Sklaven ausgingen.

Nach einem erlebnisreichen Tag stellt sich in Fontvieille wieder die Übernachtungsfrage:

WOMO-Picknickplatz: Fontvieille

WOMO-Zahl: >5;   **Ausstattung**: Entsorgungsstation, Mülleimer, Gaststätte, Geschäfte, Bänke und Tische;
Zufahrt: in Fontvieille von der D 17 zum *Moulin* abbiegen, dann bald rechts der Straße unter Bäumen (möglicherweise inzwischen verboten). Stattdessen kommt auch der **große Mühlenparkplatz** in Frage

---

Ich halte es für denkbar, dass dem Stellplatz in der Pinienallee das selbe Schicksal widerfährt wie seinem Pendant auf der anderen Straßenseite, wo zumindest Wohnwagen-Verbotsschilder drohen, und dass Ihnen der Mühlenplatz zu einsam ist. Dann bleibt nur der Campingplatz von Fontvieille. Es gibt Schlimmeres, denn jener gehört zu den schönsten der Provence. Er liegt - gut beschildert - völlig ruhig am Rande eines Pinienwaldes, der einen würzigen Geruch verbreitet:

Campingplatz: Fontvieille (*Municipal les Pins*)

Ortszentrum: 1,5 km;   **Zeiten**: Ostern - 15. Oktober;
Zufahrt: östlich des Ortes von der D 17 abbiegen (beschildert)

Für einen Spaziergang in den Ort ist er allerdings schon fast zu weit entfernt (*25 Minuten*). Dann müssen Ihre Vorräte den Kneipentest ersetzen. Und der beschauliche Bummel durch das Städtchen sowie seine zahlreichen Antiquitätenläden fällt den wohnmobilistischen Beschränkungen zum Opfer. Wie heißt es so treffend in der Überschrift zu dieser Tour? Licht und Schatten!

Tour 12: Wie Gott in Frankreich ?

Avignon - Villeneuve-lès-Avignon - Tarascon - Barbetane

Stellplätze:	beim Kloster Michel-de-Frigolet oder in Barbetane
Campingplätze:	auf der Rhône-Insel in Avignon oder neben dem Schloss von Tarascon
Besichtigen:	in Avignon: Papstpalast, Kathedrale, Petit-Palais, Pont d'Avignon, Kirche St. Didier, den Osten der Altstadt; in Villeneuve: die Hauptstraße, Chartreuse Val de Bénédiction, Fort St. André, Tour Philippe le Bel, Museum; Schloss von Tarascon; Schloss von Barbetane
Essen:	in Avignon: die Restaurants *La Fourchette*, *L'Isle Sonnante* und *Hiély-Lucullus*; in Barbetane: Hôtel *St. Jean*
Karte:	Seite 176

An einem Nachmittag Ende Mai: Der Kellner klatscht mir lieblos das Wechselgeld auf die Marmorplatte des kleinen Tischchens; der Milchkaffee ist ihm zu billig. Mir hingegen sind die Eisbecher zu teuer. Aber auch die anderen Kellner in den Straßencafés gleich nebenan gehen ihrer beruflichen Tätigkeit nicht freudvoller nach. Wenn ich mich umschaue, ich sitze hier ausschließlich, um mich umzuschauen, Popcorn, Pizza, Hamburger. Ich kann kaum glauben, dass es hier entstanden ist, das geflügelte Wort vom lieben Gott in Frankreich!

Der liebe Gott war der Papst, und **Avignon** (heute 87.000 Einwohner) war Frankreich. Sogar sieben Päpste residierten zwischen 1309 und 1377 in der Stadt an der Rhône, die späteren Gegenpäpste noch nicht mitgerechnet. Ein Papst lebte im Mittelalter nicht schlecht; war er doch einer der mächtigsten Männer Europas.

Nachdem die Päpste in der Mitte des 13. Jahrhunderts den Machtkampf mit den deutschen Stauffern siegreich beendet hatten, gewann der französische König an Einfluss in Europa. Papst und König, die Anfang des 13. Jahrhunderts noch gemeinsam gegen die Sekte der Albigenser und den diese schützenden Grafen von Toulouse zu Felde gezogen waren, gerieten nun zunehmend in Konflikte. Man stritt um Macht und um das Recht zur Besteuerung des Klerus (wann in der Geschichte stritt man eigentlich nicht um Macht und Geld?). Der französische König Philipp ließ den Papst gefangen nehmen. Dieser konnte sich zwar befreien, er starb jedoch bald. Auch seinem Nachfolger war kein langes Leben beschieden.

Der nächste Papst, Clemens V., wurde nicht nur in Lyon gewählt, er war auch der erste Franzose auf dem Stuhl Petri. Und als in Rom zwischen den Adelsfamilien blutige Fehden ausbrachen, floh der Papst auf Zureden des auf Machtzuwachs bedachten Königs und samt seinem Gefolge ins heimatliche Frankreich, in die Provence, nach Carpentras. Das gehörte, wie die Grafschaft Venaissin, bereits der Kirche und war der Lohn des Königs für die Beteiligung am Kreuzzug gegen die Albigenser.

Diese Stadt lag aber nicht so günstig wie Avignon und so siedelte man bald im Dreieck zwischen Rhône und Durance, das damals Gianna, der Königin von Neapel und Gräfin der Provence, gehörte. Gianna stand im Verdacht, ihren Mann gemeuchelt zu haben und zeigte sich dankbar, als der Papst sie von Schuld freisprach: Sie verkaufte ihm deshalb Stadt und Umland für einen lächerlichen Preis.

Die Päpste hielten in Avignon nun prachtvoll Hof. Und mit ihnen Kardinäle, Diplomaten sowie alles, was zu einem Hofstaat gehörte. Kritik aus den eigenen Reihen blieb nicht aus, eine Pestepidemie raffte in der Umgebung von Avignon mehr als 10.000 Menschen dahin, und in Rom beruhigte sich das Klima, so dass Gregor X. im Jahre 1377 nach Rom zurückkehrte.

Damit war aber die Zeit der Päpste in Avignon noch nicht vorbei. Der Nachfolger Gregors, Urban VI., wurde von den Franzosen nicht anerkannt, die ihrerseits einen Gegenpapst kürten. Zeitweilig gab es in Pisa sogar einen dritten heiligen Vater. Jeder war päpstlicher als der Papst. Erst das Konzil von Konstanz beseitigte die Verwirrung, ein Papst trat zurück, die beiden anderen wurden ab- und ein vierter als nunmehr einziges Kirchenoberhaupt eingesetzt. Man schrieb das Jahr 1417, und die Zeit der Päpste in Avignon war endgültig vorbei.

Ich wette, die wenigsten Urlauber, die heute vor den gewaltigen Mauern des **Papstpalastes** stehen, wissen, dass die Nachfolger Petri nicht nur als Gegenpäpste, sondern auch als Einzige ihres Berufes in Avignon weilten. Der *Palais des Papes* ist eigentlich gar kein Palast, sondern ein verschachtelter Festungskomplex, bestehend aus zwei ziemlich verschiedenen Teilen, dem *Palais-Vieux* (*alter Palast*) und dem *Palais-Neuf* (*neuer Palast*). Der alte Palast lässt mit seiner nüchternen und strengen Architektur noch erkennen, dass sein Erbauer, Papst Benedikt XII., Zisterzienser-Mönch (und letzter Verfolger der Albigenser) war, während der weltoffene Clemens VI. (bevor er Papst wurde, war er Kanzler des Königs) mehr die schönen Künste liebte und nach Süden und Westen den gotischen, neuen Teil des Palastes anbauen ließ. Ansprechend ist weder der alte noch der neue. Nur gewaltig und imposant, fast schon erdrückend; von außen wie von innen.

Aber das Bauwerk ist architektonisch und historisch einmalig, es zieht alljährlich eine halbe Million Menschen in sein Inneres. Und dennoch wage ich die Behauptung, es sind bestimmt nicht die kurzweiligsten 60 Minuten Ihrer Provence-Reise, wenn Sie durch die meist kahlen, abweisenden und letztlich auch etwas uninteressanten Räume geschleust werden. Die Teppiche an den Wänden haben mit der Geschichte des Palastes ohnehin nichts zu tun und dienen nur der Auflockerung - was eigentlich schon alles sagt. Immerhin muss man sich nicht mehr einer Führung anvertrauen, sondern darf einem frei bedienbaren Bandgerät lauschen, das man an der Kasse in Empfang nimmt - perfekt deutsch gesprochen, wenn man *allemand* verlangt.

Avignon - Papstpalast

Richtig schön finde ich nur das **Hirschzimmer** (*Chambre du Cerf*), in dem die Fischfänger am Rande eines Bassins noch besser zur Geltung kommen als die Hirschjäger. Es fehlen dem Bild noch die Perspektive und die Klarheit der späteren Renaissance, auch wurde nicht in den feuchten (*fresco*) Putz gemalt, sondern *al secco*. Trotzdem sind die Jagdmotive dieses Zimmers sicher der Höhepunkt der Visite. Ursprünglich war ein großer Teil des Bauwerkes derart ausgemalt, aber ein Brand im 15. Jahrhundert und die spätere Verwendung haben Narben geschlagen. Zeitweise war das Palais Gefängnis und nach 1818 sogar Kaserne. Spektakulär ist noch der riesige Speisesaal, der größte Raum des Palastes (*9-18,30 Uhr, 7,50 €*). Wenn Sie in Anbetracht der stolzen Eintrittspreise auf die Innenansicht ganz verzichten, sollte Sie auch kein schlechtes Gewissen plagen!

Kurz noch zum sonstigen „Muss" der Stadt: Neben dem Papstpalast die **Kathedrale N. D. des Doms**, romanisch mit kitschiger, goldener Dachstatue aus dem 19. Jahrhundert. Links davon, am Ende des Platzes, liegt der **Petit-Palais** (*Mittagspause von 13-14 Uhr, dienstags geschlossen; 5 Euro*). Der ehemalige Bischofssitz war die Behausung der Päpste vor Fertigstellung des Papstpalastes, er beherbergt heute eine bei Kunstkennern vor allem wegen ihrer Geschlossenheit hoch geschätzte Sammlung italienischer Malerei, darunter einen Botticelli (Saal XI) und die berühmte ,Sacra Conversazione' des venezianischen Malers Carpaccio (Saal XVI B).

Bis zur Fassade des Petit-Palais dringen noch die meisten Touristen vor, die Treppenstufen hoch zum Papstgarten, dem **Rocher des Doms**, sind der Mehrzahl schon zu viel. Dabei schießt man von hier eines der klassischen Fotos Südfrankreichs, der vier noch vorhandenen Bögen der **Brücke St. Bénézet** in der träge dahinfließenden Rhône. Besser wird das Bild übrigens, wenn man den *Pont d' Avignon* von halber Höhe aufnimmt, und gut macht sich die Zeit kurz vor Sonnenuntergang. Ursprünglich hatte das sich dem Fluss entgegenstemmende Brückenbauwerk mit dem kleinen Kapellchen 22 Bögen bei einer Gesamtlänge von rund 900 Metern. Der *Pont* überspannte nicht nur die beiden Arme der Rhône, sondern auch die dazwischen liegende Insel, jenseits derer die Brücke leicht nach Süden abgeknickt war. Der Turm Philipps ,des

Avignon - St. Bénézet

Schönen' auf der anderen Seite (Näheres siehe unten), war ein bewachtes Brückentor. Welches französische Kinderlied geht Ihnen momentan im Kopf herum? Natürlich! ,Sur le pont d' Avignon'. Und vermutlich wissen Sie auch schon, dass der Text im Laufe der Jahrhunderte verfälscht wurde: Man tanzte nicht *sur* (*auf*), sondern *sous* (*unter*) den Brückenbögen auf der Insel, weil nämlich dort Tanz- und Vergnügungslokale einluden. Die Brücke wurde durch Hochwasser zerstört und wird schon seit dem Jahre 1660 nicht mehr benutzt.

Genauso unvermeidlich wie der Papstpalast ist die Erfrischung auf der **Place de l' Horologe**, dem zentralen Platz am Rathaus, wo das Leben, vor allem das touristische, pulsiert. Wie das im Allgemeinen so aussieht, erwähnte ich bereits eingangs. Hinzu kommen noch Gaukler und Feuerschlucker, „lebende Puppen" und Penner. Und wer in der ersten Reihe sitzt, sieht bestimmt irgendwann ein von zu Hause bekanntes Gesicht zum Papstpalast eilen.

Als ich im Jahre 1968 zum ersten Mal in Avignon war, stand am Ende des Platzes noch ein großes Denkmal mit einem kolossalen Löwen davor. Das Monument musste (musste es wirklich?) einem einträglicheren Karussell weichen, und insgesamt ist der ganze Platz touristisch geglättet, ähnlich wie das übersanierte Stadtviertel dahinter. Wie oft habe ich von diesem Platz geträumt? Und wie nüchtern ist er heute! Genauso wie die von hier schnurgerade nach Süden verlaufende Hauptstraße, die Rue de la République. Auch wenn oder gerade weil Avignon im Jahre 2.000 zur Kulturhauptstadt Europas gekürt wurde (aber nicht zum WOMO-Lieblingsort !), ist die mitteleuropäische Einheitsgeschäftswelt von solchen Straßen nicht mehr hinwegzudenken.

Zwei Ausnahmen gibt es: Das Restaurant *Hiély-Lucullus,* nahe der Place de l' Horologe, und die **Kirche St. Didier**, auf derselben Seite, ein Stück weiter südlich; fast unveränderte

Gotik seit 1359 und in der ersten rechten Seitenkapelle ein berühmtes Relief des Bildhauers Francesco Laurana. Erbauer der Kirche war übrigens Benedikt XII., der auch den älteren Papstpalast errichten ließ.

Von Gott in Frankreich aber, von dem, was man heutzutage darunter versteht, kann in Avignon nur noch in wenigen Häusern die Rede sein; das *Hiély* erwähnte ich bereits (Genaueres siehe unten), die anderen werden Sie gleich kennen lernen. Ansonsten macht sich südfranzösische Lebensart erst dort breit, wo kaum ein Tourist mehr hinkommt. Im

Osten der Altstadt, bei den **Markthallen**, an der Place Pie oder in der **Rue des Teinturies**, der Hauptstraße des einstigen Gerberviertels. Der kleine Bach seitlich der Straße ist, man glaubt es kaum, die Sorgue, deren wasserreichen Oberlauf wir anlässlich der 3. Tour bestaunt haben. Eines ist sicher: Wer nicht innerhalb der Stadtmauer ein wenig ziellos durch die einzelnen Altstadtquartiere streift, versäumt zwar nicht das besternte Avignon, jedoch das sehenswerte.

Der liebe Gott *en France*: Zum Essen sitzen wir wegen des hervorragenden Preis-/Leistungsverhältnisses gerne im **Restaurant *La Fourchette***, in der 17 Rue Racine (*Tel. 04 90 85 20 93; die ersten drei Wochen im Aug. sowie samstags und sonntags geschlossen*). Gehen Sie am obersten Ende der Place de l' Horologe, etwa beim Karussell, nach links in westlicher Richtung und an der nächsten Querstraße - es ist die Rue Racine - rechts; das Lokal liegt dann gleich links. An den ziemlich dicht stehenden Tischen sitzen fast nur Einheimische, was ja bekanntlich kein schlechtes Gütezeichen ist. Bedauerlich ist nur, dass man ohne Voranmeldung kaum Platz findet, denn preiswert ist *Die Gabel* obendrein. Eine Portion feiner und dementsprechend auch teurer ist das ***L'Isle Sonnante***, fast daneben (*Tel. 04 90 82 56 01; im August und montags geschlossen*). Noch gediegener und ebenfalls häufig nur nach Voranmeldung (*Tel. 04 90 86 17 07; von Mitte Juni bis Anfang Juli sowie - montags und, außer von Juli - Sept., dienstags mittags geschlossen*) sitzt man im **Hiély-Lucullus**, dem berühmtesten Avignoner Esstempel, beinahe schon einer Institution. Dafür sind die Preise noch niedrig; relativ gesehen und gemessen an den anderen Nobelkneipen der Stadt (dem Restaurant *Christian Étienne*, und den *Hotels Mirande und Europe*). Die Kellner lassen mir eine Spezialbedienung angedelhen. Ich bin nämlich zu Recherchen für dieses Buch ein paar Tage alleine unterwegs und sitze abends *tout seul* an einem Zweiertisch. Das ist für sich schon suspekt. Mit der Bestellung eines seltenen, offenen (!), weißen (!) *Châteauneuf-du-Pape* weise ich mich scheinbar als Weinkenner aus - und mit ein paar Notizen als bedrohlich. Nach dem Bezahlen platzt der Ober schier vor Neugier und fragt höflich, ob ich für einen Restaurantführer schreibe. Nicht ohne Stolz darf ich mich als Abgesandter der berühmten WOMO-Reihe outen und sein wirklich erstklassiges Menü loben.

Wenn Festspielzeit ist - von Mitte Juni bis Mitte August - bekommt man überall in Avignon Reservierungsprobleme, dann läuft die Stadt fast über. Ich gehe mal davon aus, dass Sie für die interessanten Theatervorführungen ohnehin keine Karten besitzen, da man diese Monate vorher bestellen muss (ich habe es noch nie versucht, angeblich muss man zur Information und Reservation die Nr. 04 90 86 24 43 oder 04 90 82 67 08 anrufen; auch die Fremdenverkehrsämter in Deutschland können informativ aushelfen). Wahrscheinlicher ist es, dass Sie auf den Straßen und Plätzen der Stadt oder im Garten des Papstpalastes kleinere, manchmal sogar spontane Vorführungen erleben. Für das alternative *,Festival off'*, an dem sich hauptsächlich freie Theatergruppen beteiligen, kann man die Karten nämlich nur vor Ort erstehen.

Wie überall stellen sich auch in Avignon die Fragen, nach einem Park- und nach einem Übernachtungsplatz. Avignon hat mit das höchste Touristenaufkommen aller südfranzösischen Städte. Demnach sind auch organisierte Autoknackerbanden unterwegs, und ein im Dunkeln parkendes WOMO gehört zu deren liebster Beute. Wir wurden bisher zwar verschont, mir ist es aber in solchen Städten schon tagsüber mulmig, erst recht natürlich am Abend. Weniger, wenn ich drin liege, wohl aber wenn das Auto in einer finsteren Parkplatzekke steht. Fahren Sie also aus der Stadt heraus oder gehen Sie auf den Campingplatz. Der ist nämlich in Avignon, jedenfalls von der Lage her, wirklich empfehlenswert. Man hat teilweise einen schönen Blick auf den Papstpalast und den *Pont d'Avignon* (Foto Seite 195). Und man kann bequem zu Fuß die Altstadt erreichen:

Campingplatz: Avignon (*Camping Bagatelle*)

Ortszentrum: 0,8 km;   **Zeiten**: ganzjährig;
Ausstattung: Schwimmbad (0,1 km), Laden, Restaurant;
Zufahrt: Wenn Sie aus Richtung Altstadt kommen, fahren Sie über die nördlichere der beiden Rhône-Brücken, den Pont E. Daladier (Sie müssen auf jeden Fall zuvor ein Stück an der Stadtmauer vorbeigefahren sein). Wenn die Brücke Land berührt, sind Sie auf der Rhône-Insel, wo Sie bei erster Gelegenheit nach rechts fahren; spätestens am frühen Nachmittag anreisen

Es gibt hier vier Campingplätze hintereinander, auf den Ersten (*Camping Bagatelle*) stoßen Sie gleich nach der Brückenabfahrt. In der Nähe sehen Sie ein größeres Schwimmbad, außerdem diverse Parkplätze, die für WOMOs Tag und Nacht gesperrt sind. Auch sonst sucht man auf der Rhône-Insel leider vergeblich ein gemütliches Stellplätzchen. Schöner und ruhiger ist der

Campingplatz: Avignon (*Pont-Saint-Bénézet*)

Ortszentrum: 2 km; **Zeiten**: Mitte April bis Ende Oktober;
Ausstattung: Schwimmbad (1,3 km), Laden, Restaurant;
Zufahrt: auf der Rhôneinsel am vorgenannten Platz vorbeifahren,

von dem man einen wunderbaren Blick auf Avignon hat. Der Bummel in die Stadt ist von hier aber schon fast eine Wanderung.

Nach unseren Aufenthalten in Avignon sind wir zuletzt nach Barbetane oder zum Kloster St. Michel-de-Frigolet herausgefahren. Dort gibt es Übernachtungsplätze, die in etwa dem entsprechen, was man sich vorgestellt hat, als man zum ersten Mal an einen Wohnmobil-Urlaub dachte. Bis wir aber dort unser Haupt betten, müssen wir uns in Avignon noch mit Parkplatzproblemen (auch deshalb empfehle ich den Campingplatz) herumschlagen und auch noch einiges besichtigen (siehe also am Ende dieser Tour).

Für die **Parkplatzsuche** bleiben Sie bitte außerhalb der rundum verlaufenden **Stadtmauer**, die übrigens von den Päpsten im 14. Jahrhundert gebaut wurde. Gegen die Raubritter, heißt es. Imponiergehabe dürfte der wirkliche Grund gewesen sein, denn sehr widerstandsfähig ist sie nicht. Man stößt, egal woher man kommt, immer auf die Mauer und die Straße führt rundherum. Wo im Mittelalter noch ein Graben war, zwischen heutiger Straße und Mauer, finden Sie Parkplätze. Nehmen Sie den Ersten, denn es könnte der Letzte sein! Die größten Parkplätze sind an der Rhône nahe der oben erwähnten Brücke angelegt. Dort stehen auch nachts so viele Wohnmobile, dass ich Ihnen den

---

WOMO-Stellplatz: Avignon

WOMO-Zahl: >5;   **Ausstattung**: Gaststätten, Geschäfte, sehr laut; **Zufahrt**: direkt an der Stadtmauer auf der Rhôneseite, Wegbeschreibung siehe im Text; tagsüber **Parkgebühr**

---

nicht vorenthalten darf. Man muss aber einen tiefen Schlaf haben, denn es ist verdammt laut und so wenig gemütlich, dass der Campingplatz allemal die bessere Wahl ist.

Beschaulicher wird es in **Villeneuve-lès-Avignon** (9.500 Einwohner). Trubel und Nepp lassen wir auf der östlichen Rhône-Seite zurück, stattdessen tauchen wir am anderen Ende der Brücke in ein Stück provinzielles Frankreich. Das war im 14. Jahrhundert nicht anders, als die Päpste kamen und Avignon zu dem wurde, was Petrarca einmal als *„Abfallgrube, in der sich aller Unrat der Welt sammelt"* bezeichnet hat. Manch kirchlicher Würdenträger oder Kardinal setzte sich daher ans andere Ufer ab, das man zu dieser Zeit schon bequem über die Brücke St. Bénézet erreichen konnte. So entstanden eine Reihe stattlicher Paläste (so genannter *Livrées*), die heute in sympathischer Weise vor sich hin gammeln.

Schon als wir in Ville-neuve auf dem großen Platz vor der Altstadt parken, zweifeln wir, ob wir überhaupt richtig sind. Verirren sich tatsächlich so wenige Touristen über die Rhône in ein derart interessantes Städt-chen? Dabei offenbart ein Spaziergang durch die Hauptstraße des Ortes, die Rue de la République, ein Höchstmaß von Charme, zu dem Frankreich fähig ist. Wenn sich in ein paar Jahren Denkmalschützer und Altstadtsanierer auf

die Schultern klopfen, wenn es aus den Palästen nicht mehr modrig riecht, wenn Fensterscheiben und Dachkandel repariert sind, wenn nicht mehr die Armen in den Häusern der einstmals Reichen wohnen, wenn in den malerischen Innen-höfen keine Autos mehr rosten dürfen, wenn dort, wo heute noch die unterschiedlichsten Plastikklingelknöpfe die Vorder-ansicht verunstalten, eine kleine Gedenktafel hängt, wenn die Stadt nicht mehr nur den Bewohnern gehört, dann wird es hier aussehen wie überall in Europa. So wie in Deutschland, Italien oder Spanien, nachdem Altstadterneuerer ganze Straßenvier-tel entkernt und touristisch aufpoliert haben. Von Frankreich wird dann nicht mehr viel übrig sein, allenfalls ein schwacher *Haut-goût.*

Aufgebaut und restauriert ist heute schon der größte Palast der Stadt, die **Chartreuse Val de Bénédiction**. Man kann wieder nachvollziehen, wie das einst bedeutendste Kartäuser-kloster Frankreichs funktioniert hat. Drei Kreuzgänge gibt es zu sehen und das prunkvolle Grabmal von Papst Innozenz VI., der zur Klostergründung beitrug: Er schenkte nämlich dem Kartäuserorden seinen Kardinalspalast,. Aus Dankbarkeit, weil der an seiner Stelle eigentlich zum Papst bestimmte Kartäuser-Kardinal Jean Birel den Stuhl Petri im Hinblick auf die strengen Regeln des Ordens ausgeschlagen hatte (*täglich 9 - 18,30 Uhr; im Winter kürzer; 5 €; angenehm sind die schriftlichen Erklärungen in deutscher Sprache*).

Zu einer Besichtigung von Villeneuve gehört auch das **Fort St.-André** (*9,3o - 12,30 und 14 - 18 Uhr; im Juli und August*

Blick von Villeneuve nach Avignon

keine Mittagspause; 3,50 €). Die Festung wurde im 14. Jahrhundert gebaut, um die Benediktiner-Abtei des Klosters St.-André zu schützen, denn ursprünglich endete am linken Rhône-Ufer das französische Königreich. Die massigen Tortürme wurden im letzten Jahrhundert renoviert, dabei hat man auch verschiedene Pechnasen zugemauert, um Unfälle zu verhindern. Das Fort besucht man nämlich der schönen Aussicht wegen, die man von den beiden Rundtürmen hat. Unser Besuch, nach der Mittagspause, ist dazu eigentlich noch zu früh, denn der Papstpalast von Avignon, auf den sich alle Blicke richten, wirkt am späten Nachmittag am besten. Das gilt genauso für den fast noch schöneren Blick vom **Turm Philipps** 'des Schönen' (*Tour Philippe le Bel; Öffnungszeiten wie das Museum; 1,50 €*). Der französische König Philipp hatte

Villeneuve - Fort St.-André

hier das westliche Ende der Rhône-Brücke mit einem Kastell gesichert, um den Zugang zum ursprünglich deutschen Ostufer der Rhône zu kontrollieren.

Fast hätten wir nach Festung und Turm die Stadt wieder verlassen, ohne einen Blick in das **Musée Pierre-de-Luxembourg** zu werfen. Schon die bemalte Elfenbeinmadonna im Erdgeschoss (14. Jahrh. - beachten Sie auch die leichte Krümmung des Stoßzahns auf der Rückseite) ist den Eintritt wert, erst recht das Bild der berühmten 'Marienkrönung' im ersten Stock, das der DuMont-Reiseführer als ein „Kunstwerk von Weltrang" würdigt. Die Mutter Gottes von Enguerrand Quarton gilt als eines der schönsten Gemälde französischer Gotik und wurde Mitte des 15. Jahrhunderts für die Kartause gemalt. Es lohnt sich wirklich, auch hier das Ende der Mittagspause abzuwarten (*10 - 12,30 und 15 - 19 Uhr; im Winter kürzer; außer von Ende Juni - Anfang Sept. montags und im Februar vollständig geschlossen; 3 €*).

In Villeneuve lès Avignon finden Sie auch einen ortsnahen, nicht üblen **Campingplatz**, leider aber nicht mehr den von mir früher empfohlenen Stellplatz.

Vor der Heimreise empfehle ich Ihnen noch einen kleinen Ausflug zur **Montagnette**, dem Landstrich südwestlich von Avignon, den man sich sinnvoll auch gleich im Anschluss an unsere 11. Tour vornehmen kann.

Alleine schon wegen eines der berühmtesten Schlösser der Provence an ihrem südlichen Rand. Die **Burg von Tarascon** gehört zu jeder Bildungsreise. Entsprechend langatmig ist die französische Führung (*täglich zur vollen Stunde, von April - Sept. keine Mittagspause; 5 €*). Das Beste am Schloss ist der Blick von der Dachterrasse. Das Château gilt als besonders gut erhalten, zumal man in den 30er Jahren die Umbauten wieder entfernt hat, die notwendig waren, um die 1449 vollendete Burg als Gefängnis zu nutzen. Mindestens so eindrucksvoll ist das Schloss von außen.

Tarascon - Schloss

Wer gerne auf Campingplätzen schläft, weilt in Tarascon (11.000 Einwohner) richtig. Denn der

Campingplatz: Tarascon (*Camping Tartarin*)
Ortszentrum: 0,2 km; **Zeiten**: 15.3 - 30.9.; **Ausstattung**: einfach; **Zufahrt**: direkt neben dem Schloss am Ufer der Rhône

liegt direkt neben dem Schloss, am Ufer der Rhône. Der Name des Platzes geht zurück auf Alphonse Daudet. Der schrieb nicht nur die berühmten ‚*Briefe aus meiner Mühle'* (siehe 11. Tour), sondern auch den Roman des ‚*Tartarin von Tarascon'*, in dem die Bewohner der Stadt nicht gut wegkommen. Ursprünglich hieß der Held ‚*Barbarin'*, so wie eine alteingesessene Familie. Die zog erfolgreich vor Gericht, und Daudet musste seine Romanfigur in ‚*Tartarin'* umtaufen.

Eine Nacht in der Stadt empfiehlt sich vor allem am letzten Juni-Sonntag, wenn beim **Tarasque-Fest** ein Drache aus Holz, Pappe und Segeltuch durch die Stadt gezogen wird. Der Sage nach soll so ähnlich das Ungeheuer ausgesehen haben, das Jahr für Jahr aus der Rhône aufgetaucht ist, um Schiffer und Kinder zu fressen. Bis die Heilige Martha aus Stes. Maries einflog, um dem Reptil den Garaus zu machen. An die Schutzheilige erinnern nicht nur ihr Grab in der nach ihr benannten Kirche, schräg gegenüber der Burg, sondern auch die zu ihren Ehren abgehaltenen Umzüge mit einem künstlichen Nachkommen des Untiers. Die Pappattrappe soll zugleich die bösen Wassergeister vertreiben, die den Fluss immer wieder über die Ufer treten lassen.

Diesmal gibt es weder einen Drachen-Umzug, noch gelüstet es uns nach einem Campingplatz, so dass wir wieder nach Norden zurückfahren, zur **Abtei St.-Michel-de-Frigolet** und damit an einen der besonders angenehmen Plätze in der Provence. Zugegeben, die Klosterbauten samt Kirche sind eher uninteressant und ziemlich kitschig (hauptsächlich aus dem 19. Jahrhundert; im nördlichen Seitenschiff der Kirche gibt es den Rest einer Kapelle aus dem 11. Jahrhundert). Wegen der weiß gekleideten Mönche des Prämonstratenserordens würde ich Sie auch nicht hinter die kleine Gebirgskette, die Montagnette, ködern. Denn Kräuterlikör wird auch anderswo von geschäftstüchtigen Ordensbrüdern verkauft. Aber ein Kloster in einer derart anmutigen Landschaft und würzigen Luft gibt es selten.

Stellplatz bei der Abtei St.-Michel-de-Frigolet

Erstaunlich ist auch das kleine, fast unbewohnte Gebiet, das man im dichtbe- und vor allem zersiedelten Rhônetal gar nicht vermutet. So wurde das Kloster zu einem beliebten Ausflugsziel der Avignonesen und ihrer Nachbarn. Erschrecken Sie nicht, wenn in der Woche noch am Nachmittag busweise Schulklassen Ballspiele veranstalten, oder wenn am Sonntag halb Avignon hier picknickt. Die Stunden von St.-Michel-de-Frigolet liegen zwischen Tag und Dämmerung. Dann steht man unter ausladenden Schirmkiefern, oder man hat sich auf einem verschwiegenen Weg ein stilles, von der Straße nicht sichtbares Plätzchen gesucht. Man lauscht dem Abendgesang der Vögel und vergisst den Radau der nahen Städte. Ungeniert kann man Tisch und Klappstühle auspacken, das Federballspiel genauso, und wenn schon ein paar andere Wohnmobile dastehen, stellt man sich unter eine andere Pinie.

Platz gibt es genug! Der Parkplatz vor dem Kloster ist einer meiner liebsten Provence-Übernachtungsplätze. Allerdings kann ich für das Wochenende meine Hand nicht ins Feuer legen, und die Stelle ist nachts ziemlich einsam:

WOMO-Picknickplatz: Abtei St.-Michel-de-Frigolet

WOMO-Zahl: >5; **Ausstattung**: Bänke und Tische, Mülleimer, Wanderwege, nachts einsam;
Zufahrt: der Parkplatz vor der Abtei ist nicht zu verfehlen

Es gibt Alternativen, zum Beispiel in **Barbetane** (3.200 Einwohner). Dort wähnt man sich angesichts des Schlosses aus dem 17. Jahrhundert eher in Italien als 10 km vom Zentrum Avignons. Der Marquis de Barbetane war lange französischer Gesandter beim Großherzog der Toskana und hat seine Erinnerungen baulich umgesetzt (*Führungen ¾ Std., 10-12 und 14-18 Uhr; von Dezember bis März und, außer von Juli bis September, mittwochs geschlossen; 5 €*). Lohnend ist insbesondere die schöne Inneneinrichtung. Nett ist aber auch das Städtchen selbst, mit Rathaus, Kirche und viel Flair.

Am Abend sitzen wir im *Hôtel St. Jean* und freuen uns an einem einfachen, eher deftigen Essen bei freundlichen Leuten. Hier versucht man sich nicht an komplizierten Speisen, die dann doch misslingen, und zum Nachtisch gibt es, was schon Generationen schmeckt: Karamellpudding oder *Tarte des pommes* (Apfelkuchen). Dass die Rechnung uns dann schließlich auch nicht die Stimmung verdirbt, versteht sich fast von selbst (*Tel. 04 90 95 50 44; außer im Juli und August montags geschlossen*).

Überdies gibt es direkt bei Barbetane einen (Sie lesen richtig: **einen**) besonders schönen Schlafplatz. Auch auf die Gefahr hin, dass ich selbst in Zukunft keinen Platz mehr finde:

WOMO-Stellplatz: Barbetane

WOMO-Zahl: 1-3; **Ausstattung**: Gaststätten, Geschäfte, Wanderwege;
Zufahrt: Man verlässt Barbetane nach Süden, Richtung St. Michel d.F. Im Ort fährt man erst in ein Tal, dann leicht bergauf und biegt hinter einer Linkskurve nach links zu einer ehemaligen Windmühle (*moulin*) ab. Die Straße wird nun bald zur Einbahnstraße, die rund um den kleinen, bewaldeten Hügel führt. Wir fahren bei der Windmühle wieder links und treffen nun am oberen Ortsrand von Barbetane auf einen alten Wachtturm. An dessen Fuß kommt man an einem schmalen, asphaltierten Parkplatz vorbei. Hier werde ich mich hinstellen, wenn die schönere Alternative, auf die nur <u>ein</u> WOMO passt, bereits besetzt ist: Die liegt schräg gegenüber und ist nichts anderes als eine Ausbuchtung der Straße, die vom Turm zur Windmühle führt

Oberhalb eines Hangs mit herrlichem Blick auf Barbetane und das Rhônetal können wegen der nahen Häuser auch ängstliche Naturen ein Auge zu machen. Man darf auch rechts am Turm hoch in das Wäldchen fahren, wo man an diversen **Picknick-Plätzen** - nun deutlich einsamer - ebenfalls nächtigen kann.

Der Kreis unserer West-Provence-Reise schließt sich nun fast. Barbetane wäre für die letzte Nacht auch durchaus geeignet. Vielleicht fragen Sie sich aber, wo unsereiner den Abend vor der Heimreise verbringt. Es ist nie ein Autobahnrast- oder Supermarktparkplatz, und ich hoffe, dass mit diesem Buch auch in Ihrem WOMO-Leben diese lauten (und gefährlichen) Notlösungen ausgemerzt sind. Ansonsten unterscheidet sich unser Urlaub wenig von Ihrem. Auch wir fristen gelegentlich miserable Nächte und haben schlechte Stimmung. Auch unsere Kinder nörgeln und streiten, und bisweilen wünschen auch wir uns ein gemütliches Hotelbett, eine Flugreise oder auch mal, aber selten, das heimische Sofa. Es geht mir also nicht anders als Ihnen. Als Autor von WOMO-Reiseführern idealisiere ich nämlich ab und an das wohnmobilistische Leben mehr als es der Wirklichkeit entspricht.

Wo aber stehen wir nun wirklich in der letzten Nacht? Auf dem Parkplatz vor dem Schwimmbad von Châteauneuf-du-Pape, auf dem wir schon bei der 1. Tour geschlafen haben. Am Freitagmorgen müssen wir uns von der Provence verabschieden. Und von den fluchenden Markthändlern, die uns schon wieder mit Ständen und Sonnenschirmen zugebaut haben.

Die Tipps und Infos

Boules - Pétanque

Sicher bleiben auch Sie immer wieder fasziniert stehen, wenn gegen Abend auf irgend einem Sandplatz in Südfrankreich die Eisenkugeln (*boules*) gestreichelt, gerollt oder geschossen werden. Nirgendwo anders sind die Gesichter charakteristischer als auf dem *Boulodrôme*, dem staubigen Spielfeld, auf das kein südfranzösisches Dorf verzichten kann. Ich könnte Stunden damit zubringen, den Kugelwerfern zuzuschauen.

Nur muss man fürs Kiebitzen die Regeln kennen: Es spielen immer zwei Parteien gegeneinander, wobei zu jeder Partei ein bis drei Spieler gehören, natürlich müssen es gleich viele sein. Jeder Spieler wirft zwei, meistens drei Eisenkugeln. Sinn des Spieles ist es, möglichst viele *Boules* näher als der Gegner an die kleine Holzkugel, den *Cochonnet*, heranzubringen. Das *Schweinchen* ist eine arme Sau, ist es doch Ziel sämtlicher Attacken. Der Werfer der Holzkugel setzt seine erste Eisenkugel möglichst nahe. Jetzt kommt die andere Partei an die Reihe und muss versuchen, dem *Schwein* noch näher auf die Pelle zu rücken. Dabei muss die Gegenpartei solange werfen, bis sie eine Kugel dichter am Ziel hat als die andere Partei. Das wird häufig erst durch pedantisches Nachmessen und lange Diskussionen über die Messtechnik ermittelt. Touristen outen sich meist dadurch, dass sie an einer Linie werfen und nicht aus einem in den Sand gezogenen Kreis. Aus ihm heraus wirft, solange seine Partei noch Kugeln hat, immer der Spieler, dessen spezielle Fähigkeiten gerade gefordert sind. So gibt es in jeder Mannschaft meistens einen *Tireur*, dessen Aufgabe darin liegt, die unerwünscht nahe *Boule* des Gegners wegzuschießen. Geschickte Spieler können dem Eisen einen derartigen Effet verleihen, dass die fremde Kugel meterweit weg fliegt, dass aber die eigene genau an der Stelle der fremden liegen bleibt. Sind alle Kugeln gespielt, bekommen die Kugeln einen Zählpunkt, die näher am Ziel liegen als die beste Kugel des Gegners. Das Spiel gewinnt die Mannschaft, die auf diese Weise als Erste 13 Punkte erreicht hat.

Ursprünglich wurde in Südfrankreich auf größere Distanz gespielt, wobei die Zielkugel bis zu 21 m weit geworfen wurde. Die Akteure mussten dann die Spielkugel mit Anlauf oder auf einem Bein stehend zum Ziel bringen. Im Jahre 1910 bahnte sich aber auf dem *Boulodrôme* der Hafenstadt La Ciotat ein Boulo-Drama an: Ein begnadeter *Boulomane* litt unter Rhoumatismus, an die Einbein-Wurf-Technik war nicht mehr zu denken, an den Anlauf schon gar nicht. Jules hieß der Bedauernswerte, der bald nur noch traurig den anderen zusehen konnte. Jules hatte aber einen Freund mit Namen Ernest, bei dem es an einem warmen Juniabend funkte: Um *Boules* zu werfen, braucht man doch nur einen gesunden Arm, viel Fingerspitzengefühl und noch mehr Köpfchen (ob man damals auch schon eine *Gitane* im Mundwinkel brauchte, weiß ich leider nicht). Warum also müssen wir anlaufen oder auf einem Bein stehen? Er kreierte den Abwurfkreis und ließ die Zielkugel auf eine kürze Distanz rollen. Fortan boulten die Herren stehend und mit *geschlossenen Füßen*, auf Französisch also mit *Pieds tanqués* (prov.: *péd tanco*). Bald nannte man diese Art des Boules-Spieles nur noch *Pétanque*. Eine Gedenktafel in La Ciotat erinnert an den denkwürdigen Sommer.

Das Spiel ist aus Südfrankreich nicht mehr wegzudenken, und vier Boules-Fabriken machen nach wie vor beste Geschäfte. Bessere als die Zahnbürstenhersteller, denn in Frankreich werden mehr Boules-Kugeln verkauft als Zahnbürsten (das ist eine Behauptung, die man überall liest, weil sie den Leser amüsiert; sie wird dadurch aber nicht bewiesen), und kein südfranzösisches Eisenwarengeschäft kann darauf verzichten, verschiedene Qualitäten der etwa 750 g schweren Kugeln im Schaufenster auszustellen.

Sogar die Frauenbewegung frohlockt. Längst ist das *Pétanque* keine reine Männersache mehr, geschlechtlich gemischte Mannschaften nehmen zu. Und auf den nackten Po von *Fanny* küsst man heute auch nicht mehr. *Fanny* war nämlich ein Pin-up-Girl mit einem auffälligen, womöglich sogar nackten Hintern, das irgendwo am Rande der Boules-Plätze aufgehängt war. Wenn eine Mannschaft mit 0:13 verloren hatte, durften sich die Spieler damit trösten, *Fanny* auf den Allerwertesten zu küssen - zum Gespött der Gewinner, versteht sich.

Campingplätze

In kaum einer Region Europas werden Sie mehr Campingplätze finden als in der Provence. Von den Zeltplätzen am Meer soll hier noch nicht die Rede sein (Näheres siehe unter dem Stichwort *Strände* und in Teil 2). Frankreich hat, aufs Ganze gesehen, vermutlich das weltweit dichteste Netz unterschiedlichster Campingplätze. So dass jeder, der einen Platz sucht, auch in der Hochsaison im Landesinneren fündig wird. Allerdings nicht unbedingt dort, wo man als Erstes sucht, insbesondere, wenn der Zeltplatz an einer Badestelle liegt. Aber niemand muss ein abendliches Refugium missen.

Die sanitären Ausstattungen sind jedoch verschiedenartig, am schlichtesten sind sie in der Regel auf den städtischen Plätzen (*Camping municipal*), die aber auch wiederum die preiswertesten sind. Wer häufig auf Campingplätzen nächtigt, kauft sich am besten den grünen Michelin-Führer, *Camping Caravaning France*, der jedes Jahr in Neuauflage erscheint, aber nur einen Bruchteil der französischen Campingplätze verzeichnet.

Auch in Südfrankreich gibt es Plätze, die vorwiegend von Dauercampern besucht werden, die ihren Wohnwagen nicht mehr auf Rädern, sondern Backsteinen stehen haben. Die Campingführer weisen dezent auf Dauercamper hin. Leider nehmen fest installierte Behausungen auf den Campingplätzen zu, die sich rentabel vermieten lassen. Man nennt sie *Mobil homes* (wegen der beiden Alibi-Rädchen), in Wirklichkeit sind es aber Baracken - und sehen auch so aus.

Ich erwähnte bereits, dass die Plätze an den Stränden, sei es am Meer, an Flüssen oder an Seen in der Hochsaison häufig belegt sind. Zumeist hängt dann am Eingang ein Schild mit der Aufschrift ‚complet'. Die glücklichen Urlauber im Inneren haben sich oft schon ein Jahr vorher für den nächsten Urlaub angemeldet - und mit mobilem Reisen nichts am Hut. Wenn Sie auf einen derartigen Platz wollen, fragen Sie bei der Leitung, ob Sie überhaupt Chancen haben, und reisen Sie am nächsten Tag gegen Mittag oder am besten donnerstags oder freitags an.

Die Nacht auf dem Campingplatz kostet natürlich Geld, Kinder über 6 Jahre zahlen meistens voll, und so legt man für eine 4-köpfige Familie schon mal pro Nacht bis zu 30 Euro auf den Tisch, gelegentlich aber auch weniger als 20 Euro. Je aufwendiger die Ausstattung des Campingplatzes ist, umso teurer wird die Chose, wobei die aufgemotzten Plätze meistens nicht die schönsten sind. Und die aufwendigen Sanitäranlagen sind für Wohnmobilfahrer mit eigenem Toilettenraum nicht von Bedeutung.

Unsere Campingplatzerfahrungen sind beschränkt, da wir Zeltplätze oftmals nur im Sommer aufsuchen, besonders wenn wir uns längere Zeit zum

Baden an einem Gewässer aufhalten (dabei gibt es nach unseren Erfahrungen nur selten Alternativen zum Campingplatz). Wir hatten in Südfrankreich aber noch nie das traurige Erlebnis, dass man uns am Campingplatztor wegen unseres Wohnmobils diskriminiert und für nur eine Nacht nicht aufgenommen hätte.

Ich empfehle Ihnen ein gültiges *Camping-Carnet*, ersetzt es die Hinterlegung des Passes in der Schreibtischschublade des Campingplatzbesitzers. Man erhält das *Carnet* beim ADAC oder dem Deutschen Campingclub für ein paar Mark (und nach meinen Erfahrungen tut es auch die Plastikkarte vom Vorjahr). Wir freunden uns immer mehr mit Campingplätzen an - und widmen diesen in unserem Buch zunehmend mehr Raum.

Diebstahl

Niemand von uns ist vor Dieben gefeit - weder in Südfrankreich noch anderswo. Aber leider gehört die Provence seit einigen Jahren zu den Gebieten, in denen man besonders aufpassen muss. Frankreich rangiert in der Kriminalitätsbelastung inzwischen vor den USA, vor allem wegen der Vermögensdelikte. Wer so tut, als gäbe es das Problem nicht, lügt sich in die eigene Tasche. Je sorgloser man ist, umso eher schlagen die Diebe zu. Und die Wahrscheinlichkeit ist leider groß.

Es gilt eine **Grundregel**, die Sie eisern befolgen müssen: **Verlasse nie dein WOMO mit nichts als dem Autoschlüssel in der Hand**. Denn Diebe sind nicht blöde und wissen, dass Sie mehr als diesen Autoschlüssel dabei haben: Geld, eine Fotoausrüstung, eine Videokamera und die Damen eine Handtasche. Tragen Sie aber nichts unterm Arm, müssen diese Dinge zwangsläufig im WOMO zurückgeblieben sein. Eine Auto- oder Reisemobiltür ist aber für einen Profi ein Klacks. Er öffnet sie in Sekunden.

Das betrifft besonders die Leser, die ein Wohnmobil gemietet haben, weil diese Fahrzeuge gegen Autoknacker schlecht gesichert sind. Die Besatzung solcher Mietmobile muss immer damit rechnen, das schwächste Glied in der Kette zu sein. Den Fahrzeugen, durchweg neuesten Modellen mit wenig individuellen Innereien, sieht der erfahrene Einbrecher schon von weitem an, dass die Mieter unkundiger und sorgloser sind als alte Hasen. **Das dürfen Sie in keiner Minute vergessen**, schon gar nicht auf dem Autobahnrastplatz oder an anderen Stellen, an denen Sie nur kurz Ihr Fahrzeug verlassen. Die wenige Minuten dauernde Einkehr ist oft die beste Gelegenheit, im Auto herumliegende Wertgegenstände zu stehlen. Wenn es irgendwie geht, sollte auf Rastplätzen immer ein Familienmitglied im Auto bleiben, und wenn es nicht geht, müssen die Wertsachen zur kurzen Erfrischung (und Entleerung) mitgenommen werden!

Wer meine Bücher kennt, weiß, dass mein Wohnmobil über Sicherungsvorkehrungen verfügt. Diese sind zwar für einen brutalen Einbrecher nur eine Hemmschwelle, denn wer ein derart leicht gebautes Fahrzeug aufbrechen will, über erforderliches Werkzeug und einen entsprechenden Zerstörungswillen verfügt, kriegt jedes Reisemobil auf. Aber der Bösewicht zaudert eher, wenn er sieht, dass ihm sein Handwerk nicht leicht gemacht wird. Bekanntlich bekomme ich hin und wieder Leserpost (leider mit abnehmender Tendenz, was Sie durch Ihre Zuschriften ändern sollten), in denen mir die Freunde meiner Bücher ab und an von positiven Entdeckungen berichten, gehäuft aber von schlechten Erfahrungen, von verbotenen Stellplätzen, übel gelaunten Wirten und schlechten Wegbeschreibungen. Und, besonders aus Südfrankreich, von aufgebrochenen Wohnmobilen. In keinem einzigen Fall wurde mir berichtet, dass bei diesen Fahrzeugen die **Alarmanlage** scharf geschaltet war. Abgesehen davon, dass eine solche Vorrichtung Lärm macht, den Sie in der benachbarten Kneipe möglicherweise selbst hören, dürften schon entsprechende Aufkleber an den Seitenscheiben oder ein blinkendes Lichtchen eine gewisse Warnfunktion haben. Der Einbau ist leider teuer und kostet gut und gerne 500 Euro, aber er belohnt Sie mit einem deutlich sorgenfreieren Urlaubserleben (Sie sollten ab und zu an entlegener Stelle die Funktion testen).

Es gibt auch wirksame **mechanische Hürden**: Der WOMO-Verlag verkauft Ihnen den *WOMO-Knacker-Schreck*, den Sie auch in Mietmobilen einsetzen und der die Vordertüren wirksam verriegelt. Außerdem vertreibt in Deutschland die Firma Oelmühle (Annoncen in den WOMO-Zeitschriften, *Tel 02174/2223* oder per *www.quick-safe.de*) leicht zu montierende Ketten, mit denen Sie die Fahrzeugtüren verrammeln können, und zwar so gut, dass jeder Dieb sie von außen erkennt und (wie beim Produkt des WOMO-Verlages) ahnen kann, dass die Ketten nicht einmal nach dem Einschlagen der Scheibe problemlos auszuklinken sind. Wer über handwerkliche Grundkenntnisse verfügt, ist auch in der Lage, die Schlösser zu montieren, die Oelmühle ebenfalls für die Aufbautüren anbietet, und deren Riegel auch nachts einen optimalen Einbruchsschutz bieten. Dabei wundert mich nur, dass derlei Zubehör nachgerüstet werden muss, wo doch der Käufer eines Wohnmobils, der stolze 50.000 Euro hinblättert, zu seiner Sicherheit gerne ein paar Euro mehr ausgeben würde. Und noch mehr erstaunt es mich, dass in Testberichten der Wohnmobil-Fachpresse dieses Thema und die Sparsamkeit der Hersteller totgeschwiegen werden. Wie viel mehr haben Sie doch von einem sicheren Fahrzeug als von der aufwendigen Badezimmerarmatur! Aber da Sie, liebe Leser, schon erfahrene Wohnmobil-Reisende sind, oder sich zumindest auf dem Weg dorthin befinden, werden Sie der Industrie ihre an Äußerlichkeiten orientierte Verkaufspolitik lassen, die Ihnen einen gewissen Einbruchsschutz bietet. Denn neben Ihrem WOMO steht zumeist ein schlechter gesichertes, das von den Dieben bevorzugt wird.

Sehr beliebt ist in der Provence der Überfall an der Ampel: Sie halten bei Rot und neben Ihnen ein Motorrad. Der Soziusfahrer reißt Ihre Autotür auf, krabscht die von außen sichtbare Handtasche - und entschwindet mit Karacho. Verriegeln Sie also stets die WOMO-Tür und lassen Sie Wertsachen auch während der Fahrt nie offen rumliegen oder -hängen.

Das alles hat mit der **Übernachtungssicherheit** auf freien Stellplätzen nichts zu tun. Nur drei Provencefahrer haben mir im Verlauf von 12 Jahren von einem nächtlichen Überfall berichtet. Und die standen alle auf einem Autobahnrastplatz, wo ich **niemals** übernachten würde. Es gibt nichts Gefährlicheres, auch wenn Sie wohnmobile Nachbarn haben !!!

Falls Ihr Auto einmal aufgebrochen worden ist, brauchen sie unbedingt eine polizeiliche Bestätigung von der Anzeige, damit Ihre Kaskoversicherung und, in Maßen, auch Ihre Reisegepäckversicherung bezahlen. Ich habe übrigens die Versicherungsbedingungen beider Sparten stets bei mir, um ab und zu nachzulesen, was nicht versichert ist. Ist der Schaden erst einmal eingetreten und hat man die polizeiliche Anzeige aufgegeben oder gar die Meldung an die Versicherung abgeschickt (!), nutzt Ihnen die Lektüre der Versicherungsbedingungen nichts mehr.

Fotografieren/Filmen

Die Provence ist ein ideales Ziel für Lichtbildner. Nicht ohne Grund ist Arles das französische Zentrum der Fotografie. Genauso wie die Maler schwärmen auch wir Fotografen vom „Land im Licht". Wenn im Mai der Mohn in voller Blüte steht, oder wenn die Sonne das Farbenspiel der Ockerbrüche von Roussillon so richtig leuchten lässt, wenn man mit dem Teleobjektiv über einen Markt streift oder wenn der Wind den Dunst weggeblasen hat und sich die Landschaft in einer schier unglaublichen Klarheit ausbreitet, erlebt der Fotograf wahre Sternstunden. Halten Sie drauf, sparen Sie nicht am Filmmaterial - und sortieren Sie für die Dia-Vorführung wieder großzügig aus.

Die Filme sind in Frankreich wesentlich teurer als in Deutschland, decken Sie sich also zu Hause ein. Und testen Sie Ihre Kamera vor dem Urlaub.

Aber messen Sie sich nicht mit den Profis, deren Kunstfotos überall verkauft werden. Die Leute leben vom Fotografieren und machen die meiste Zeit ihres Lebens nichts anderes. Auch denen gelingt nicht jeden Tag ein gutes Bild. Aber sie inspirieren uns am Postkartenstand mit Motiven und den Wirkungen des richtigen Lichtes.

Freies Camping

Die Gretchenfrage lautet: *Darf ich, oder darf ich nicht?* Meine Antwort: *Im Prinzip ja, aber ....*

Ich habe ausführlich recherchiert, den ADAC befragt, verschiedene Fremdenverkehrsbüros in Frankreich und in Deutschland, ich habe französische Rechtsanwälte angeschrieben und Rechtsberater von Wohnmobilzeitschriften. Ist das freie Übernachten in Frankreich nun erlaubt? Die Antworten war ein glasklares *Jein.* Richtig scheint Folgendes zu sein:

Außerhalb geschlossener Ortschaften ist die freie WOMO-Übernachtung in Frankreich grundsätzlich erlaubt, jedoch nicht an Bach, Fluss, See, nicht am Strand, nicht im Wald und nicht in 100 m Nähe von diesem. In einigen Départements soll es weitere Einschränkungen geben, und innerhalb geschlossener Ortschaften hat die Gemeindeverwaltung das Sagen. In vielen Orten ist das Camping durch Gemeindesatzung geregelt, was man gelegentlich am Ortseingang mit einem symbolisierten Wohnwagen und der sinngemäßen Aufschrift, dass das Übernachten reglementiert ist, bekannt gibt. Damit ist aber über den Inhalt der örtlichen Regelung noch gar nichts ausgesagt. Manchmal ist nämlich die freie Übernachtung nur zeitlich beschränkt oder in bestimmten Ortsteilen verboten. Nach den mir erteilten Informationen will man oftmals auch „nur Landfahrer" fern halten - auf jeden Fall aber auch eine Handhabe, wenn die WOMOs überhand nehmen und lästig werden.

Sie fragen sich angesichts obiger Aufzählung, wo Sie eigentlich noch frei stehen können? In der Praxis sieht man alles nicht so eng, und nach unseren Erfahrungen kann man sich überall dorthin stellen, wo es nicht durch Schilder ausdrücklich verboten ist, oder wo man wegen des berüchtigten Balkens in 2 m Höhe erst gar nicht hinkommt.

Stellplatz in Bonnieux (Tour 6)

Ob man mit *Camping interdit* (*Camping verboten*), das neuerdings immer häufiger an den Einfahrtstraßen der Ortschaften auftaucht, auch ein Wohnmobil meint, wird heiß diskutiert. Französische Wohnmobilisten ignorieren dieses Verbot grundsätzlich. Sie behaupten steif und fest, damit sei nur das Zelten gemeint - und machen sich meist über unseren deutschen Obrigkeitsgehorsam lustig. Gehen Sie davon aus, dass Schilderaufsteller durchaus fähig sind, ein eindeutiges WOMO-Verbotsschild zu montieren, wenn sie das auch wollen.

Wir wurden noch nie von einem Platz vertrieben, obgleich auch wir zunehmend das *Camping interdit* wie die Franzosen interpretieren, wir tolerieren jedoch stets ein Verbot für *Camping-Cars* (*Wohnmobile*) und haben insgesamt das freie Camping in der Provence als unproblematisch erlebt. Aber auch an dieser Stelle muss ich noch einmal wiederholen: Ich spreche nicht von der Meeresküste. Wer dort freie Campingmöglichkeiten erwartet, wird ziemlich enttäuscht sein (Ausnahmen finden Sie bei den Touren).

Wer an freies Camping denkt, also an eine Übernachtung außerhalb der Zeltplätze, hat oft zwiespältige Gefühle. Einerseits will man beim freien Camping alles das erleben, was man sich vorgestellt hat, als man ein Wohnmobil gemietet oder gekauft hat. Man erwartet das leichte, ungeregelte Leben und möchte an den Stellen bleiben, die einem gerade gefallen oder die einem vom WOMO-Führer vorgeschlagen werden. Befragungen haben ergeben, dass erstaunlich viele Wohnmobilfahrer fast ausschließlich Zeltplätze besuchen, obgleich ihnen freie Plätze zumindest zeitweise viel lieber wären. Viele Leser haben also Angst. Insbesondere die Deutschen, die in Betracht ziehen, etwas Verbotenes zu tun. Und genauso vielen ist deshalb bange, weil sie einen nächtlichen Überfall befürchten.

Ich gebe es zu, auch mir gruselt gelegentlich auf einsamen Stellplätzen in dunkler Nacht, besonders wenn ein fremdes Auto auf den Parkplatz einbiegt, oder wenn ich, was allerdings äußerst selten vorkommt, nachts Schritte höre. Aber die Wahrscheinlichkeit, Opfer eines Raubüberfalls zu werden, ist extrem niedrig. Ich bin mit dem Wohnmobil wahrlich häufig unterwegs, aber ich war noch nie in einer brenzligen Situation. In 12 Jahren Reiseführer-Tätigkeit haben mir drei Leser von einem Überfall berichtet, der sich in Südfrankreich nachts ereignet hat. Gemessen an den Zig-Tausenden meiner Leser ist das so gut wie nichts. Die Angst spielt sich also nur in Ihrem Kopf ab, sie ist dort am größten, wo sie am unberechtigtsten ist. Ein einsames WOMO mutterseelenallein im stockdunklen Wald ist gleichbedeutend mit der Garantie für eine unbehelligte Nacht, und doch werden Sie dort von jedem Knacken erschreckt. Der umtriebige Autobahnrastplatz (siehe Stichwort *Diebstahl*) hingegen wiegt Sie weit mehr in Sicherheit, obwohl gerade hier die Überfälle stattfinden (Bösewichte sprühen Narkosegas ins Auto und knacken dann die schlecht gesicherten Türen; dagegen helfen sowohl die oben schon erwähnten Zusatzschlösser und –Ketten wie auch ein elektronisches Gerät, das Sie vor Narkosegas warnt und das Sie im Fachhandel kaufen können).

Die Angst vor der Nacht auf den von uns erwähnten Stellplätzen ist objektiv also unbegründet, zumal die Existenz dieses Reiseführers neben dem Nachteil, dass die Stellplätze überbelegt sein könnten, auch den Vorteil hat, dass Sie in der Ferienzeit sehr häufig neben einem gleich gesinnten Nachbarn stehen. Man tauscht sich dann mit der Frage aus: „Bleiben Sie heute Nacht auch hier?" Und wenn der Nachbar dann antwortet: „Sie auch?", gehen beide beruhigt zu Bett.

Mehr zu diesem Thema lesen Sie unten unter der Überschrift *Stellplätze*.

Fremdenverkehrsbüros

Jede Stadt oder Gemeinde, die touristisch auf sich hält - das tun die meisten -, hat ein Fremdenverkehrsbüro (*Office de Tourisme* oder *Syndicat d'Initiative*) eingerichtet, wo man die verschiedensten Informationen bekommt, manchmal sogar über Stellplätze. In den örtlichen Büros spricht selten jemand deutsch, außerdem hat man hier nur im Sommer geöffnet. Regional übergreifende Informationen und in Deutsch erhält man in den ausländischen Vertretungen des französischen Fremdenverkehrsamtes, *Maison de la France*, wenngleich dort spezielle, regionale Fragen gelegentlich unbeantwortet bleiben:

D-60325 Frankfurt/M., Westendstr. 47, Tel. 069/97581034
A-1033 Wien, Landstrasser Hauptstr. 2A , Tel. 01/7157062
CH-8023 Zürich, Löwenstr. 59, Tel. 01/2213561

Auf jeden Fall hat man beim Brief an diese Büros schon Vorfreude; erst Recht, wenn später zu Hause die bunten Prospekte eintrudeln. Und per Internet kann man sich auch informieren, in allen Sprachen und von allen Ländern: **www.franceguide.com**

Gas

Das Stichwort hat an Aktualität verloren, nachdem fast alle Wohnmobile über zwei 11 kg **Flaschen** verfügen, mit denen ein durchschnittlicher Leser ohne zu heizen beinahe einen ganzen Sommer lang verreisen kann. Man bunkert zu Hause ausreichend Vorrat, schaltet den Warmwasserboiler nur bei Bedarf ein und vergisst das Thema für den Rest des Urlaubs.
Wer zur Vorratswirtschaft nicht fähig ist, kann sich in Frankreich eine teure, blaue *Camping-Gaz* Flasche kaufen (auf vielen Campingplätzen, in Supermärkten und in Eisenwarengeschäften). Für den Einsatz im WOMO braucht man aber auch ein spezielles Anschlussstück (möglichst schon zu Hause kaufen und ausprobieren, ob es an Ihren Regler passt). Langzeiturlauber benötigen ein Euro Füll- und Anschluss-Set, mit dem sie in Frankreich an wenigen Stationen die eigene Flasche füllen lassen können (nach einer Füllstation fragt man bei den zahlreichen Gastankstellen, die nur eingebaute Tanks befüllen). Mit den genannten Überbrückungsteilen lässt sich der eigene Regler auch an eine französische Gasflasche schrauben. Hat man das Set nicht zur Hand, ist Vorsicht geboten, denn ein französischer Regler eignet sich nicht immer für Ihre Gasanlage. Die Wohnmobile schreiben nämlich heutzutage einen unterschiedlichen Gasdruck vor, der auf dem in Ihrem WOMO eingebauten Regler, dem runden Ding an der Gasflasche, aufgedruckt ist, und der unbedingt beibehalten werden muss (30 oder 50 mbar). Wohnmobilbesitzer mit fest eingebautem **Gastank** sind in Frankreich vergleichsweise gut dran, dort ist das Gas-Tankstellennetz wesentlich dichter als in Deutschland, außerdem ist das Gas preiswert. Gas-Tankstellen erkennt man an dem Schild *G.L.P.*

Geld

Seit die Euroschecks abgeschafft worden sind, kommt für die Beschaffung von Bargeld überwiegend die Euro-Scheckkarte mit persönlicher Geheimzahl (PIN) zum Einsatz. Wehe dem, der seinen Geheimcode vergessen hat!
Frankreich ist in Europa das Land der **Kreditkarte**. Mit der *Carte bleue* kann man fast überall bezahlen. Zu dieser Kreditkarte zählen die *Visa-Karte* und die *Eurocard*, wobei die *Visa-Karte* unerklärlicherweise eine noch größere Akzeptanz besitzt (bei beiden fällt eine happige Tauschgebühr an und an Tankstellenautomaten hat meine *Visa-Karte* oft nicht funktioniert). Der bargeldlose Zahlungsverkehr ist in Frankreich wesentlich weiter verbreitet als bei uns, und auch im Supermarkt wechseln kaum noch Geldscheine den Besitzer. Ich brauche inzwischen in Frankreich nur noch für kleine Einkäufe richtiges Geld - und neuerdings wieder in einigen Lokalen (sicherheitshalber vorher fragen!).
Ein Problem besteht darin, die Scheckkarte zu verlieren, weshalb ich peinlich darauf achte, diese von meiner Kreditkarte getrennt aufzubewahren.

Und das größte Risiko ist meine Schusseligkeit, weil ich ab und zu den falschen Pin-Code eintippe (oder ich das Versteck nicht finde, in dem sich das Zettelchen mit der richtigen Ziffernfolge befindet). Dazu zwei Tipps, die Ihnen echten Ärger ersparen: Die Scheck- oder Kreditkarte wird vom Bankautomaten eingezogen, wenn zum dritten Mal die falsche Ziffernfolge eingegeben wird, ganz gleich, ob das letzte Mal schon Wochen zurück liegt. Wenn Ihnen dieses Missgeschick unterlaufen ist, lassen Sie unbedingt **vor** der Reise zu Hause Ihre Scheckkarte auf der Bank wieder von den Fehlversuchen säubern und ziehen Sie danach bei Ihrer Hausbank nochmals Geld mit der Karte (!), der dritte Fehlversuch könnte nämlich in der Provence stattfinden. Und, genauso wichtig: Zu den Reisedokumenten höchster Wichtigkeit, deren diebstahlgeschützter Ablageplatz im WOMO Ihnen allzeit bekannt sein muss, zählt die Telefon-Nummer der Kredit- oder Scheckkartenzentrale, unter der Sie einen Verlust melden müssen. Rufen Sie dort **umgehend** an, wenn das Ding abhanden gekommen ist, und sei es auch mitten in der Nacht. Nur dann, wenn Sie davon berichten können, dass Ihnen das Stück Plastik gerade erst, vor wenigen Minuten, verlustig gegangen ist (und dass Sie die Geheimzahl nirgends aufgeschrieben haben), zahlt die im Kredit- oder Scheck-Kartenvertrag enthaltene Versicherung, falls der Dieb Missbrauch treibt!

Wer keine PIN-Nummer hat, ist in Frankreich auf Bargeld oder **Reiseschecks** angewiesen, die man sich aber schon in Deutschland besorgt haben muss. Sie kosten 1% vom Kaufwert, und möglicherweise wird beim Einlösen nochmals eine Gebühr verlangt. Dafür haben Sie den Vorteil, dass bei Verlust üblicherweise kein Schaden entsteht.

Landkarten

Unter allen **Straßenkarten** gibt es zu den Michelin-Karten im Maßstab 1:200.000 keine Alternative. Wir setzen in unserem Buch voraus, dass Sie sich diese Karten angeschafft haben. Man kann sie bei uns in jedem größeren Buchladen und beim WOMO-Verlag, in Frankreich in Buch-, Schreibwarengeschäften sowie an Tankstellen erwerben;. Karten mit kleinerem Maßstab sind ungeeignet, da die in unserem Buch beschriebenen Strecken dort teilweise gar nicht verzeichnet sind.

Falls Sie ab und zu wandern möchten, suchen Sie natürlich nach **Wanderkarten**, die es in Frankreich inzwischen fast flächendeckend gibt; näheres können Sie unter der Überschrift *Wandern* nachlesen.

Sie fragen vielleicht noch nach **Stadtplänen**? Ich kann auch in diesem Buch nicht damit dienen. Was daran liegt, dass Zeichnungen von Konkurrenzverlagen urheberrechtlich geschützt und gar nicht oder nur für teures Geld zu bekommen sind, und ich nach Zeit raubenden und aufwendigen Versuchen dem Beispiel anderer Reiseführer, dem Leser mit unzulänglichen Plänen Orientierungshilfen nur vorzugaukeln, nicht folgen will. Die Lücke in unserem Reiseführer schließen Sie problemlos, wenn Sie sich den Michelin Restaurantführer leisten (Stichwort: *Restaurants*), wo Sie einen Stadtplan von jedem halbwegs großen Ort finden. Die Pläne sind so genau, dass sie im 2. Weltkrieg von den Alliierten für die Befreiung Frankreichs benutzt wurden. Das behauptet jedenfalls Peter Mayle. Wenn Sie weitere Geldausgaben scheuen, bekommen Sie bei den meisten örtlichen Fremdenverkehrsbüros kostenlose Pläne.

Lebensmittel/Getränke

Es gibt auch unter den erfahrensten Wohnmobilisten Leute, die befürchten, in Frankreich zu verhungern. Schauen Sie mal, was Ihre deutschen Campingplatznachbarn zum „Kochen" aus den Stauräumen des WOMOs herauskramen: Konserven, Tütensuppen, Konserven... Das ist in Südfrankreich

wirklich eine Sünde! Nichts gegen ein paar Vorräte. Für Notfälle bei geschlossenen Geschäften oder für die Tage übergroßer Urlaubsfaulheit. Wer möchte aber in einem Land mit allerbesten frischen Lebensmitteln bei konservierter Geschmacklosigkeit bleiben? In Frankreich reiben sich die Hobbyköche die Augen: Schon in kleineren Orten überzeugen Fisch- und Gemüsegeschäfte mit einer Auswahl, die es bei uns nicht mal in der Großstadt gibt. Vom Käse gar nicht zu reden. Nur beim Brot wird es etwas schwieriger, denn so lecker das frische Baguette auch ist, am Nachmittag wird es knatschig, und übermäßig gesund ist es leider auch nicht. In einigen Bäckereien und in den meisten Supermärkten gibt es inzwischen jedoch auch dunkles Brot.

Das **Preisniveau** entspricht im Wesentlichen dem hiesigen, so dass Sie auch nichts sparen, wenn Sie sich im Urlaub mit heimischen Konserven ernähren (genau genommen *ernährt* man sich mit Konserven auch kaum, man wird nur satt). Die französischen **Supermärkte** sind die größten in Europa. Das Angebot ist teilweise so gigantisch und erschlagend, dass ich schnell übel gelaunt bin. Stets habe ich das Gefühl mehr kaufen zu müssen als ich brauche. Die meisten Supermärkte sind an allen Wochentagen einschließlich Samstagnachmittag geöffnet, teilweise sogar sonntags morgens. Kleinere Lebensmittelgeschäfte sind in der Regel montags vormittags geschlossen. Andere Geschäfte sind häufig montags den ganzen Tag über zu, es gibt aber keinen einheitlichen Brauch, insbesondere kein Ladenschlussgesetz. Gehen Sie sicherheitshalber davon aus, dass Sie montags allenfalls Brot einkaufen können. Die üblichen **Ladenöffnungszeiten**: Dienstag bis Samstag von 9 bis 12 Uhr und von 14,30 bis 19 Uhr.

Das **Getränkeangebot** ist ebenfalls groß. Als Deutscher nimmt man zufrieden zur Kenntnis, dass es in Frankreich inzwischen auch alle Arten von Gerstensaft gibt, denn die Franzosen legen im Bierkonsum von Jahr zu Jahr zu (was den Produzenten von einfachem Landwein zu schaffen macht). Viel Umweltbewusstsein haben die Franzosen aber noch nicht entwickelt, denn die Getränkebehältnisse sind weiterhin ein Ärgernis: Berge von Plastikflaschen für Mineralwasser, Sprudel und Limonaden füllen die Regale - und die

Müllhalden. Die Auswahl an Fruchtsäften ist in Frankreich erstaunlicherweise schlecht, die Säfte sind auch verhältnismäßig teuer. Dem *Wein* widmen wir weiter hinten ein eigenes Stichwort.

Literatur

Sie werden sich vermutlich noch einen Reiseführer kaufen, der sich mit dem beschäftigt, was bei uns zu kurz kommt; dies sind in erster Linie Kunst, Kunstgeschichte und Architektur.

In dieser Hinsicht traut man dem **DuMont-Kunstreiseführer**, *Die Provence,* von Thorsten Droste mit Recht die meisten Kompetenz zu. Wobei mir allerdings noch nie ganz eingeleuchtet hat, weshalb diese Bücher so einseitig und so trocken sein müssen.

Wesentlich lockerer und umfassender ist der Reiseführer aus dem **Michael Müller Verlag**, dessen Titel, *Provence - Côte d'Azur* auch nicht einfallsreicher ist als der meines Buches. Dafür hat Ralf Nestmeyer mit unglaublicher Fleißarbeit eine Informationsfülle vorgelegt, vor der man nur den Hut ziehen kann. Das beste Provence-Buch auf dem Markt! Zumindest das zweitbeste?

Toll ist auch das Buch des Rowohlt-Verlages, *Südfrankreich,* von Günther Liehr aus der Reihe **ANDERS REISEN**, dessen Hintergrundwissen und flotter Stil auf dem Reiseführer-Markt einmalig sind.

Wer sich kurz und anschaulich informieren will, sollte sich den **HB-Bildatlas** zur *Provence* mit vielen, recht schönen Fotos, sinnvollen Beschreibungen und brauchbarem Kartenmaterial anschaffen - aber bitte nur für den ersten Appetit. Es gibt aber keinen Reiseführer, mit dem man in kurzer Zeit einen besseren Überblick über eine ganze Region bekommen kann.

Eine sehr gute Ergänzung zu unserem WOMO-Führer ist der, beim WOMO-Verlag erhältliche, grüne **Michelin**, *Provence.* Furztrocken, zum Schmökern völlig ungeeignet und wegen der alphabetischen Aneinanderreihung auch unübersichtlich. Aber mit präzisen, in sich hervorragend gegliederten Infos und Stadtplänen sowie Karten, die alles andere mühelos in den Schatten stellen.

Die **Wanderführer** erwähnen wir unter dem dazugehörigen Stichwort.

Aus dem Fach der Belletristik gehört **Peter Mayle** ins Reisegepäck. *Mein Jahr in der Provence, Toujours Provence, Encore Provence* und *Hôtel Pastis,* mit Abstrichen auch *Trüffelträume* - alles Bestseller in Millionenauflage - spielen im Luberon, sie erzielen einen hohen Wiedererkennungseffekt und sind eine Wonne für unbeschwerte Urlaubstage. Intellektuelle Menschen rümpfen bei Herrn Mayle die Nase. Mich amüsiert er trotzdem. Und wenn ich nur einen Wunsch frei hätte, würde ich vielleicht darum bitten, so humorvoll wie er schreiben zu können.

Notfälle

Ärzte

Der von deutschen Krankenkassen ausgestellte Internationale Krankenschein gilt in Frankreich sowohl bei Kassenärzten wie auch in Krankenhäusern. Theoretisch! Man muss den Auslandskrankenschein in Frankreich umtauschen; fragen Sie am besten beim Bürgermeisteramt (*Mairie* oder *Hôtel de Ville*), das ist oft auch zuständig. In der Praxis sind die vom Arzt akzeptierten Scheine Geldscheine.

Manche Krankenkassen ersetzen einem in beschränktem Umfang bei der Rückkehr nach Deutschland Arzt- und Arzneikosten, wenn man eine Quittung vorlegt. Wer eine private Krankenversicherung (wenn auch nur für den Urlaub) abgeschlossen hat, braucht sich gar nichts zu merken. Der muss zwar bezüglich aller Leistungen das Geld vorlegen, mit der späteren Erstattung gibt es jedoch in der Regel keine Probleme.

Adressen deutschsprachiger Ärzte erhält man bei den Konsulaten oder vom ADAC in München (von Frankreich aus Tel. 0049-89-222222), aber auch bei den örtlichen Touristenbüros oder beim Campingplatzverwalter. Wenn Sie dringend den ärztlichen Bereitschaftsdienst brauchen und mit Hilfe der Zeitung nicht weiterkommen, scheuen Sie sich nicht, zur Polizei zu gehen, um dort nachzufragen.

Apotheken

Französische Apotheken (*Pharmacies*) haben nicht einheitlich geöffnet. Vor allem montags sind die meisten Apotheken dicht. Normalerweise müsste ein Schild an der Eingangstür auf die Dienst habende Apotheke hinweisen (*Pharmacie de Garde*). Die Bereitschaftsapotheke steht auch in der Zeitung; wenn Sie nicht weiterkommen, wenden Sie sich auch diesbezüglich an die Polizei, die Sie angeblich nachts ohnehin brauchen, denn dann öffnet Ihnen wahrscheinlich kein Apotheker die Tür, weil er Angst vor Überfällen hat.

Konsulate

Generalkonsulat (*Consulat Général*) der Bundesrepublik Deutschland: 388, Av. du Prado; 13008 Marseille; Tel. 04 91 77 60 90; Mo. - Fr. von 9 bis 12 Uhr

Konsulat der Republik Österreich: 27, Cours Pierre-Puget; 13006 Marseille; Tel. 04 91 53 02 08; Mo. - Fr. von 9,3o bis 12,3o Uhr

Generalkonsulat der Schweiz: 7, Rue d'Arcole; 13006 Marseille; Tel. 04 91 53 36 65; Mo. - Fr. von 9 bis 11,3o Uhr

Notrufe (die auch per Handy funktionieren)

Polizei (*police secours*): 17
Feuerwehr, Unfallrettung (*sapeurs-pompiers*): 18
ADAC-Auslandsnotruf, München: 19-49-89-222222
ADAC-Auslandsnotruf, Avignon: 185, Route des Rémouleurs, Zone Industrielle Courtine Ouest; 84000 Avignon; Tel.: 04 90 86 16 09; von Mai bis September: Mo. bis Sa. von 9 bis 17 Uhr und So. von 9 bis 13 Uhr
ADAC-Auslandsnotruf, Paris: Tel. 01 45 00 42 95; von Mo. bis Fr. 9 bis 15 Uhr, von Mai bis Oktober bis 17 Uhr

Pannendienst

Seit der französische Automobildienst nicht mehr existiert, über den Polizeinotruf (siehe oben), und zwar entweder über die Notrufsäulen an der Autobahn und einigen Nationalstraßen, sonst überall über die Ruf-Nr. 17. Außerdem kann man mittels der Telefonnummer 05 10 61 06 über *AIT-FIPA Assistance* einen Pannenhilfsdienst rufen. Weitere Infos erhalten Sie unter dem Stichwort *Unfall*.

Preise

Das Preisniveau Südfrankreichs entspricht dem unsrigen und, je touristisch orientierter ein Gebiet ist, umso mehr dem Gesetz von Angebot und Nachfrage. Wenn der Einkauf im Supermarkt geringfügig größere Löcher in den Geldbeutel reißt, liegt dies in erster Linie daran, dass man in einem fremden Land nicht so genau weiß, was man wo erstehen sollte. Erstaunlich hoch sind die Eintrittspreise.

Rad fahren

Ich bin immer wieder erstaunt darüber, in welch großer Anzahl Fahrräder auf dem Heckgepäckträger nach Südfrankreich transportiert werden (neuerdings in sogenannten Heckgaragen, die das WOMO noch länger und unhandlicher machen, auch wenn man gar keinen Zweiventiler mitführt - die aber die Bilanz der Hersteller schönen; die immer größeren Fahrzeuge sind der Tod des unbeschwerten, mobilen Reisens; das aber nur nebenbei). Wer seinen Urlaub hauptsächlich auf einem Campingplatz verbringt, der abseits einer Ortschaft liegt, wer sein WOMO dort wohnwagenmäßig installiert, kann auf einen Drahtesel nicht verzichten. Wer das Fahrrad hingegen mitnimmt, um damit die Provence zu durchstreifen, wird möglicherweise etwas enttäuscht. Denn die Bedingungen sind keineswegs ideal:

Vom Mistral, dem kräftigen Nordwind, wird später noch ausführlicher die Rede sein; hier nur so viel: Wenn er bläst, steigen nur noch die Profis in den Sattel. Leider weht er dort am kräftigsten, wo es die wenigsten Steigungen gibt: im Rhônetal und in der Camargue. Die anderen Strecken sind hügeliger als man sich dieses zu Hause vorstellt, so dass man für größere Unternehmungen etwas trainiert sein muss.

Auf den Nationalstraßen werden Sie ohnehin nicht radeln, die Nebenstraßen sind weniger stark befahren als bei uns, dafür sind sie häufig schmal und nur selten einmal mit einem Radweg versehen.

Gute Bedingungen finden Sie im Luberon, dem Gebiet im weiteren Umkreis von Apt (Touren 4, 5 und 6) mit vielen ausgeschilderten Radstrecken. Ein Tipp: Radeln Sie mal auf der Kammstraße der Montagne du Luberon (Tour 6).

Reisezeit/Klima

Bei der Wahl der richtigen Reisezeit spielen das Klima und der Touristensturm die entscheidende Rolle. Die Angst vor **Überfüllung** der Strände und besonders der Campingplätze ist nur in der Zeit zwischen dem 15.7. und dem Samstag nach dem 15.8 (in Frankreich ein Feiertag) berechtigt. Schon Ende August sind viele Zeltplätze allenfalls noch halb voll. Nur während des eben genannten Monats steht man, liegt der Platz an Badestellen oder nahe den Hauptsehenswürdigkeiten, gelegentlich vor dem Schild ,complet', was bedeutet, dass der Platz belegt ist. An der Côte d'Azur dauert die Saison länger und bis Ende August.

Differenzierter ist das **Wetter**. Unser Reisegebiet fällt zum größten Teil in den Bereich des Mittelmeerklimas. Was schreibt ein ordentlicher Reiseführer über die beste Reisezeit in dieser Klimazone? Sie ahnen es, aber wir enttäuschen Sie: Wir teilen Ihnen nämlich nicht mit, dass die günstigsten Reisemonate Mai und September sind, dass Sie die Provence im Juli und August meiden sollen. Vermutlich gehören nämlich auch Sie zu den Leuten, die just zu jener Zeit in ein südliches Land reisen, von der unsere Zunft abrät. Weil Sie nur dann Urlaub bekommen oder die Kinder Ferien haben. Außerdem wäre eine solche Aussage für unser Reisegebiet teilweise auch gar nicht zutreffend, denn es gibt - in Teil 2 - Landstriche, die ich Ihnen im Juli oder August besonders empfehle. Wir müssen also bezüglich der Reisezeit zwischen den einzelnen Landschaften unseres Buches unterscheiden:

Januar und **Februar** sind keine Wohnmobilmonate, praktische Südfrankreicherfahrungen für diese Zeit besitzen wir nicht. Obwohl unsere Ahnen zur Zeit der Jahrhundertwende gerade im Winter die Côte d'Azur als Urlaubsziel entdeckt haben. Auch heute noch schwärmt mancher von den klaren Wintertagen in der Provence, die erstaunlich sonnig und regenarm sind.

Zum **Frühjahr** hin nehmen leider die Niederschläge kräftig zu. Wenn es dann in der zweiten Märzhälfte auf Ostern zugeht erlebt man garantiert ein klimatisches Wechselbad. Man hat traumhaft schöne Tage, mit blühenden Bäumen unter tief blauem Himmel, man legt sich in das schon sichtbar gewachsene Gras und döst in der Sonne. Oder, allerdings viel seltener, man

schlägt sich an grauen Tagen die Zeit um die Ohren, die Wohnmobilheizung ist unverzichtbar und der Regen trommelt stundenlang aufs Dach. Sie werden während 10 Tagen **Ende März/Anfang April** normalerweise beides erleben. Fahren Sie zu dieser Zeit möglichst ins Rhônetal, in die angrenzenden Regionen oder an die Calanques. Trotz der unsicheren Wetterlage sind mir die Wochen um Ende März/Anfang April fast die liebste Zeit in Südfrankreich, denn man reist schon merklich in den Sommer. Schrauben Sie Ihre Erwartungen aber nicht zu hoch, eine Wettergarantie gibt es mit Sicherheit nicht.

Ende April kann man bei gutem Wetter schon mal im Meer baden, die Küste liegt dann aber noch im Winterschlaf. Campingplätze und Kneipen sind vielfach noch zu, aber dafür findet man, wenn auch Jahr für Jahr seltener, das eine oder andere Stellplätzchen, das einen Monat später zugeparkt, abgesperrt oder gar nicht mehr da ist. Zumindest kann man in Küstennähe ungestraft auf eigentlich verbotenen, zu dieser Zeit leeren Parkplätzen stehen, wenn es keine Barriere gibt.

Im **Mai**, wenn Klatschmohn und Ginster blühen, wenn die Regentage seltener werden, wenn noch keine drückende Schwüle über dem Land liegt, ist - ich kann es mir doch nicht verkneifen - die beste Zeit für den größten Teil unseres Gebietes, für das Rhône-Tal, besonders für das Plateau de Vaucluse und den Luberon. Aber auch für die Küste, wo man um Pfingsten erleben darf, wie angenehm ein Campingplatz sein kann. Auf den schönsten Plätze direkt am Strand ist noch Raum, Sie liegen in der Sonne und kommen sich vor wie im Sommerurlaub. Und als Tourist sind Sie manchmal sogar noch ein Individuum. Das Wetter ist um Pfingsten leider weniger stabil als Sie es sich wünschen. Wir haben schon fast zwei Wochen am Stück unter wechselhaftem, gewittrigem Klima gelitten.

Ab Mitte **Juni** rollen dann die ersten Sommerurlauber heran. Jetzt beginnt auch das beständige Klima, in Meeresnähe sind Regentage nun selten (in manchen Jahren gibt es Ausnahmen). Ab Anfang **Juli** kann man in den Flüssen des Hinterlandes baden. Das Rhône-Tal ist dann allerdings weniger attraktiv, es kann dort glühend heiß und vor allem auch schwül werden. Aber auch in den anderen Teilen unseres Reisegebietes misst man im Juli/August locker mal 35 Grad.

Wettermäßig beständig sind auch **September** und **Oktober**. Wir haben Anfang September schon wunderbare Sommertage erlebt, die nur durch Ihren kühleren Abend die Nähe zum Herbst verraten haben. In vielen Jahren kann man bis Anfang November noch baden. Ein schöner Monat soll der **Dezember** sein, aber jetzt sind wir schon fast wieder bei der Theorie.

Zu allen Jahreszeiten gilt, dass nicht selten über einem relativ schmalen **Küstenstreifen** das Wetter deutlich besser ist als im gebirgigeren Landesinneren.

Während des ganzen Jahres, also leider auch im Hochsommer, kann Sie der **Mistral** ganz schön nerven. Der „Herr der Winde" ist ein überaus rauer Geselle, der aus nordwestlicher Richtung kräftig das Rhône-Tal hinunterbläst, aber auch auf den Landstrichen seitlich davon noch sturmartig die

Zypressenreihen hin und her schüttelt, welche die Felder vor dem Wind schützen sollen. Der Mistral weht, wenn sich über dem Golf du Lyon (das ist das Meer südlich der Rhône-Mündung) ein Tiefdruckgebiet aufgebaut hat. Dessen Sogwirkung zieht die kalte Luft im Norden an, wobei das Rhône-Tal den Luftstrom richtig in Fahrt bringt. Dort pustet der „Herr der Winde" dann die Wolken weg, weshalb nicht selten das Phänomen entsteht, dass im Rhône-Tal und in den angrenzenden Gebieten ein tiefblauer Himmel strahlt, während anderswo das Wetter schlecht ist. Maître Mistral kann verdammt unangenehm werden und ihren eingeölten Körper mit Sand panieren, sofern Sie überhaupt an den Strand gehen können. Wenn man den Wind am nötigsten braucht, an glutheißen Sommertagen, weht er am wenigstens, da dann die für die Sogwirkung verantwortlichen Tiefdruckgebiete fehlen.

Der Sturm rüttelt mitunter brutal an Ihrem WOMO, und wenn Sie nicht aufpassen, weht Sie ein Seitenwind auch mal in den Graben. Sein großer Vorteil aber besteht darin, dass er den Dunst aus dem Rhône-Tal pustet und Ihnen ideale, klare Lichtverhältnisse beschert. Jetzt ist die Zeit der Fotografen. Aber auch die der Gipfelstürmer, die dann vom Mont Ventoux das Meer sehen. Vorbei sind dafür die lauen Abende, an denen Sie vor Ihrem WOMO den Grillen lauschen. Und so sind Sie froh, wenn das nervige Winden wieder aufhört. Angeblich weht der Mistral 1, 3, 6 oder 9 Tage, und hat damit einiges mit dem Schnupfen gemeinsam: Wie lange er dauert, weiß kein Mensch. Und wenn Sie nicht genügend Pullover dabei haben, lernen Sie schnell die Gemeinsamkeiten mit dem Katarrh kennen.

Der ideale Südfrankreich-Urlaub beginnt wettermäßig übrigens mit einem kräftigen Mistral; der Rückenwind wird Ihre Treibstoffrechnung fast halbieren, aber wehe wenn er Ihnen auf der Heimfahrt ins WOMO-Gesicht bläst! Dann lobe ich mir schon eher den in Südfrankreich gar nicht so seltenen Südwind, der bisweilen bräunlichen Saharasand auf Ihrem Dach ablädt.

Insgesamt macht man sich bei der Wohnmobilreise leider viel zu abhängig vom Wetter, was auch daran liegen mag, dass wir zu inflexibel sind. Achten Sie also darauf, dass Sie Ihre Aktivitäten dem Wetter anpassen. Bei Regen haben Sie nichts von der Landschaft, aber viel von den Städten, den Kirchen und den Museen. Und Sie freuen sich dann erst Recht auf das gemütliche Restaurant. Bei Sonne und klarer Luft müssen Sie aber raus, auf die Berge und Hügel. Planen Sie also kurzfristig und dem Wetter angepasst.

Alle französischen Radio-Sender verbreiten einen ausführlichen **Wetterbericht** nach den 13-Uhr-Nachrichten, außerdem gibt es eine telefonische Wettervorhersage. Sie finden die Nummer unter dem Stichwort *Météo* im Telefonbuch. Und nach einigen Urlaubstagen werden Sie auch gelernt haben, dass die meisten regionalen Zeitungen über einen umfangreichen Wetterbericht mit mittelfristigen Vorhersagen verfügen.

Restaurants

In keinem Land Europas hat das Essen die Bedeutung wie in Frankreich. Von der reichhaltigen Auswahl an Lebensmitteln sprach ich bereits oben. Ein richtiger Franzose knausert auch nicht außer Haus, ein frankophiler Tourist ebenso wenig. Wohin aber soll man gehen?

Das Essen in den von uns bei den Tourenbeschreibungen erwähnten Restaurants ist sein Geld wert (gelegentlich berichten wir auch nur vom Hörensagen). Gehen Sie aber bitte nicht davon aus, dass wir immer die preiswertesten Lokale empfehlen, und verwechseln Sie andererseits unseren WOMO-Führer schon gar nicht mit einem Schlemmeratlas.

Nun möchten Sie aber nicht nur das nachschmecken, was wir Ihnen vorkauen, Sie werden vielmehr selbst auf Entdeckungsreise gehen, meistens ins **Restaurant**. So nennt sich das normale Speiselokal, in dem man niemals nur ein Getränk zu sich nimmt. Ein Restaurant sollte nur betreten, wer Zeit, Lust und Geld für ein richtiges Essen hat. Für einen kurzen Happen ist es ungeeignet. Mit Ausnahme von ganz einfachen Gasthäusern isst man an gedeckten Tischen mit entsprechendem Drumherum. Das Preisniveau ist ähnlich dem deutschen, nur muss man einkalkulieren, dass in der Regel mehrere Gänge serviert werden. Ist das Essen preisgünstig, zahlt man 15 Euro pro Person, in den Spitzenrestaurants muss man aber für eine Mahlzeit zwischen 40 und 80 Euro/Person einplanen. Hinzu kommen noch die Getränke, wobei man sich nicht scheuen sollte, auch in besseren Lokalen nach offenem Wein zu fragen (*vin ordinaire* oder *vin au pichet*). Wenn man zu einem gepflegten Essen auch den entsprechenden Wein trinken möchte, kann der Abend schnell zu einem sehr teuren Vergnügen werden, obgleich Flaschenweine in Frankreich, jedenfalls die einfacheren Sorten, eher billiger sind als in Deutschland (Achtung: In Frankreich gilt die 0,5-Promille-Grenze).

In den Restaurants kann man meistens zwischen einem oder mehreren Menüs und Speisen *à la carte* wählen, wobei die Menüs <u>wesentlich</u> billiger sind, selbst wenn darin einzelne Speisen der regulären Karte zusammengestellt sind. Ich empfehle Ihnen dringend, zu den Menüs zu greifen, bei denen auch die Qualität häufig besser ist; denn die Küche ist auf die Menüfolge vorbereitet. Einige teurere Restaurants bieten abends leider keine Menüs an. Das sieht man nicht von außen an der Speisekarte, die zwar in Frankreich aushängen muss, nicht aber immer alle Menüs enthält, die der Wirt anbietet.

Mögen Sie kein *menu*, können Sie in Frankreich ungeniert auch nur einen Hauptgang bestellen. Ich glaube auch nicht, dass man Sie schief anschaut, wenn Sie nur eine Vorspeise ordern. Eigene Erfahrungen fehlen mir jedoch insoweit. Sehr oft werden auch spezielle Kindermenüs angeboten (*menu enfant*), die leider gelegentlich etwas lieblos sind, unsere Töchter einst trotzdem immer wieder beeindruckt haben. Isst Ihr Nachwuchs nur *Pommes*? Dann bestellen Sie ihm in Frankreich *frites*, die Sie aber nicht in jedem französischen Restaurant bekommen. Wenigstens wird man Sie wegen dieses Wunsches nicht schief anschauen, auch wenn eine solch kärgliche Mahlzeit für das französische Kind restaurantmäßig undenkbar ist. Das tritt nämlich, so bald es kauen kann, in die Fußstapfen der Eltern: Es sitzt stundenlang artig bei Tisch, verdrückt mehrere Gänge, darunter zumeist ein blutiges Steak - und trinkt dazu Wasser, niemals Limo. Aber ich schweife ab, zurück zu Ihnen:

Wie finden Sie nun das richtige Lokal? Folgen Sie möglichst einer Empfehlung, es kann ja auch die eines anderen Reiseführers sein (Sie werden übrigens merken, dass viele Reiseführer dieselben Lokale anpreisen, was in erster Linie nicht daran liegt, dass die Autoren voneinander abschreiben,  sondern dass die Köche ihr Handwerk wirklich verstehen). Und wenn Sie noch rund 25 Euro übrig haben, entscheiden Sie sich für den dicken, roten **Guide Michelin**. Wir sind bestimmt nicht restaurantunerfahren und haben schon so manches Lokal erst nach sorgfältiger Prüfung der Speisekarte und der Preise beehrt, wir fallen aber auch immer wieder herein. Gelegentlich wurden wir auch schon von einem Gasthaus begeistert, das nicht im *Michelin* erwähnt ist, wir sind aber umgekehrt fast noch nie total eingebrochen, wenn wir ein Haus in dem roten Wälzer gefunden haben. Schon wenn Sie einen einzigen Reinfall vermeiden, hat sich die Anschaffung gelohnt, wengleich ich zugeben muss, dass *Michelin* nicht gerade die preiswerten Lokale favorisiert. Aber auch in Billig-Kneipen läppert sich auf der Rechnung einiges zusammen. Der rote *Michelin* lohnt sich übrigens auch wegen seiner einmalig präzisen Stadtpläne!

In den Restaurants sollte man sich so frühzeitig wie möglich anmelden, je bekannter das Haus ist, umso eher. Rufen Sie möglichst um die Mittagszeit an, wenn Sie abends einen Tisch benötigen - und scheuen Sie sich umgekehrt nicht, auch ohne Reservierung nach einem Platz zu fragen.

Wie aber verständigt man sich? Französisch natürlich, gelegentlich auch englisch. Damit kann man aber eine anspruchsvolle Speisekarte noch lange nicht übersetzen. Ein Kellner als Dolmetscher führt oft nur zur Verwirrung. Seine Erklärungsversuche sind meistens so flott, dass man sie nicht richtig mitbekommt, irgendetwas bestellt und dann ein langes Gesicht macht, wenn das Essen aufgetragen wird. In einem normalen Wörterbuch sucht man die kulinarischen Fachausdrücke vergeblich, weshalb wir Ihnen unbedingt den **Gourmet-Sprachführer Französisch**, erschienen im Hueber-Verlag, empfehlen. Mit diesem Buch bleibt fast kein Wort unübersetzt. Dort finden Sie auch entsprechende Redewendungen für die Tischbestellung und das durchgebratene Steak. Und Sie können darin auch Appetit anregend schmökern.

Für den kleinen Hunger sucht man kein Restaurant, sondern eine **Crêperie**, die man in der Provence häufig antrifft. Sie ist zwar nicht typisch südfranzösisch, aber das ist der Hunger ja auch nicht. Leider summiert sich auch dort die Rechnung.

Je nach touristischer Nachfrage gibt es dann noch weitere Abfütterungsbetriebe: Pizzerien, Rôtisserien, und vor allem Hamburgerien... Die **Pizza-Lokale** sind meistens sehr ordentlich, der Teig ist dünn und die Rechnung noch dünner, mit der eines Restaurants nicht zu vergleichen.

Sehenswürdigkeiten/Öffnungszeiten

Gäbe es sie nicht, würden Sie den Urlaub im heimischen Schwimmbad verbringen, folglich wollen Sie Sehenswertes auch würdigen. Dabei gibt es aber vielfältige Hindernisse:

Nicht selten werden Ihre Pläne durch ungünstige **Öffnungszeiten** durchkreuzt. Am besten gehen Sie davon aus, dass über Mittag, also zwischen 12 oder 12,30 und 14,30 Uhr, alles dicht ist, mitunter sogar die Kirchen. Museen und andere Sehenswürdigkeiten haben manchmal auch einen ganzen oder halben Ruhetag, häufig dienstags. Das Unangenehme daran ist aber, dass es insoweit keine Gesetzmäßigkeit oder Verlässlichkeit gibt. Die Öffnungszeiten ändern sich leider von Jahr zu Jahr. weshalb auch die von uns angegebenen Zeiten sicherlich nicht mehr überall zutreffen.

Ich bin immer wieder erstaunt, wie hoch die **Eintrittsgebühren** sind, Kinder zahlen immer weniger, nach dem Alter fragt niemand so genau. Die Franzosen neigen dazu, sehr viele Sehenswürdigkeiten nur im Rahmen von offiziellen Führungen zu zeigen. Wer nicht über gute Französischkenntnisse verfügt, versteht wenig, weshalb derartige Visiten oft zu langweilige Urlaubsepisoden entarten. Der durchschnittliche *Guide* lässt sich nämlich selten einen Parforceritt quer durch die bewegte französische Geschichte nehmen.

Sprache

Franzosen sind dafür bekannt, dass sie Fremdsprachen gegenüber wenig aufgeschlossen sind. Erwarten Sie also nicht, dass man Ihnen auf Deutsch sprachlich entgegenkommt; zunehmend radebrecht jemand Englisch. Schaffen Sie sich einen Sprachführer an und machen Sie sich etwas mit der Aussprache vertraut, was allerdings nicht einfach ist, wenn Sie kein Französisch gelernt haben. Allein mit einem Wörterbuch kommen Sie dann nicht weit. Insgesamt kann man aber sagen, dass der Südfrankreich-Urlaub nicht an der Sprache scheitern wird.

Stellplätze

Wie finden Sie selbst einen passenden Stellplatz? Natürlich braucht man Gespür, viel Erfahrung und ein bisschen Glück, um einen guten Platz zu entdecken. Das ist in der Provence genauso wie anderswo. Sie können dem Glück jedoch ein wenig nachhelfen: Die meisten touristisch ambitionierten Gemeinden haben in Südfrankreich ordentliche Parkplätze eingerichtet, an denen es oftmals auch Toiletten gibt. Diese Parkmöglichkeiten liegen nicht immer landschaftlich reizvoll, sehr oft findet man aber einen brauchbaren Übernachtungsplatz, wenn man dem blauen 'P' hinterher fährt. Hier kann man zwar meist keinen Campingtisch vor die WOMO-Tür stellen, aber häufig sicher und einigermaßen ruhig schlafen. Oft wird man auch fündig, wenn man den Wegweisern zu außerhalb von Ortschaften stehenden Kirchen oder anderen Sehenswürdigkeiten folgt. Wenn nichts mehr hilft, suchen wir den Wegweiser zum Sportplatz (*centre sportif*) oder, da wir nicht abergläubisch sind, zum Friedhof (*cimetière*). Auch mit dem Kartenstudium kommt man manchmal weiter, die Michelin-Karte hat Aussichtspunkte gekennzeichnet, wo man bisweilen schöne Parkplätze findet. Auch auf den topographischen Wanderkarten haben wir schon manche Anregung entdeckt. Diesen Karten entnehmen wir auch eine präzise Darstellung der Zufahrtswege.

Und machen Sie es sich zur Regel, lieber einen mittelschlechten Stellplatz zu nehmen (einen halbwegs ruhigen Parkplatz finden Sie immer) als genervt und schlecht gelaunt stundenlang in der Gegend herumzukurven.

Die Grundregeln für die Stellplatzsuche lauten aber stets: Möglichst nie im Dunkeln, möglichst nie müde und nach langer Fahrt und möglichst nicht hungrig. Oder man reduziert die Erwartungen auf ein Minimum, also auf einen einigermaßen ruhigen und ebenen Platz. Und bevor Sie mit der Sucherei der ganzen Familie an den Nerven zerren, gehen Sie auf den Campingplatz. Es gibt nirgends so viele - auch preiswerte - Plätze wie in Südfrankreich.

Stellplatz bei Les Goudes - Tour 8

Dass Sie an allen Orten, also auch auf dem Campingplatz, so stehen sollten, dass Sie jederzeit ohne Rangiermanöver abfahren können, versteht sich für den erfahrenen Wohnmobilisten fast von selbst. In diesem Zusammenhang liegt mir für Südfrankreich noch eine besondere Warnung am Herzen: Jedes Jahr lesen Sie in der Zeitung von Waldbränden. Aus diesem Grunde schreitet die Polizei in feuergefährdeten Bezirken gegen „wildes" Campieren ein. Aber auch wenn Sie nicht verjagt werden, stellen Sie sich niemals so, dass Sie im Schlaf von einem Feuer überrascht werden könnten. Meiden Sie Wälder und die Garique. Und schlafen Sie bei schlechtem Wetter in Gebirgsnähe nicht an (ausgetrockneten) Flussläufen, wo mit Überschwemmungen zu rechnen ist.

Weitere Hinweise finden Sie oben unter dem Stichwort *Freies Camping*.

Strände/Bademöglichkeiten

Ich habe Sie schon mehrfach gewarnt, denn Südfrankreich am Meer ist in der Zeit zwischen Mitte Juli und dem 20. August ein Horror. Geeignet nur für den, der sich das wohnmobile Reisen schon länger abgewöhnen wollte. Gehen Sie im Zweifel davon aus, dass Sie in dieser Zeit auf schönen, küstennahen Campingplätzen keinen Einlass finden, dass Sie am Strand kaum eine Parkmöglichkeit antreffen werden, dass das Übernachten für WOMOs fast überall verboten ist und oft genug sogar das Parken. An der Côte d' Azur ist alles so zugebaut, so dass es schon deswegen dort praktisch keine Stellplätze gibt.

Wenn Sie meinen Warnungen nicht glauben und vielleicht doch irgendwo wenigstens ein Badeplätzchen finden, nehmen Sie unbedingt Ihre Wertsachen mit zum Strand und lassen Sie diese dort nicht aus dem Auge. Auf Parkplätzen an der Küste wird besonders viel geklaut.

In der Vorsaison ist alles besser, wenn man einmal von den baulichen Verunstaltungen absieht. Für den Hochsommer können Sie sich natürlich schon Monate vorher auf einem Campingplatz anmelden, um dann dort an der täglichen Animation teilzunehmen, um in der Disco zu schwofen und um deutsches Bier zu trinken. Mit mobilem Reisen hat das aber nichts mehr zu tun.

Man muss in der Provence aber nicht auf das Schwimmen verzichten oder sich mit Freibädern (da die französischen Jugendlichen ganztags in die Schule müssen, sind viele Freibäder nur während der Ferien, im Juli und August geöffnet) begnügen. Es gibt einige Stauseen, in denen man baden kann; unsere Touren in Teil 2 führen an einige schöne Badeplätze. Die Ufer dieser Seen sind jedoch großenteils steil, so dass sich der Badebetrieb auf wenige Strände konzentriert. Die Binnengewässer sind im Großen und Ganzen aber erstaunlicherweise weit weniger überlaufen als die Küste, obwohl das Wasser im Hochsommer gerade richtig temperiert ist.

Für alle Strände und Badeplätze gilt: Am Wochenende gibt es einen besonderen Run; das ist die beste Zeit für den Campingplatz, denn der bleibt vom einheimischen Ausflugstourismus verschont. Und freitags bekommt man dort um die Mittagszeit ohnehin die besten Plätze, wenn ein Teil der Urlauber abgereist ist, während der andere Teil noch zu Hause die letzten Sachen einpackt.

Straßenverhältnisse/Vorschriften

Frankreich ist berühmt für sein **Straßennetz**. Leider - muss man fast schon sagen, denn auch durch die landschaftlich schönsten Gebiete führen befahrbare Wege, wenn auch gelegentlich ohne Asphalt. Wohnmobilisten kommt das natürlich entgegen. Die Straßen sind häufig schmal und kurvig, aber fast ausnahmslos auch für breite Wohnmobile passierbar. Wenn einmal ein Verkehrsschild das Befahren einer Straße für ein Fahrzeug Ihrer Größe verbietet, können Sie sicher sein, dass Sie hier niemand schikaniert. Denn mit dem Aufstellen von Verbotsschildern ist man in Frankreich zurückhaltender als bei uns. In neuerer Zeit sind Strecken - gerade in Ortschaften - für

Fahrzeuge mit einem Gesamtgewicht von mehr als 3,5 to gesperrt. Das hat häufig nichts mit der Straßenbreite zu tun, sondern soll LKW fern halten. Schwere WOMO ziviler Größen sind davon betroffen, obwohl die Durchfahrt physikalisch möglich ist.

Fahren Sie ansonsten ruhig kleinste Sträßchen. Wenn diese auf Ihrer Michelin-Karte ohne erkennbare Beschränkungen eingezeichnet sind, kommen Sie auch durch. Sie werden dabei viel mehr erleben als wenn Sie auf einer breite Nationalstraße durch die Landschaft brettern. Passen Sie aber auf, dass Ihr - möglicherweise chronisch überladenes - Wohnmobil bei Bergabfahrten mit dem Motor gebremst wird. Die **Autobahnmaut** schmälert ganz schön Ihre Urlaubskasse. Neuerdings werden dort normale WOMOs wenigstens nicht mehr wie ein Laster berechnet. Sie können mit der Kreditkarte zahlen.

Die **Höchstgeschwindigkeiten**: Innerorts 50 km/h; auf Landstraßen 90 km/h (bei Nässe 80 km/h); bei zwei Fahrstreifen in jeder Richtung 110 km/h (bei Nässe 100 km/h); auf Autobahnen: 130 km/h (bei Nässe 110 km/h). Ist Ihr Führerschein jünger als ein Jahr, dürfen Sie höchstens 90 km/h fahren.

Das **Tankstellennetz** ist dichter als in Deutschland. Dieselkraftstoff kostet ähnlich viel wie bei uns. Meiden Sie möglichst die Autobahntankstellen, denn dort ist der Sprit am teuersten. Am preiswertesten tankt man bei großen Supermärkten. An Tankstellenautomaten hat meine *Visa-Karte* nur selten den Zapfhahn sprudeln lassen.

Telefonieren

Was waren das noch für Zeiten, als wir unsere Leser damit glücklich machen konnten, dass wir die Auslandsvorwahlen genannt haben! Heutzutage fordert der moderne Mensch von uns genaue Angaben darüber, ob sein Handy auch von der Provence aus funktioniert. Ich kann ihn glücklich machen, denn er braucht sein teures Spielzeug nicht nur als Attrappe an der Gürtelschnalle zu tragen, weil ich ihm verrate, dass sich auch vom Klappstuhl vor dem WOMO die Sekretärin zu Hause herumkommandieren lässt. So gut wie überall, hoffentlich aber immer weniger. Letzteres hat mit der flächendeckenden Bestrahlung der Sendewellen jedoch nichts zu tun. Falls Sie Ihre Mailbox vom Ausland abhören möchten (und dafür viel Geld bezahlen), müssen Sie sich schon daheim eine Geheimzahl einrichten, sonst werden Sie unruhige Zeiten verbringen. Immer mit der Angst, Ihr Haus wäre abgebrannt. Wenn man sich rechtzeitig darum kümmert, kann man seinen Telefonvertrag auf einen günstigen Auslandstarif umstellen.

Sie könnten sich Ihr Mobiltelefon ruhig klauen lassen, denn Sie finden ein wesentlich dichteres Netz an öffentlichen Telefonzellen als in Deutschland. Hier und da ist man noch auf Münzfernsprecher angewiesen, vor allem auf Campingplätzen, aber die meisten Telefone funktionieren nur noch mit der Karte. Die *Télecard* bekommt man im Tabakladen oder auf der Post. Es gibt eine mit 50 Einheiten (*la petite*) oder eine mit 120 Einheiten (*la grande*). Neuerdings kann man sich auch schon in Deutschland Karten kaufen, wobei das Telefongeld dann zu Hause abgebucht wird (bei der *Telekom* nachfragen). Und man kann die Kreditkarte in den Schlitz stecken (das ist billiger als das Handy).

Für das Telefonat nach Hause lohnt sich die verbilligte Zeit: Mo.- Fr., 21,30 - 8 Uhr; Sa. ab 14 Uhr und So. ganztags.

Im Oktober 1996 ist in Frankreich ein neues Telefonnummernsystem in Kraft getreten. Die 8-stellige Nummer (bzw. die 9-stellige in Paris) wurde durch die 10-stellige ersetzt, deren erste Ziffer eine Null ist. **Innerhalb Frankreichs ist nun immer eine Null** zu wählen (auch für Paris). **Vom Ausland wird diese Null weggelassen**, es folgen dann also nur noch 9 Ziffern. Falls Sie Irgendwo noch auf eine 8-stellige Nummer stoßen (z.B. in anderen Büchern), gilt für unser Reisegebiet und ganz Südostfrankreich eine 0/4 als Vorwahl.

Die Vorwahl **nach** Frankreich, der die 9-stellige Nummer folgt (also ohne Null!), ist aus Deutschland, Österreich und der Schweiz dieselbe, es ist die 0033.

Alle Angaben gelten auch für das **Mobiltelefon**, bei dem Sie im französischen Netz keine Ländervorwahl, dafür aber die Null wählen müssen.

Die Auslandvorwahlen **von** Frankreich aus sind:

nach Deutschland 0049
nach Österreich 0043
in die Schweiz 0041

Toiletten

Viele Leser werden dabei nur an die legalen Entleerungsmöglichkeiten für das Chemieklo denken. Eine saubere **öffentliche Toilette** entlastet aber auch das eigene Klo und spart Chemie; darauf kann man gar nicht oft genug hinweisen. Viele *WC public* sind so sauber, dass man sich den Umweg über die Verdünnung mit Chemie schenken kann.

Wir unterstellen einmal, dass jeder, der dieses Buch zur Hand nimmt, sich darüber im Klaren ist, dass auch die „umweltfreundlichen" Chemikalien Kläranlagen und Umwelt belasten. Fast alle Mittel arbeiten nach dem Prinzip, Bakterien zu zerstören. Leider tun sie dieses auch in der Kläranlage, wo aber gerade Bakterien die Abwässer reinigen. Wer auf diese Chemie nicht verzichten kann, oder gar nicht weiß, wie das Mittelchen wirkt (insoweit müsste von den Herstellern die Beschreibung auf den Flaschen verbessert werden), muss unbedingt richtig dosieren, damit die Chemie von den eigenen Fäkalien weitgehend aufgebraucht wird. Bei aller Chemie gilt der Grundsatz: So wenig wie möglich! Der gute Vorsatz nutzt aber dann nichts, wenn man von vornherein so viel Sanitärflüssigkeit in den Fäkalienbehälter kippt, wie es dessen gesamten Fassungsvermögen entspricht. Wenn man dann nämlich bei guter Gelegenheit ein erst halb volles Klo ausleert, ist die Hälfte der Chemie noch gar nicht aufgebraucht. Der verantwortungsvolle Wohnmobilist dosiert (mittels der im Einfüllstutzen der meisten portablen Toilettenbehälter eingebauten Messeinrichtung) also zunächst höchstens für ein Drittel des Fäkalbehälterinhalts und füllt dann nach Bedarf auf.

Noch besser ist es, zunächst gar keine keimtötende Flüssigkeit einzufüllen, denn einen Tag lang geht es - außer im Hochsommer - auch ohne. Und wer sich umsieht, findet fast täglich eine Toilette zur Entsorgung. Wir haben Sie daher bei den Reisebeschreibungen und auf den Karten immer wieder auf ausgewählte **öffentliche WC** (*WC public*) hingewiesen, an die man einigermaßen nahe heranfahren kann. Südfrankreich ist fast flächendeckend mit solchen Örtchen ausge-

stattet, man muss sich nur die Mühe machen, sie auch zu finden. Und leeren Sie bei sich bietender Gelegenheit das Klo aus, bevor es zu spät ist und Sie mit dem Gesträuch seitlich der Straße liebäugeln müssen.

Leider gibt es in der Provence noch zu wenige **Entsorgungsstationen**. Kaum mehr als auf unseren Karten eingezeichnet.

Wir haben in unseren Toilettentank zwischenzeitlich eine **Toilettenentlüftung** eingebaut. Es gibt insoweit zwei Systeme: Bei dem einen wird nur ein dünner Schlauch auf einen in den Entleerungsstutzen eingeklebten Nippel gesteckt, der den lästigen Unterdruck im Fäkalbehälter vermeidet (fahren Sie mal vom Meeresniveau auf 800 m Höhe und öffnen Sie dann unbedacht Ihren Schieber - Sommersprossen sind nicht selten die Folge). Noch wirksamer - und eine der tollsten Erfindungen seit es Wohnmobile gibt - ist die ‚SOG-Toilettenentlüftung', bei der ein etwas dickerer Schlauch ins Freie geführt wird. In diesem sitzt ein kleines, kräftiges Elektromotörchen, das Ihnen beim Öffnen des Toilettenschiebers die schlechte Luft unter dem Hintern wegsaugt. Vorbei sind die Zeiten, in denen sich die restliche Urlaubsbesatzung außerhalb des Wohnmobils die Beine vertreten musste, wenn ein Mitreisender sein Geschäft erledigte. Mit dieser elektrisch gesteuerten Toilettenentlüftung gehören schlechte Gerüche der Vergangenheit an, selbst wenn Sie gar keine oder nur wenig Toilettenflüssigkeit verwenden. Sie finden im Werbeteil der Wohnmobilzeitschriften Bezugsquellen, auch die Campinghändler sind inzwischen bestückt, z.B. die Firma ALBA (Tel. 06374/3831). Einziger Wehrmutstropfen: Die Entlüftungsanlage kostet etwas über 200,— DM, und man muss sie sich beim Händler einbauen lassen, wenn man handwerklich weniger geschickt ist (mein Einbau gelang mir selbst auf Anhieb).

Etwas wundert mich besonders: Ich bin wahrlich mit dem Wohnmobil viel unterwegs, und mir begegnen unzählige andere WOMOs. Aber die Leute, die ich mit einem Fäkalbehälter in einer öffentlichen Toilette gesehen habe, kann ich über die Jahre an einer Hand abzählen. Liebe Leser, geht in Euch! Muss es denn immer der Straßengraben sein?

Tourismus

Die Provence ist ein klassisches Touristenziel in Europa. Die entscheidende Frage ist aber, ob sie vom Tourismus geprägt ist? Unsere Antwort: Der Massentourismus kann in Südfrankreich verheerende Formen annehmen. Ihn zu umfahren ist ein Ziel unseres Buches.

Der Tourismus hat fast die gesamte Küste zerstört. Westlich der Rhônemündung wurden mehrere Touristenzentren aus dem Boden gestampft. Östlich, an der Côte d'Azur, hat man nobler die Baulücken am Strand geschlossen. Aber auch im Landesinneren kann der Tourist zum Alptraum werden. Ich denke an Les Baux an einem Sonntag, an Fontaine-de-Vaucluse bei schönem Wetter oder an Aigues-Mortes. Die Aufzählung ist noch lange nicht vollständig. Aber ein paar hundert Meter abseits solch touristischer Hochburgen ist es meist vorbei mit der Angst vor unseres gleichen, den anderen, die genauso Touristen sind wie wir.

Selbst wenn Sie sich einmal ins Getümmel stürzen, können Sie mit den mobilen Vorzügen Ihres Fahrzeuges dem Touristengedränge sehr schnell wieder entfliehen. Nach ein paar Kilometern sitzen Sie in einem kleinen Café, außer Ihnen nur ein paar Einheimische, und Sie werden darüber nachdenken, dass auch Millionen von Urlaubern die Provence noch längst nicht überall touristisch glatt bügeln konnten. Denn die Mehrzahl braust durch bis zur Küste und legt allenfalls an den Top-Sehenswürdigkeiten einen kurzen Stop ein. Insofern hat sich auch in den letzten zehn Jahren wenig geändert. Das Entscheidende ist, ob **S i e** dem Zug der Lemminge folgen, oder ob Sie rechtzeitig abbiegen. Ich gebe zu, auch mich beschleicht oft die Angst, ich könnte dort etwas verpassen, wo die anderen hinfahren. Viele traurige Erfahrungen haben dieses Gefühl allmählich erstickt.

Man kann nicht behaupten, dass der häufigste Tourist in Südfrankreich der deutsche wäre. Selbstverständlich sind Franzosen deutlich in der Mehrzahl. Sogar wohnmobilmäßig ist die Provence nicht mehr in deutscher Hand.

Unfall

Für unsere Leser testen wir fast alles. Nur was man selbst erlebt hat, kann man auch zutreffend beschreiben: Es krachte zwar nicht in Südfrankreich, sondern im Elsass, aber das gehört ja bekanntlich auch zu Frankreich (Näheres in Band 6 der *WOMO-Reihe*). Ein Franzose nahm uns die Vorfahrt, sein Peugeot war nur noch Schrott und unser VW-Pritschenwagen ebenfalls (wie Sie auf den Fotos bemerkt haben, fuhren wir früher eine Absetzkabine der Firma *Tischer* und konnten uns damals einen neuen Bulli-Pritschenwagen für den intakt gebliebenen Aufbau anschaffen). Die körperlichen Blessuren waren weniger schlimm. Und gar nichts gegen den Papierkrieg und die Wartereien aufs Geld. Aber ich berichte der Reihe nach: Mangels ernsthaft Verletzter nahm die Polizei den Unfall nicht auf. Sie half lediglich beim Ausfüllen eines gemeinsamen Unfallprotokollbogens, des so genannten *Constat amiable*. Dieses Formular führt jeder Franzose mit sich, es wird aber auch von deutschen Versicherungsgesellschaften ausgehändigt. Immerhin waren dort die Daten unseres Kontrahenten vollständig eingetragen. Wenn es hieran schon hapert, können Sie die **Schadensregulierung** fast schon vergessen:

Schreiben Sie sich das Autokennzeichen des Unfallgegners auf, fotografieren Sie es, machen Sie Bilder von der Unfallstelle, den Verkehrszeichen und der Unfallsituation. Notieren Sie sich die Versicherungsgesellschaft und die Versicherungs-Nummer. Sie finden bei jedem französischen Auto an der Windschutzscheibe einen Aufkleber, der die Versicherung ausweist (bei Motorrädern am vorderen Schutzblech). Versäumen Sie es, die Versicherungsgesellschaft an der Unfallstelle zu erfassen und schaltet Ihr Unfallgegner auf stur, sieht es düster aus, denn in Frankreich ist der Haftpflichtversicherer bei den Zulassungsstellen nicht registriert. Achten Sie darauf, dass in den Unfallbogen nur solche Daten aufgenommen werden, die unstreitig sind, unterschreiben Sie keinen Text, den Sie nicht verstehen. Und lassen Sie sich von Ihrer Rechtsschutzversicherungsgesellschaft sofort einen Deutsch sprechenden Anwalt nennen.

Sie haben keine **Rechtsschutzversicherung**? Dann können Sie die Schadensregulierung abschreiben, oder Sie zahlen Ihren französischen Anwalt (relativ teuer) selbst. Denn in Frankreich gibt es keine Erstattung von Rechtsanwaltsgebühren wie bei uns. Ein deutscher Advokat kann ohne die Hilfe eines französischen Kollegen so gut wie nichts ausrichten. Und prüfen Sie, ob Ihr Wohnmobil in Ihrer Rechtsschutzversicherung überhaupt mitversichert ist. Schließen Sie möglichst außerdem eine **Vollkaskoversicherung** ab, denken Sie an die Werte, die Sie durch die Gegend kutschieren (ich bin übrigens nicht von der Versicherungswirtschaft gesponsert).

Auch in unserem Fall musste ein *Avocat* agieren; die Geldsumme, die uns einigermaßen entschädigte, war nach zehn (!) Monaten auf unserem Konto, obwohl es zur Schuldfrage keine Unstimmigkeiten gab.

Falls niemand verletzt ist, der Unfallgegner keine **Polizei** möchte und Sie eindeutig schuld sind, können Sie mit Ihrem Kontrahenten Formalitäten austauschen, ohne die Polizei zu rufen. Dann ersparen Sie sich nämlich mit hoher Wahrscheinlichkeit ein saftiges Bußgeld oder gar eine Kautionszahlung. Ihr deutscher Haftpflichtversicherer wird den Schaden auch regulieren, wenn Sie nur wahrheitsgemäß berichten. Und unverzüglich, das heißt so schnell Sie können, also spätestens am nächsten Tag, müssen Sie die deutsche Haftpflichtversicherung (per Telefon Instruktionen einholen) informieren.

Sie haben ein Wohnmobil **gemietet**? Fragen Sie Ihren Vermieter vor Abschluss des Mietvertrages, ob das Fahrzeug auch vollkaskoversichert ist. Fragen Sie Ihren Vermieter nach der Rechtsschutzversicherung. Falls er keine unterhält, Sie sich aber selbst rechtsschutzversichert haben, beispielsweise für Ihr normales Auto, genießen Sie Versicherungsschutz auch als

Fahrer eines fremden Autos, sofern Ihre eigenen Rechte betroffen sind. Dies gilt für den gesamten strafrechtlichen Bereich, also für Geldstrafen, Freiheitsstrafen (manch einem kann der Urlaub nicht alternativ genug sein) und auch für die Durchsetzung Ihrer eigenen Schadensersatzansprüche, wenn Sie einen Körperschaden erlitten haben. Achten Sie darauf, dass Ihre Familienmitglieder in dieser Rechtsschutzversicherung mitversichert sind. Hätte ich nicht eigene Erfahrungen gemacht, ich würde Sie nicht so eindringlich warnen. Weitere Tipps gebe ich Ihnen oben unter dem Stichwort *Notfälle*.

Wanderungen

Die Provence hat ideale Wanderreviere. Auch für die erforderlichen Hilfsmittel ist gesorgt: Es gibt erstaunlich viele markierte Wege und ein flächendeckendes Netz von **Wanderkarten**.

Die *Karten des IGN* heißen *TOP 25* und haben, wer hätte das gedacht, einen Maßstab von 1: 25.000. Die Karten sind so genau, dass jeder Trampelpfad und jede Menge in der Natur mehr oder weniger gut markierter Wanderwege eingezeichnet sind. Die Karten kosten etwa 8 Euro und haben den Nachteil, dass man bei manchen Wanderungen gleich zwei von ihnen braucht. Billiger, weniger genau, aber ausreichend sind unter diesem Gesichtspunkt die Wanderkarten der *Éditions Didier & Richard* im Maßstab 1:50.000, die aber nur für wenige Gebiete erhältlich sind. Kaufen Sie die Karten in Frankreich überall im Buchhandel. Ich habe Ihnen bei den einzelnen von mir beschriebenen Wanderungen auch immer die Karte genannt, die ich dazu benutzt habe. Die Orientierung ist mit Hilfe der Karten auch auf nicht markierten Wegen einfach. Sie wird zum Kinderspiel, wenn man auf einer 'GR' (*Grande Randonnée*) marschiert, die immer gründlich rot-weiß bepinselt ist (und an Gabelungen meist mit gekreuzten roten und weißen Strichen vor dem Weg in die falsche Richtung warnt). Auf den anderen, weniger bekannten Wegen ist die Markierung nicht so pedantisch, eher nachlässig, ohne Karte verfranzt man sich hier schnell.

Man trifft erstaunlich viele Gleichgesinnte, die sich allzeit artig „*bon jour*" zurufen, denen aber oftmals ein „*Grüß Gott*" leichter über die Lippen käme. Die aber auch genau wissen, warum sie in Südfrankreich und nicht im Allgäu durch die Bergwelt stiefeln. Womit wir bei der Ausrüstung wären: Ohne Wanderschuhe bekommen Sie Probleme, denn der Untergrund ist sehr oft steinig und geröllartig. Auch noch im April empfehle ich Ihnen wegen des starken Windes eine Wollmütze und, lachen Sie nicht, Handschuhe. Ich habe um Ostern schon bibbernd meine Hände in den Anorakärmeln vergraben, als ich auf den Gipfeln des Luberon oder des Ventoux stand.

Obwohl der Reiseführermarkt ausufert, hat er sich bei den Wanderführern reduziert. Optimal ist der **Rother Wanderführer** *Provence*; mit guten Karten, schönen Fotos und informativem Text. Mit Wanderkarte und unserem Buch kommen Sie aber auch zurecht und haben Stoff für mehr als einen Urlaub, da wir die schönsten Strecken für Sie abgestiefelt sind.

Wasserversorgung

Es gibt in Südfrankreich viele öffentliche Wasserzapfstellen, allein schon wegen der zahlreichen *WC publics*. Es stellt sich daher kaum die Frage, wo finde ich Wasser als vielmehr wie kommt das Wasser in den Tank? Denn die Wasserhähne kann man oft sehr schlecht anfahren, oder sie haben ein unförmiges Maul, auf das kein Gartenschlauchgewinde passt, häufig kommt beides zusammen. Wir hantieren seit ein paar Jahren mit einer 10 l Gießkanne, es gibt nichts Praktischeres, wenn man das Gartengerät sauber hält und unterwegs Platz dafür hat. Alternativ empfehle ich einen faltbaren Wasserkanister, bei dem das Umfüllen in den eigenen Tankstutzen allerdings schwieriger ist (beliebt ist auch die Spülschüssel-Methode, wenn man einen großen

Trichter hat). Für die Schlauch-Technik brauchen Sie einen Plastikschlauch, der wenigstens 8 m lang sein muss. Sie sollten einen Schraubanschluss für 1/2 Zoll und 3/4 Zoll dabeihaben, falls Sie doch mal auf einen entsprechenden Wasserhahn stoßen. Wir verfügen außerdem über verschiedene, etwa 40 cm lange Schlauchenden. Es gibt in den Baumärkten bei uns durchsichtige PVC-Schläuche, bei denen der jeweils kleinere genau in den nächst größeren hineingesteckt werden kann. Mit ihrer Hilfe kann man seinen Schlauch jeder Dicke eines Wasserhahns, der vorne kein Gewinde hat, anpassen. Notfalls kann man den Schlauch auch in den Wasserhahn hineinstecken. Außerdem gibt es im WOMO-Handel (zumeist mit einem Duschkopf) einen kurzen Schlauch mit einem dehnbaren Gummianschluss, den man über die meisten Wasserhähne schieben kann. Befestigen Sie dieses Gummiteil an Ihrem Füllschlauch!

Damit Sie sorglos durch die Lande fahren können, haben wir auf den Karten zu den einzelnen Touren einige Wasserentnahmemöglichkeiten eingezeichnet und bei vielen Stellplätzen darauf hingewiesen. Gehen Sie aber bitte nicht davon aus, dass Sie dort immer mit Hilfe eines Schlauches Wasser tanken können.

Wir analysieren natürlich nicht die Trinkwasserqualität, dafür entkeimen wir ziemlich regelmäßig mit *Micropur*, einem geruchs- und geschmacklosen Mittelchen, frei von Chlor und Jod, das auch der Veralgung Ihrer WOMO-Wasserleitungen vorbeugen soll.

Vom Wasser nun zum Wein.

Wein

Das Wichtigste vorab: In Frankreich gilt die **0,5-Promille-Grenze**, und Alkoholkontrollen nehmen zu. Ich musste am helllichten Tag, wie alle anderen Chauffeure, die gleichzeitig auf dem überprüften Streckenabschnitt unterwegs waren, schon zweimal blasen.

Eine kleine **Weinkunde** ist unerlässlich: Französischer Wein wird nach bestimmten Kriterien in Qualitätsklassen gruppiert, die auf dem Etikett genannt sein müssen. Auf der untersten Stufe steht der Tafelwein (*vin de table*), gefolgt vom Landwein (*vin de pays*). Es folgt auf dem Weg nach oben eine dritte Klasse, die keine nennenswerte Rolle mehr spielt, ehe mit der *Appellation (d'origine) Contrôlée (AOC oder AC)* weinmäßig die höchste Stufe erklommen ist. Nur diese Qualitätsstufe ist interessant, wobei es jedoch auch hier jede Menge schlechter Weine gibt.

Wer meine WOMO-Reiseführer über das Elsass oder die Toskana/ Umbrien kennt, wird sich vielleicht wundern, dass in den Provencebüchern das Weinkapitel vergleichsweise kurz ausgefallen ist. Der Grund ist einfach: In Südfrankreich wird zwar viel Wein angebaut, jedoch wenig guter. So wenig, dass man ganze Urlaube damit zubringen müsste, die wirklich beachtlichen Gewächse zu erschmecken. Dafür ist mir die Zeit zu schade, Ihnen vermutlich auch.

Dabei hat sich die Qualität in den letzten Jahren stark verbessert. Das war aber auch dringend nötig, denn in Südfrankreich achtete man Jahrzehnte hauptsächlich auf Quantität, nicht auf Qualität. Ausschlaggebend dafür war eine Reblausplage, die Ende des letzten Jahrhunderts die Weinkulturen in Südfrankreich zerstörte. Viele Bauern mussten ihre Anbauflächen, auf denen sie noch auf Qualität geachtet hatten, an Großproduzenten verkaufen. Es war die Zeit des Entstehens der schier grenzenlosen Weinfelder, wie wir sie heute noch im Languedoc antreffen. Es wurde nur noch Masse produziert, Kontrollen gab es in der viel gepriesenen Gründerzeit nicht. Und an die Stelle von Rebensaft traten oftmals Zucker und Chemie. Die ehrgeizigeren Kleinbauern mussten sich dem anpassen; kurz, die Weinkultur verfiel. Es blieb nicht aus, dass man viel zu viel produzierte, dass die Verarmung der

Weinbauern weiter zunahm. Bei der berühmten Weinrevolte im Jahre 1907 gab es etliche Tote, sogar Soldaten wurden eingesetzt.

Ein wenig von alledem ist bis in unsere Zeit erhalten geblieben. Die Weinmasse ist nicht mehr gefragt, Qualität wird verlangt, zumal der Franzose im Alltag mehr und mehr zur Bierflasche greift. Immerhin wird in Südfrankreich (incl. Languedoc und Roussillon) noch ein Zehntel des gesamten Weins auf der Welt produziert, etwa die Hälfte der französischen Menge. Kein Wunder, dass die Regierung und die EU Flächenstilllegungen prämiieren und Wein zur Destillation aufkaufen. Außerdem ist man, jedenfalls in der Provence, mit der Vergabe einer *Appellation Contrôlée* großzügiger geworden. Wenn die nämlich auf der Flasche steht, greift der Kunde lieber zu. Mit Glück findet man heutzutage auch mal einen richtig guten Tropfen, im Supermarkt fast nie, am ehesten im Restaurant, wenn der Sommelier sein Handwerk versteht. Wer es nicht lassen kann und in der Provence für den heimischen Weinkeller einkaufen möchte, teste am besten im Restaurant die besseren Flaschen und fahre anschließend zum Winzer. Dessen Name und Adresse stehen auf dem Etikett.

Den höchsten Ruf genießt der *Châteauneuf-du-Pape*, ein kräftiger Rotwein, der meist überteuert gehandelt wird. Preiswerter und mit Glück sogar besser ist der Gigondas; beide sind letztendlich Weine, die unter den Oberbegriff *Côtes du Rhône* fallen. Mein Geheimtipp sind die <u>weißen</u>, nicht billigen *Châteauneuf-du-Papes*, die Sie auch über das Restaurant kennen lernen können.

Der mit Abstand am meisten hergestellte Wein ist in Südfrankreich ein Rosé-Wein, der gut gekühlt an heißen Tagen das Urlauberleben steigert. Dass er ein rechter Durstlöscher wäre, wie man häufig liest, scheint mir aber eher ein sehr zweifelhaftes Werbeargument der Weinindustrie. Aber man fährt oft gut (nicht mit dem WOMO), wenn man gerade im Lokal einen kühlen Rosé bestellt.

Aber ich will Ihnen den Weinkauf gar nicht ausreden. Wenn es Ihnen Spaß macht, fahren Sie zum Erzeuger, verkosten Sie ein paar Qualitäten und packen Sie auch was ein. Gelegenheit haben Sie dafür genug, unzählige Erzeuger werben für ihre *Caves* (*Keller*). Ein **Weingut** möchte ich Ihnen dann doch noch empfehlen, das **Château** *La Canorgue*, bei Bonnieux (*Tour 6; 800 m nördlich von Bonnieux, Richtung Pont Julien, beschildert; 9-12 und 14,30-18 Uhr, sonntags geschlossen; wenn das WOMO durchs Tor passt, können Sie durchfahren; andernfalls müssen Sie sich seitlich davor an den Wegrand quetschen*). Alle Weine werden biologisch angebaut, der einfache Weiße kostet etwa 8 Euro und ist eine Wucht. Auch der Rote ist passabel, und man wird Sie freundlich empfangen.

Eines dürfen Sie nicht, sich weinmäßig im südfranzösischen Supermarkt eindecken. Dann doch lieber zu Hause, denn dort wäre manches, was in französischen Einkaufswagen landet, unverkäuflich. Oder Sie machen es wie die Franzosen, Sie greifen zunehmend zum Bier, das schmeckt nicht nur fast wie zu Hause, sondern kommt oftmals auch von da. Warum also überhaupt noch verreisen?

Wenn Sie diese Frage jetzt, am Ende des Buches, noch nicht beantworten können, haben Sie sich verkauft. Entweder bei der Anschaffung Ihres Wohnmobils - oder mit meinem Buch.

Stichwortverzeichnis

Der 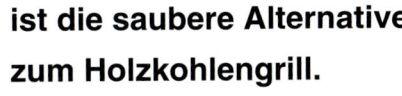-Pfannenknecht

ist die saubere Alternative zum Holzkohlengrill.

* Kein tropfendes Fett,
* Holz statt Holzkohle,
* vielfältige Benutzung –
* vom Kartoffelpuffer bis zur Gemüsepfanne.

Massive Kunstschmiedearbeit, campinggerecht zerlegbar, Qualitäts-Eisenpfanne von Rösle, bequeme Handhabung im Freien, einfachste Reinigung.

Der -Knackerschreck

ist die universelle und **sofort sichtbare Einbruchssperre**.

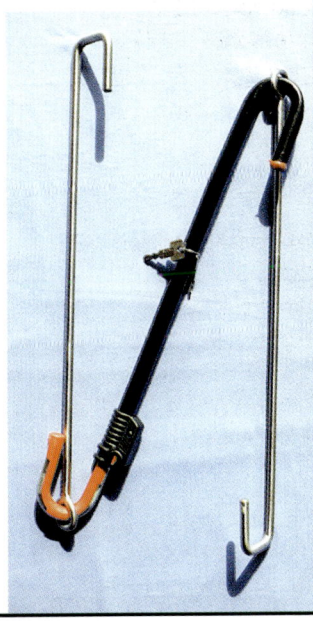

* Wird einfach in die beiden Türarmlehnen eingehängt, zusammengeschoben und abgeschlossen.
(tagsüber unter Einbeziehung des Lenkrades, nachts direkt, somit ist Notstart möglich).

* Passend für Ducato, Sprinter, Ford sowie VW (LT & T4).

* Krallen aus 10 mm starkem Edelstahl, d. h. nahezu unverwüstlich.

Info-Blatt für das WOMO-Buch: Provence (West)
(ausgefüllt erhalte ich 10% Info-Bonus auf Bestellungen direkt beim Verlag)

Lokalität: _____ Seite: ___ Datum: ___
(Stellplatz, Campingplatz, Wandertour, Gaststätte, usw.)

○ unverändert ○ gesperrt/geschlossen ○ folgende Änderungen:

Lokalität: _____ Seite: ___ Datum: ___
(Stellplatz, Campingplatz, Wandertour, Gaststätte, usw.)

○ unverändert ○ gesperrt/geschlossen ○ folgende Änderungen:

Lokalität: _____ Seite: ___ Datum: ___
(Stellplatz, Campingplatz, Wandertour, Gaststätte, usw.)

○ unverändert ○ gesperrt/geschlossen ○ folgende Änderungen:

Lokalität: _____ Seite: ___ Datum: ___
(Stellplatz, Campingplatz, Wandertour, Gaststätte, usw.)

○ unverändert ○ gesperrt/geschlossen ○ folgende Änderungen:

Lokalität: _____ Seite: ___ Datum: ___
(Stellplatz, Campingplatz, Wandertour, Gaststätte, usw.)

○ unverändert ○ gesperrt/geschlossen ○ folgende Änderungen:

Lokalität: _____ Seite: ___ Datum: ___
(Stellplatz, Campingplatz, Wandertour, Gaststätte, usw.)

○ unverändert ○ gesperrt/geschlossen ○ folgende Änderungen:

Meine sonstigen Tipps und Verbesserungswünsche:

☐ **Wir möchten dieses Jahr nicht allein mit dem Wohnmobil verreisen!**
Nehmen Sie folgende Daten in Ihren WUPS-Computer auf. Wir müssen nicht alle Felder ausfüllen; ohne Angabe von Tel.-Nummer **oder** Adresse ist jedoch die Kontaktaufnahme nicht möglich! Einmalige Teilnahmegebühr 13,00 €, bitte Rechnung abwarten!

Urlaubs-land:

Mögliche Reisezeit:

Telefon-nummer:

Adresse angeben: ☐ ja ☐ nein

Eigene Alters-gruppe:
20 25 30 35
40 45 50 55
60 65 70 75

Alter mit-reisender Kinder:
Mädchen:
Jungen:

Lieblings-aktivitäten:

Senden Sie uns die Liste am Haupttermin (15.5.): ☐ Erst am (je später, desto mehr Teilnehmer):

☐ **Wir suchen Urlaubspartner für gemeinsame Wochenendtouren!**
☐ **Wir suchen Partner für den Wohnmobil-Langzeiturlaub!**
Nehmen Sie oben stehende Daten in Ihre Dauer-Computer-Liste auf und senden Sie uns die aktuelle Liste jährlich zum o. a. Datum. Jährliche Teilnahmegebühr 13,00 €, bitte Rechnung abwarten!

Absender: ☐ Familie ☐ Ehepaar ☐ Frau ☐ Herr

Datum _____ Unterschrift

WOMO®-VERLAG

Leser-Service

Wiesenweg 4-6

98634 Mittelsdorf/Rhön

Wir bestellen:

- ❏ Allgemeines Wohnmobil Handbuch .... 14,90 €
- ❏ Allgemeines Wohnmobil Kochbuch .... 12,90 €
- ❏ Mit dem Wohnmobil in die Bretagne .... 12,90 €
- ❏   Michelin-Karte Bretagne 1 : 200.000 .... 7,05 €
- ❏ Mit dem Wohnmobil ins Elsaß .... 14,90 €
- ❏   Michelin-Karte Elsaß-Schwarzwald 1 : 200.000 .... 7,05 €
- ❏ Mit dem Wohnmobil an die franz Atlantikküste (Nordhälfte) . 12,90 €
- ❏   Michelin-Karte franz. Atlantikküste (Nordhälfte) 1:200 T. 7,05 €
- ❏ Mit dem Wohnmobil an die franz Atlantikküste (Südhälfte) . 12,90 €
- ❏   Michelin-Karte franz. Atlantikküste (Südhälfte) 1:200 T. .. 7,05 €
- ❏ Mit dem Wohnmobil nach Griechenland .... 14,90 €
- ❏   Michelin-Karte Griechenland 1 : 700.000 .... 7,05 €
- ❏ Mit dem Wohnmobil nach Irland .... 12,90 €
- ❏   Michelin-Karte Irland 1 : 400.000 .... 7,05 €
- ❏ Mit dem Wohnmobil nach Korsika .... 14,90 €
- ❏   Michelin-Karte Korsika 1 : 200.000 .... 5,00 €
- ❏ Mit dem Wohnmobil ins Languedoc/Roussillon .... 12,90 €
- ❏   Michelin-Karte Languedoc/Rouss. 1 : 200.000 .... 7,05 €
- ❏ Mit dem Wohnmobil in die Normandie .... 14,90 €
- ❏   Michelin-Karte Normandie 1 : 200.000 .... 7,10 €
- ❏ Mit dem Wohnmobil nach Norwegen (Nord) .... 14,90 €
- ❏ Mit dem Wohnmobil nach Norwegen (Süd) .... 12,90 €
- ❏ Mit dem Wohnmobil auf die Peloponnes .... 12,90 €
- ❏   Freytag & Berndt Karte Peloponnes 1 : 250.000. ...... 7,10 €
- ❏ Mit dem Wohnmobil nach Portugal .... 12,90 €
- ❏   Michelin-Karte Portugal 1 : 400.000 .... 7,05 €
- ❏ Mit dem Wohnm. durch Provence & Côte d'Azur (Westhälfte) 14,90 €
- ❏   Michelin-Karte Provence & Côte d'Azur 1 : 200.000 .. 7,05 €
- ❏ Mit dem Wohnmobil durch die Pyrenäen .... 14,90 €
- ❏   Michelin-Karten Pyrenäen (2 Stück) 1 : 200.000 ...... 8,00 €
- ❏ Mit dem Wohnmobil nach Sardinien .... 14,90 €
- ❏   TCI-Karte Sardinien 1 : 200.000 .... 6,60 €
- ❏ Mit dem Wohnmobil nach Schottland .... 14,90 €
- ❏   Michelin-Karte Schottland 1 : 400.000 .... 7,05 €
- ❏ Mit dem Wohnmobil nach Schweden .... 12,90 €
- ❏   Michelin-Karte Skandinavien 1 : 1,5 Mio. .... 7,10 €
- ❏ Mit dem Wohnmobil nach Sizilien .... 14,90 €
- ❏   TCI-Karte Sizilien 1 : 200.000. .... 6,60 €
- ❏ Mit dem Wohnmobil nach Spanien (Nord) .... 14,90 €
- ❏   Michelin-Karten Nord-Spanien (2 Stück) 1 : 400.000 14,10 €
- ❏ Mit dem Wohnmobil nach Spanien (Ost) .... 12,90 €
- ❏   Michelin-Karte Ost-Spanien 1 : 400.000 .... 7,05 €
- ❏ Mit dem Wohnmobil nach Süd-Italien (Osthälfte) .... 14,90 €
- ❏   TCI-Karte Süditalien (Osthälfte) 1 : 200.000. .... 6,60 €
- ❏ Mit dem Wohnmobil nach Süd-Tirol .... 14,90 €
- ❏   Allianz-Freizeitkarte Südtirol 1 : 120.000 .... 5,10 €
- ❏ Mit dem Wohnmobil durch Toskana & Umbrien (Westhälfte) 14,90 €
- ❏   TCI-Karte Toskana & Umbrien (West) 1 : 200.000 .... 6,60 €
- ❏ Mit dem Wohnmobil durch Toskana & Umbrien (Osthälfte) . 14,90 €
- ❏   TCI-Karte Toskana & Umbrien (Ost) 1 : 200.000 .... 6,60 €
- ❏ Mit dem Wohnmobil durch Ungarn .... 14,90 €
- ❏ WOMO®-Pfannenknecht mit Qualitäts-Eisenpfanne ..... 45,50 €
- ❏ WOMO®-Knackerschreck mit Edelstahlkrallen .... 37,50 €

Alle Preise in € [D]. Preisänderungen vorbehalten.